日本中世国制史論

佐々木宗雄著

吉川弘文館

目次

表目次

第六章

第七章

第八章

序章

日本中世は、いつからなのだろうか。原勝郎氏が、武士の登場から鎌倉幕府の成立に中世の始まりをみて以来[1]、西欧中世との対比を含みながら行われていった中世史研究は、石母田正氏の『中世的世界の成立』（伊藤書店、一九四六年）とその後の領主制研究の進展の中で深められていった。ここに見られる中世による古代の克服という視点は、佐藤進一氏の鎌倉・室町幕府論[2]、永原慶二氏の守護領国制論[3]とも結びつき、一つの統一した歴史像を提示するに至っていた。これに対して異議を唱えたのが、黒田俊雄氏であった。黒田氏は、古代末期における自立小経営の形成が荘園制的支配の成立につながったとし、この社会構造の基本となる荘園領主—百姓関係に対して、在地領主の「領主制」は副次的なものであった、と位置付けたのである（『荘園制社会』日本評論社、一九六七年）。黒田氏は、これに先立ち、鎌倉期に公家・武家・寺家などの「権門」が相互補完的に国家権力を分掌していたとするいわゆる権門体制論を提起しており[4]、ここに国家体制・支配構造の両面を備えた黒田氏の歴史像が完結したのである。

黒田説の提起は、学界に強い刺激を与え、また激しい反発を引き起こしたが、その一つに佐藤進一氏の『日本の中世国家』（岩波書店、一九八三年）があった。佐藤氏は、特定氏族による官司請負制の成立をメルクマールに、一二世紀初中期に第一の中世国家である王朝国家が成立したとし、半世紀後には第二の中世国家として東国に鎌倉幕府が成立すると論じた。そして、以後は二つの国家が併存したという佐藤氏の構想は、南北朝期末の室町幕府による王朝権力の接収という、すでに示されていた歴史像とつながっていくのである。ここで注意すべきなのは、佐藤説において、中世国家の最初の形態である王朝国家が、院政期である一二世紀初中期に成立したとされている点である。このような、従来の鎌倉中世始原説を覆す院政期中世始原説は、どこから生まれたのだろうか。それは、石井進氏の「院政時代」（『講座日本史』第二巻、東京大学出版会、一九七〇年）によってであった。石井氏は、荘園制の体制的確立・武士身分の成立など「日本中世社会」の骨組みは院政期に出そろっているとして、はじめて鎌倉幕府の成立を画期とする従来の中世観を大きく修正した。その後、中世は院政期から始まるという通念は、次第に学界に浸透していき、一九七〇年代後半からは『史学雑誌』の回顧と展望・中世編も院政期から始まるようになり、以後定着して今日に至っている。[5]

したがって、最初の設問に戻れば、「中世は院政期から始まる」ということで決着したことになる。ところが、ここに大きな問題が残っている。石井進氏は、一九九三年に刊行された岩波講座日本通史でも「一二―一三世紀の日本―古代から中世へ」を執筆したが「一二世紀初頭は従来の国家体制の大きな変貌、分裂と解体が決定的となり、荘園化に代表される新たな全国的ネットワークの組織化が進展した時期であった」と述べ、院政の確立と中世社会の出現との間の相関関係を認めた。しかしながら、氏においては、「従来の国家体制」の内容が明らかにされることはなく、その論の主旨はあくまでも「中世社会」への移行であって、中世社会と中世国家の成立を結び付けて論じたものではなかった。先に見た佐藤進一氏の王朝国家院政期成立論も、官司請負制のみを成立の指標とするのでは、国制を論じるにしてはあまりに矮小であるし、筆者がかつて指摘したように、その前段階の一〇・一一世紀は単に官司請負制への過渡期となってしまい、王権・政務の執行形態を含めた支配体制全体を解明する途が開けない、という欠点を有している。[6][7]

以上のように、佐藤・石井両氏の説に共通して指摘できる問題点は、結局のところ、両氏の中世国家像の前提となる古代国家についての理解が、一九七〇年代までの古代史研究のレベルに依拠していたことにある、と考えられる。「中世国家」が成立しないのに、「中世社会」を示す現象が急速に進展するはずがないにもかかわらず、だれも「中世国家」と「中世社会」の相応関係を論じなかったのは、不思議と言うほかない。古代から中世への移行とともに、この「中世国家」と「中世社会」を結びつけて論じなければ、中世国家論は成りたたない、と筆者は考える。本書は、視点をはっきりとここに定めて、論述を進めていくことにしたい。

筆者は、旧著『日本王朝国家論』（名著出版、一九九四年）・『平安時代国制史研究』（校倉書房、二〇〇一年）において、九世紀末から一〇世紀初頭にかけて成立した国家を、律令制とは原理的に異なる王朝国家（後期古代国家）と呼び、その構造を明らかにしてきた。それは、単純化して言えば、院宮王臣家・寺社を中央—国郡支配のもとにおき、免田・寄人の認定を行いながら、土地・人民の支配権は中央政府・国郡がしっかりと保持している体制であった。そして、上部構造においても、律令制段階とは異なり、内裏と太政官が一体となった政治運営がなされていたことを論じた。そして、次の体制への移行についても、王権（『平安時代国制史研究』第二章）・政治構造（同第四章）・租税体系（同第六章）・荘園公領制（同第八章）と、その変化の内容を具体的に明らかにし、移行後の院政期の国家を初期中世国家と位置付けたのであった。筆者は白河院の王権掌握（堀河天皇の死後）以後に、中世国家が成立したと明確に指摘したが、「中世社会」であることを示す様々な指標が現れるのはこれ以後のことであるから、中世国家の成立と中世社会の生成が連動するものであったことが、これによってはっきりと確認できるのである。本書の立脚点は、ここにある。

また本書は、基本的には、前著『日本古代国制史論』（吉川弘文館、二〇一一年）で示した視点を継承している。そこでは、唐・新羅など近隣諸国の国制の考察も行いながら、独特の国制を作り上げ、独自の発展を遂げた日本古代の様相を、律令制の内実や後期古代国家体制への移行、さらには王朝文化の特質にもふれながら論じた。本書でも、同時代の高麗の国制に踏み込み比較を行いながら、中世国家の成立・展開の過程を明らかにしていくことを目指したい。しかしながら、中世の本体は、鎌倉・室町時代である。したがって、筆者の議論の妥当性はこれらの時代をどのように描き出すのかにかかっている。中世国家の成立をしっかりと固めたあとは、従来筆者がふれなかった鎌倉・室町時代に切り込んでいくことにしたい。

本書は、前半が初期中世国家（院政期）、後半は前期・後期中世国家（鎌倉・南北朝・室町期）を分析の対象としている。後期古代国家から初期中世国家への移行は、筆者が初めて提示した事柄であるので、旧著三冊の刊行以後の知見も加えて、高麗の国制とも比較しながら、論じていきたい。

第一章「初期中世国家の成立」では、この転換の見取り図を提示する。①中央—国郡体制から荘園公領制へ、②権門の土地・人民支配権の認定とその上に立つ王権＝治天の誕生、③体制転換に伴う新たな租税体系や諸制度の成立などを論じていく。この章は、第四章までの総論的な内容のものであり、旧著で論じてきたことと重複するところも若干あるが、本章が、筆者の現段階における初期中世国家成立論の到達点であると、ご理解いただきたい。

第二章「平安日本・高麗前期の国制と政治運営」は、このような転換のあった平安期の日本と、隣国高麗の前半期の国制を分析、比較したものである。筆者は、日本の後期古代国家が中央集権国家であったことを論じたが、高麗前期も従来言われていたような貴族制ではなく、王を中心とする中央集権国家体制であることが、最近の研究によって明らかになってきた。ともに中央集権国家体制である日本の後期古代国家と高麗は、どのように類似し、どのように異なっているのか。この点の解明が本章の目的である。高麗の宰相と日本の公卿、政務の受理と決裁のあり方などどから、その具体的な様相を追求することにしたい。

第三章「初期中世国家の構造」は、政治構造を中心とした考察を行う。まず、後白河治天時代の分析により、旧著で示した治天・摂関―職事枢軸体制の内容をさらに豊かなものにすることを目指す。続いては、その体制の成立の時期を明らかにする。従来の弁官と太政官が受理して処理・奏聞するという形態から、職事が受理し治天が決裁するという形態に、堀河天皇死後に変わったことを確認する。そして、それらを踏まえて、初期中世国家の構造を、治天三代（白河・鳥羽・後白河）の紛争の際の決裁のあり方を見ながら、整理していくことにしたい。

第四章「初期中世国家と諸権門・諸国」は、国家とその統制下にある諸権門・諸国との関係についての考察である。治天が、軍事・検断権を含めて全権を握るこの体制では、職事を介する口宣と院司を介する院宣という二つの形態の文書が諸権門・諸国に対して発せられた。新たな体制では、諸権門・諸国は土地・人民の支配権（管轄権）を持つ存在となり、権門所領と国衙領は、互換性のあるものとなった。一方、受領・検非違使が治天に近侍するだけでなく、公卿も治天の院司に大量に任用される。国家は、このようにして、諸権門・諸国を統制したのであるが、中央集権国家であった一一世紀までと比べての軍事・検断機能の弱体化が、治承・寿永の内乱の勃発を招くことになるのである。

第五章「鎌倉前期の国制」は、従来の治天が諸権門・諸国を統括していた形態が、どのように変化したのかを追求する。治天と鎌倉殿の国制上の位置を明らかにして、分析を進めていきたい。同時に、第三章で解明した初期中世国家の政治構造が鎌倉幕府成立後も維持されたのかどうか、そしてその構造が承久の乱後に変化するのかどうかも、検討していきたい。

第六章「鎌倉後期の国制と高麗」は、いわゆる「武人政権」「武臣政権」期とされる時期の高麗の国制と比較しながら、鎌倉後期の国制を考えたものである。この時代、名主百姓は、荘園領主や地頭に対する一方の当事者として現れることがある。それは、一円領であろうと領主が混在する所領であろうと、変わりはなかった。これらのことから、中世国家のもとでの領主・百姓関係を考えていくことにしたい。再度高麗を取り上げるのは、日本の「武家政権」との関係からである。「武人政権」と呼べるような実態があったのかどうかに、検討を加えたい。第三節では、実務官僚の活動を追いながら、鎌倉後期の国家運営の実相を描き出し、あわせて当該期の公家権門の具体的なあり方も、見ていきたい。

第七章「後期中世国家の成立」は、南北朝内乱を経て成立する後期中世国家の形成過程を追う。まず、鎌倉末・南北朝期の政治構造を分析し、従来のものからどのように変化したかを明らかにする。続いて、中世国家の諸国支配体制が、南北朝内乱を乗り切るなかで、どのように変容したのかを見る。さらに、従来幕府による王朝権限吸収論でとらえられてきた中世後期国家体制についての私見を、特に王権の位置づけを中心にし、義持期までを見通したうえで、提示することにしたい。

第八章「後期中世国家の構造とその終焉」は、成立した後期中世国家の構造がテーマである。義持期に成立したその体制では、伝奏を核として公武の王権・執行機関が一体となって、権門間の紛争などの諸問題に対処していた。また、国家―諸国守護体制のもとで、荘園領主や武士の所領をめぐる諸問題も、解決が図られていた。応仁の乱後も存続したこのような構造が、いつ終焉を迎えるのか、戦国時代の始まりともなるその時期についても、考えていきたい。

注

(1) 原勝郎『日本中世史』(冨山房、一九〇六年)。
(2) 佐藤進一「幕府論」(『新日本史講座』中央公論社、一九四九年)。後に『日本中世史論集』(岩波書店、一九九〇年)に収録。
(3) 永原慶二「守護領国制の展開」(『社会経済史学』一七ノ二、一九五一年)。後に『日本封建制成立過程の研究』(岩波書店、一九六一年)に収録。

(4) 黒田俊雄「中世の国家と天皇」（岩波講座『日本歴史』中世一、一九六三年）。
(5) 佐藤進一『南北朝の動乱』（中央公論社、一九六五年）。
(6) 岩波講座『日本通史』中世一。
(7) 佐々木宗雄「十〜十一世紀の受領と中央政府」（『史学雑誌』九六ノ九、一九八七年）「はじめに」。
(8) 佐々木宗雄『日本王朝国家論』「結語」。

第一章　初期中世国家の成立

はじめに

現在、院政期以降を中世社会とみる点については、学界内部でほぼコンセンサスが出来ている。すなわち、鎌倉幕府が成立する一二世紀末を待たず、院政期からを中世社会ととらえる見方が一般的になっているのである。(1)一方、かつて盛行した中世国家論においては、当該期国家の性格について、意見は一致をみなかった。周知のように、黒田俊雄氏の権門体制論は、中世的武家政権による古代的公家政権の克服という視点に立つ旧説を批判し、全支配階級が人民を支配する国家体制の把握を目指すものであった。(2)一方、佐藤進一氏の『日本の中世国家』は、律令国家解体後一二世紀初中期に生まれた王朝国家が中世国家の第一の型、一二世紀末東国に生まれた鎌倉幕府が中世国家第二の型であり、両者が相互規定的関係をもってそれぞれの道を切り開いた、と論じた。(3)黒田説の提起からは五五年、佐藤説からは三五年が経過しているが、このところ膠着状態が続き、研究者は中世国家論に関わるのを避けているようにすら見える。(4)

中世国家論全体ではなく、中世国家の成立についてはどうであろうか。棚橋光男氏は、一一世紀後半から一三世紀前半にかけて、三つの発展段階を経て中世国家が確立した、と論じた。(5)この一五〇年という異常に長い成立過程論から想起されるのは、かつて荘園公領制概念を提起した網野善彦氏が、荘園公領制確立には一五〇年を要したという理解を示していたことである(6)。このように古代から中世への国家・社会の転換を、異常に長いスパンでとらえる見方が一般的であったのは、先行する一〇・一一世紀の国家を積極的にとらえていなかったため、としか考えようがない。黒田・佐藤両説も、この一〇・一一世紀の国制についてほとんど論じてはおらず、黒田氏は律令体制の枠内での最大限の権門政治の展開の時期(7)、佐藤氏は一二世紀成立の王朝国家を特徴づける官司請負制の基礎が次第に形成されていく時期(8)、ととらえている。要するに、両氏にとっては、一〇・一一世紀は律令制から権門体制・中世国家が成立するまでの過渡期なのであった。

筆者は、これまで、一〇・一一世紀が、律令国家とも中世とも異なる独自の支配体制・王権の形態・租税体系を持つ中央集権国家体制であること、院政期にはそれらが根本的に転換することを明らかにし(9)、さらにそれに先行する大化前代・律令国家期の国制の特質も、唐・新羅の国制とも比較しながら論じてきた(10)。一〇・一一世紀の国家体制の解明に続いては、この体制がどのように変容し(11)、新たにいかなる国家体制に編成されていったのかについて追求することが、焦眉の急となる。一二世紀になって、社会的諸関係の変化によって、中世社会が出来上がっていくのではなく、国制転換によって中世国家が成立し、そのもとで新しい社会構造に転換していったと考える方が、はるかに合理的で歴史の実相に迫りうるのではないか、と筆者は考えるのである。本章は、このような視点に立ち、一〇・一一世紀において継続した国家体制が、どの時点で転換し、いかなる体制に再編成されたのかにしぼり、土地・人民の支配体制、王権の在り方、の二点を中心にした考察を行う。そのうえで新たに成立した国家体制の内実を明らかにすることをめざしたい。

一　土地・人民の支配体制の転換

一〇・一一世紀、王朝国家（または後期古代国家）体制の核心をなしていたのは、中央―国郡による土地・人民支配と、国家的租税たる官物・臨時雑役の賦課であった。九世紀後半において進行していた院宮王臣家と百姓の結合を阻止し、院宮王臣家寺社を中央―国郡の体制下に位置づけ、土地・人民を支配するという一〇世紀以降の体制[12]は、対荘園政策にその性格がはっきりと表れている。坂本賞三氏の研究以来、一〇世紀以降の対荘園政策の特質[13]が明らかになり、小山靖憲氏による免田・寄人型荘園という一〇・一一世紀特有の荘園類型提示[14]も相まって、一〇・一一世紀の荘園の全体像は、かなり明確になってきた。かつては荘園公領制の成立に至る荘園の自己拡張の過程ととらえられていた一〇・一一世紀の荘園は、旧著で強調した[15]ように、中央―国郡支配の一要素にすぎないのである。その様相を、個別荘園ごとに見ていくことにしよう。

最初に取り上げるのは、東寺領丹波国大山荘である。一〇世紀前半の延喜二〇年（九二〇）大山荘は「帳外浪人」一〇人を国衙から免じ寄せられた。彼らの臨時雑役を免除されたのである。続いて延長二年（九二四）には庄別当僧平秀、僧勢豊等五人（以上『平安遺文』（以下、『平』と略記）二一九）、承平五年（九三五）には同じく庄検校僧平秀・庄子僧勢豊等七人の臨時雑役免除を国衙に申請している（『平』二四五）。平秀・勢豊は承平二年（九三二）の丹波国牒に「件調絹、付申播本帳平秀・勢豊等名各二丈者」とあることからわかるように（『平』二四〇）、国衙に把握された百姓であり浪人ではなかった。公領を耕作している百姓であるからこそ、東寺は平秀・勢豊の名前をあげて国衙に臨時雑役の免除を申請した、と考えられるのである。天慶三年（九四〇）源敏から筑前国穂浪郡高田村の施入を受けた観世音寺は、（『平』二四九）翌月一〇人の預人の名前をあげて、筑前国衙に荘田十一町余の調物と預人の臨時雑役免除を申請している（『平』二五〇）。施入をうけた観世音寺は「尋二有縁田刀一、仰下可二預作一之由上、而相二憚□役繁多一、无レ有二預領之人一」と述べており、田堵（刀）が多くの役を負担しているために、預作を引き受ける者がないとして、臨時雑役免除を申請しているのである。ここでも、浪人ではなく公民の臨時雑役免除を求め、名前をあげての国衙への申請が行われていることがわかる。これらの史料から、一〇世紀前半において、丹波・筑前の国衙は、公民が荘園を耕作している場合もその状況を把握しており、臨時雑役の免除には非常に厳しかったことがわかる。続いて、一一世紀に入ってからの大山荘についてみていくことにしよう。寛弘六年（一〇〇九）、丹波国衙は東寺の申請を受け、国衙の検田に基づいて免田の中の見作分（その年に作付けされた分）三町の官物を免除した（『平』四五〇）。しかし「去承和十二年九月十日奉レ勅施入、随則依二官省符旨一、国郡奉行、免二除官物・租税・臨時雑役等一已了」と、この牒で述べているにもかかわらず、東寺は官物のみの免除を求めて、臨時雑役の免除は申請しておらず、もちろん国衙も、臨時雑役免除を認めてはいない。その後、長和二年（一〇一三）に寺田見作七町余と図外治田一町余（『平』四七二）、治安元年（一〇二一）に寺田五町五段（『平』四八五）、長元元年（一〇二八）寺田五町余の官物だけが免除されている（『平』五一三）。次に一一世紀末〜一二世紀初頭の国衙と大山荘の関係を示す史料群を見ると、国衙側は大山荘について「称二庄号由一之条、無レ見二留国之文書一、只免田参町許、代代被レ奉レ免之由、見二田所例文一」（『平』一四二六）と述べており、このことと一一世紀前半において国衙が大山荘の本免田の検田を行い、見作分の官物のみを免除していたこととは符合する。一〇世紀前半の一時期を除き、東寺領大山荘においては、臨時雑役は免除されていなかったのである。

ところで、東寺は、承和十二年（八四五）官省符でもって墾田九町を含めた四四町余が施入された、と主張している。現存の民部省符案（『平』七七）は偽文書であることが明らかになっているが、原文書が存在したことが確実視され[16]ている。したがって、官省符を持つ荘園である大山荘も、国衙の検田を受けて免田の見作分だけが免除され、臨時雑役は基本的には免除されていなかった、ということになる。大山荘が施入された九世紀中葉の税制は租庸調制であり、寺田は免除されるとしても租だけであったが、一〇世紀初頭の国家支配体制の転換、すなわち土地と人の把握と官物・臨時雑役の賦課[17]開始に伴い、官物免除は免田の見作分のみ、臨時雑役免除はきわめて限定的という体制に転換したのである。

大和国栄山寺領の場合も、大山荘と類似している。栄山寺が永祚二年（九九〇）に大和国衙にあてた牒によれば、養老三年（七一九）、天平一一年（七三九）、天平神護元年（七六五）の官符で寺田が施入された、とある（『平』三四一）。この天平神護元年の官符は、墓山地と西新開二七町六段の領有を認めた天元三年（九八〇）の官符（『平』三一八）とともに、後々まで栄山寺の領有を保証する証験としての役割を果たし続けた。ただし、律令制下の天平神護元年の官符はもちろんのこと、天元三年の官符も栄山寺の領有を認めただけのものであるから、国司の代替わりごとに申請に伴い免田の見作分が免除されていたのであり、臨時雑役の免除は一切なかったのである。

次に、元興寺領近江国愛智荘の場合を見ていこう。愛智荘も、永承七年（一〇五二）、免田の見作分一六町余の官物が免除されている（『平』六九五、六九八）。この愛智荘は、康平三年（一〇六〇）の愛智荘司解（『平』九五四）によれば、聖武天皇の時代以降に六〇余町が施入されたのであるが、「而漸及二末代一、免除領田纔十二三町、若田堵等於二極少免田分一、弥致二遁避一者」とあるように、この時期国衙が認定している免田の見作分は一二、三町にすぎなかった。この数値は、永承七年に認定された一六町余と大差はない。そして「就中免田分臨時雑役皆免之御判、近代末レ有事也、当時本家今適令レ申二成皆免之庁宣一、両度明白也、由レ是須下准二国役一、本寺亦充中徴種々雑事上也」の部分からわかることは、近来ずっと得ていなかった免田分臨時雑役免除の国判（庁宣）をこの時期二度にわたって得ることができ、その分を田堵に課していたこと、その御判に従わず収納使が臨時雑役を田堵から徴収したことを愛智荘司が訴えていること、である(18)。一一世紀後半における元興寺領愛智荘の荘園経営は、耕作を請け負っている田堵に依存しており、基本的に臨時雑役免除はなかったのである。そして、臨時雑役が免除された場合は、田堵がその分に相当する寺役を勤仕していた。

　以上みてきた東寺領大山荘、栄山寺領、元興寺領愛智荘は、いずれも八・九世紀の律令制下に施入され、官省符・官符による認定を受けた由緒正しい所領である。しかしながら、王朝国家（後期古代国家）期においては、国衙の検田を受けたうえで免田の見作分だけが官物を免除されていたのであり、官物と並ぶ国家的租税である臨時雑役は、基本的には免除されていなかった。それでは、一〇・一一世紀において、臨時雑役が免除された荘園がなかったのかというと、決してそうではない。次に、官省符・官符によって官物とともに臨時雑役も免除されていた荘園の事例を見ていくことにしよう。

　太政官符　伊勢国司

　応㆑為㆓不輸租田㆒醍醐寺所領曽禰庄并免㆓庄司寄人等臨時雑役㆒事

　　在壱志郡

右、得㆓彼寺去七月七日解状㆒偁、件庄可㆑被㆑免㆓除租税・雑役㆒之由、具注㆓事状㆒、言上先畢、而未㆑承㆓裁下㆒、而間彼庄司今月九日解状偁、件庄未㆑徴㆓租税㆒之例、而当任守藤原朝臣国風俄卒㆓前例㆒、庄田収公、付㆓科雑役㆒、望請、早被㆓言上㆒、給㆓官符㆒、全運㆓納地子㆒者、望請、任㆓先解状㆒、早被㆑給㆓官符㆒、免㆓除租税・雑役㆒、将㆑済㆓庄務㆒者、左大臣宣、奉㆑勅、依㆑請者、国宜承知、依㆑宣行㆑之、符到奉行、

表1　官省符または官符による臨時雑役免除

遺文番号	年　次	名　　称	内　　　容
262	天暦５年官符	醍醐寺領曽禰荘	荘司寄人臨時雑役免除
275	天徳４年官牒	東大寺領茜部荘	国郡臨時雑役停止
305	村上朝官符	延暦寺領岡屋荘	荘司・荘子50人臨時雑役免除
305	冷泉朝官省符	延暦寺領鞆結荘	荘司・荘子60人臨時雑役免除
353	正暦２年官符	粉河寺領鎌垣東西村	四至内臨時雑役免除
436	寛弘元年官符	金剛峰寺田	三綱・小綱・職掌傜丁臨時雑役免除
493	治安３年官符	薬勝寺領	寄人20人臨時雑役免除
675	永承４年官符	金剛峰寺領田	臨時雑役免除

従五位下右少弁藤原朝臣国光　右大史正六位上兼行春宮坊大属

天暦五年九月十五日　（『平』二六二）

このように、朝廷は、醍醐寺領曽禰荘の官物と荘司・寄人等の臨時雑役を免除する官符を下し、さらに翌々年の天暦七年（九五三）には、国司が先の官符には坪付が記載されておらず官省符も出されていないとしてなお雑役を課すため、「応レ為二不輸租税田一醍醐寺壱志郡曽禰庄水田佰肆拾町佰歩事」と、荘田一四〇町余を不輸租田とし臨時雑役を免除する官省符が下されている（『平』二六六）。表1は、一〇・一一世紀に官省符または官符によって、官物だけでなく臨時雑役も免除された所領の事例を集めたものである。この中から曽禰荘のその後と茜部荘の場合を見ていくことにしよう。

寛仁元年（一〇一七）、醍醐寺の訴えを受けた太政官は、「応二停止一醍醐寺所領曽禰庄付負造宮料加徴米卅石幷夫等事」と命じる官宣旨を下した。醍醐寺は、施入されてから臨時雑役を賦課されることはなかったと述べた後で「本田百卌町百歩、四至之内、依二無レ幾公田一也、而当時国司減二本田数一、加二徴六十丁料一者、重案二事情一、御庄見作僅廿丁已下也」と弁じている（『平』四七九）。この史料からわかることは、①曽禰荘の本田一四〇町は公認されている、②しかしこの時点の見作田は二〇町以下である、③曽禰荘四至内には公田が含まれており国司は本田数を減らして六〇町を公田とし、造宮料として町別五斗計三〇石の加徴米と夫役を取り立てている、以上である。官省符によって官物・臨時雑役の免除が認められていた曽禰荘の場合も、検田をうけたうえで免田分の官物および臨時雑役を免除されていたことがわかる。天徳四年（九六〇）の太政官牒（『平』二七五）で官物・臨時雑役免除を認定された茜部荘の場合はどうだっただろうか。

国符　厚見郡司

可二免除一東大寺茜部庄田参拾町柒段租税官物事

右件庄、勘二合坪付一之間、可レ免二除租税官物一之状、所レ仰如レ件、郡宜承知、

依レ件行レ之、符到奉行、

大介高階朝臣在国判

永承七年十一月十日　　（『平』六九六）

この史料から、茜部荘もやはり、検田を受けたうえで、見作分の官物が免除されていたことがわかる。臨時雑役を免除されたことを示す史料もある（『平』七一〇）。東大寺は、この茜部荘と同じように古い由緒を持つ大井荘が[19]、共に収公されたとして訴え、収公を免除するとの官宣旨を得ているが、この史料から、歴代の国守の任中に行われた収公の様子を知ることができる。前司頼国朝臣任には「初任収二公庄田十余町一、宛二負件御馬逓送夫役・相撲使供給等役一、苛責尤甚」、当任国司高階業敏の代になってから「着任之初、収二公見作三十余町一、其田率官物急々雑役等、譴責之甚、為二庄之愁一也」と、それぞれ収公され官物・臨時雑役が徴収されている（『平』七一一）。ここで注意しなければならないのは、国司によって収公された茜部荘・大井荘の田数が異なることである。このことは、国司が茜部荘・大井荘を検田した結果にしたがって、免田の見作分の官物とそれに相当する臨時雑役を免除し、それ以外は収公して官物・臨時雑役を賦課していたことを示す。ただし本免田までが官物・臨時雑役を賦課されたのではない、ということは、確認しておく必要がある。先ほどの官宣旨をうけた国司高階業敏が「東大寺所領茜部庄不レ可レ充二負臨時雑役一宣旨、

表2　国郡による臨時雑役免除

遺文番号	年　次	名　称	内　　容
219	延喜20年国判	東寺領大山荘	帳外浪人10人臨時雑役免除
1083	天暦4年国符	石清水領稲間荘	稲八間里田畠臨時雑役免除(其後久無免判)
1083	寛弘5年郡符	石清水領出立荘	荘寄人臨時雑役免除(以後続かず)
朝野群載巻22	長和4年国符	権大納言公任家領有年荘	荘司8人寄人41人臨時雑役免除
1083	長元8年国符ヵ	石清水領安田園	作田10町寄人臨時雑役免除(継続せず)
1083	長元9年国符	石清水領御香園	免田10町寄人15人免除(延久まで継続)
1739	長暦2年国符	東大寺領板蠅杣	見作田6町180歩工夫50人臨時雑役免除
709	代々国裁	東大寺領玉井荘	臨時雑役免除
954	康平時国判	元興寺領愛智荘	免田分臨時雑役免除
1083	延久以前国判ヵ	石清水領奈美富野両所	火長2人臨時雑役免除
1313	寛治6年庁宣	観世音寺黒嶋荘	荘田分臨時公事免除

被レ下事已両度也、（中略）兼難レ分二不輸公田一」と述べているように、臨時雑役を賦課しないようにとの宣旨を受け取りながら収公を行っていたのは、不輸田と公田の弁別が困難だったためであった、と弁解している（『平』七一九）。裏返せば、国衙は、公田と認定したところからは、官物・臨時雑役を徴収していたということになる。大井荘も、「本図百余町」の中で「見作僅廿余町」とあり、領域内には公田が含まれていた（『平』七四八）。国衙の検田を受けたうえで（『平』九〇四）、免田の見作分の官物・臨時雑役だけが免除されていたのである（『平』九七四）。曽禰荘・茜部荘のように、官省符や官符によって官物・臨時雑役を免除されていた荘園でも、検田を受けて免田見作分の官物と臨時雑役が免除されていたのであり、それ以外の部分からは官物・臨時雑役が徴収されていた。

次に、官省符・官符によってではなく、国郡から臨時雑役免除を受けていた事例を見ていこう（表2）。この中で有年荘のみが、一〇世紀前半の大山荘・高田荘同様に臨時雑役を免除される荘司・寄人の実名[20]が記載されている。それ以外は人数のみ記載されている例もかなり多い。この人数は寄人を申請できる限度であって、それだけの寄人を獲得できるかどうかは、荘園側の努力にかかっていた。一一世紀後半、石清水八幡宮寺領山城国奈美富野両所は、四二人の寄人枠を与えられていたにもかかわらず、二人の寄人しか確保できていなかった。同じく八幡宮寺領和泉国放生米代荘の場合は、「至二于寄人一、雖レ称二肆拾人一、見在弐人、漸構二入公民等一、是為レ称二肆拾人一也」とあるように、実際の寄人は二人だけであるのに、公民を入れて寄人四〇人と称していた（ともに『平』一〇八三）。寛仁二年（一〇一八）讃岐国善通寺は、浪人免符二〇人の発布を讃岐国衙に働きかけるように、本寺東寺に依頼している（『平』四八一）。浪人免符による労働力獲得をめざしているのであり、公民の免符獲得の困難さをうかがうことができる。天喜五年（一〇五七）東大寺領越後国石井荘司の申請でも「従二隣国一浪人招寄」とみえ、労働力は浪人を想定している（『平』八五三）。国衙によって臨時雑役の免符を得た場合も、その獲得は荘園側の努力にかかっており、その対象となるのは浪人である場合が多かったのである。石清水領泉江荘は「而前年大疫之間、庄司住人皆悉死亡、庄田多荒廢」、安田園については「爰旧司寄人他行之後、無二相伝庄厳之人一」と言われているように（『平』一〇八三）、公民・浪人によらず荘園の労働力たる寄人を永続的に確保することは、決して容易なことではなかった。また、大山荘・愛智荘の例で見たように、国衙の臨時雑役免除が一時的なことも多く、永続的に免除を得るのはかなり困難であった。以上のように、一〇・一一世紀における臨時雑役免除は、官省符または官符によるものと国衙の判断によるものの二種類があったが、永続性が保証されない後者ばかりでなく、確固たる法的根拠を持つ前者の場合も、寄人は自らの努力によって集めなければならなかった。中央—国郡の支配体制のもとで、荘園はあくまでも傍流的存在であり、その経営には不安定さがつきまとっていたのである。

さて、延喜二年（九〇二）の国政改革以来、買得・譲与などを除いて、新たな荘園の立券[21]は抑制されていた。正暦四年（九九三）の紀伊国符案によれば、石垣上、下、下野の三箇庄は、ある時は親王の、ある時は丞相の、そしてこの時点では右大弁平惟仲の所領となっていたが、「格前之庄」と呼ばれている（『平』三五七）。また、『権記』長保二年（一〇〇〇）七月二一日条には伊勢国鹿取荘について「抑先召二代々公験一、弁二知格之前後一、若已格前可レ遣二於使一

歟」とみえ、当該荘園が格前なのか格後の設立なのかが認定の基準となっていることがわかる。しかし、体制転換か

ら一世紀半近くが経過した一一世紀中葉になると、国司によって封戸代として奉免される荘園の増大により、国家は

新しい措置を講じざるをえなくなる。『春記』長久元年（一〇四〇）六月三日条「一両代以後庄園誠全可レ禁止之由

被レ仰了」と、一、二代前の国司任以後に立荘された荘園はすべて停止するという方針が打ち出される。そして、治

暦三年（一〇六七）二月六日太政官符案に「去天喜二年三月蒙二官符一、例停二止寛徳以後新立荘一時、至二此寺領田一者、

任二本官符一免除亦畢」（『平』一〇一六）とあるように、寛徳以後の新立荘園は停止するという新しい基準が定立され、

以後中央─国郡間で遵守されていくことになる。官省符・官符によって認可された由緒正しい荘園が、寛徳以後立荘

と誤認されて収公されかけたり、他の妨げをうけたりしたので、中央政府に寛徳以前からの所領であることを確認し

てもらったりしており（『平』一〇一六、一〇七四）、以後この「寛徳以後」は、院宮王臣家寺社の荘園を認定・停止す

る基準として実効性を持ち続けるのである。

　それでは、この体制が変化するのはどの時点なのであろうか。永長二年（一〇九七）一〇月一七日、栄山寺は大和

国衙に対して、寺領の免判を申請している（『平』一三八六）。申請をうけた国司は、「先年所二注落一坪々、任二官符旨一

為二寺領一可レ免二除所当官物臨時役等一之状、如レ件」と、官物だけでなく臨時雑役も免除している。栄山寺は「件坪坪

任二度度官符幷代代国判一、永為二寺領一、免二除官物一之由」と訴えているから、免除申請しているのは官物のみである。

先にみたように、これまで栄山寺領において免除されてきたのも官物のみであった。さらに、この史料に見える坪付

は、栄山寺が国司交替の度に国衙に申請して領田の免除認定を受けてきた坪々と一致している。表3はその一部を

表示したものである。したがって、従来官物のみを免除されていたものが、ここに至って官物・臨時雑役双方の免除
(22)
に転換したということが明らかになる。栄山寺領の官物・臨時雑役一切免除は、翌々年にも国司庁宣で確認された

（『平』一四二〇）。一二世紀に入ると、このような動きは大和国以外にも広がっていく。康和五年（一一〇三）感神院は、御封用に立用された官物以外に雑公事を中男作物にあてることを近江守に申請し「件保臨時雑役可レ便二補中男作物油代一之由、申請之旨、尤有二便宜一事也、仍万雑事一切可二停止一也、兼又作人在家役、郡司不レ可レ云レ煩之状如レ件」との受領の判を得ている（『平』一五一一）。ここで言われている雑公事、万雑事が、臨時雑役と同じ実体のものであることが明らかであるが、その臨時雑役の賦課が感神院側にゆだねられ、国郡側は作人在家役に関わらない、というのである。荘園側が臨時雑役賦課権を取得し、作人に在家役を賦課するという新しい構図を、ここに見ることができる。

このような、臨時雑役賦課と在家把握との関係は、東大寺とその末寺崇敬寺の荘園、紀伊国木本荘との間にもみられる。康和二年（一一〇〇）東大寺は、木本荘田堵に「早可下随二崇敬寺所勘一致二官物一弁中済臨時雑役勤上事」との下文を発し（『平』一四三一）、康和四年（一一〇二）には、使を派遣して荘内在家の注進や検畠の実施、人夫縄等の進上を命じている（『平』一四八三）。東大寺修造のため、院宣で末寺別院の荘園の臨時雑役が免除されたのが、その根拠となっていた（『平』一四八二）。感神院・東大寺は、国判・院宣によって臨時雑役免除が認められたのであるが、次に見る興福寺の場合はそうではない。

政所下　栄山寺所司等所

不レ可下早任二先例一、承中引非例国役等上事

右、御寺末寺庄薗者、従二往古一以降、如レ此国司臨時雑役無二切宛一、而当吏背二先

表3　永長2年（1097）牒に見える栄山寺領の根拠となる史料

所在地	史料の年次
郡　条2里21坪	万寿2・長元2・寛仁元・長和2・長久2・天喜2・康平2年各牒
真土条8里17坪	寛弘6・長和2・寛仁元・治安元・万寿2・長元2・天喜2・康平2年各牒
堤　条1里 5坪	寛弘3・寛弘6・万寿2・長元2・永承5・天喜2・康平2年各牒
重坂条4里25坪	寛弘3・寛弘6・長和2・寛仁元・治安元・万寿2・長元2・永承5・天喜2・康平2年各牒

例一、切二宛旁国役一、令三責勘一之由、所レ令三訴申一也、若実者、甚以不当也者、早令レ致二其沙汰一之間、不レ可二承引一之状、所レ仰如レ件、不レ可二違失一、故下、

長治二年四月廿九日

（署判略）

（『平』一六四〇）

ここで興福寺が主張しているような末寺荘園の臨時雑役免除は、一〇・一一世紀を通じてついぞなかったことである。この前年長治元年（一一〇四）の『中右記』一〇月二六日条を見ると、「近代称二末寺庄園一、悪僧等滅二亡諸国一事、下官発語云、尤可レ被二停止一、但至二起請以前末寺庄園一非二此限一、又山上兵仗輩、凡東大寺・興福寺・延暦寺・園城寺中僧徒兵仗事、尤可レ被二停止一者」とあり、東大・興福・延暦・園城の四大寺の僧徒が末寺荘園と称して諸国を侵略していることが、陣定で議論されている。興福寺の主張は、このような四大寺の動向を直接反映したものだったのであり、国内の土地・人民を把握し、支配を行ってきた中央—国郡支配体制(23)が貫徹しなくなったことを示す事象であった。そして、荘園領主による土地・人民支配の核心をなすものこそ、領域内住民の把握と彼らへの在家役賦課だったのである。以下その事例を見ていくことにする。

長治二年（一一〇五）東大寺領湯船杣在家住人は、杣預所に対して、在家一〇人が会板を課されるのは非道であると訴えているが、これは杣が従来からあった在家召物に加えての在家別賦課を行ったためであった（『平』一六三七）。同年、東大寺領黒田荘大屋戸村徴使今犬丸の解から、彼が荘内に居住していることによって「在家門並之所役」を勤仕していたことがわかる（『平』一六四八）。長治三年（一一〇六）二月、平盛正が東寺に「給二御下文一、可件畠地寺領、在家卅余家、同可二検注一之」と申請しているように、荘園領主が住民を在家単位で把握することは通例のこととなっていた（『平』一六五一）。一二世紀初頭、荘園領主が、荘内の土地・人民を在家単位に把握し、従来の官物だけでな

く臨時雑役にあたるものも、在家単位に課す事態が現出するに至っていたのである。永久三年（一一一五）造東大寺行事所下文案（『平』一八一九）からわかるように、国衙側も「公郷在家」と称して国役（在家役）を賦課するようになっており、国衙と荘園の支配が同質化していたことがわかる。[24] 中央―国郡支配体制下と異なり、荘園と公領が同一の支配体制を取ることになった意味は限りなく大きく、公郷在家の語が見える永久三年頃までには、国制の転換がなされていたことが明らかである。[25] しかしながら、国制の転換を解明するためには、同じ時期に起こった王権の変化を明らかにすることが必須である。なぜなら、国制の転換は、支配体制の変化だけではなく王権の在り方にも顕著に現れているはずだからである。

二　王権の転換

筆者は、旧稿において、堀河天皇の死後、完全に王権を掌握した白河院のもとで摂政忠実は命令を執行する存在となり、摂政と関白は同質化する、と論じた。[26] 本節は、堀河天皇が死去した嘉承二年（一一〇七）七月以降の史料を用いて、この説を再確認することから、始めたい。

摂政忠実の日記『殿暦』七月一九日条は「頭一人事ハ蒙₂上皇仰₁了已任了」と、蔵人頭が白河院によって決定されたことを示している。『中右記』の記主宗忠の息子宗能も五位蔵人となったが、宗忠は「偏是上皇御恩」と感謝している（一〇月二二日条）。一〇月六日、延暦寺大衆が入京するとの報告があり、武者義綱を遣わすようにとの白河院の仰せを受けて摂政忠実が指示を下している。天永二年（一一一一）一一月一六日、院に参上した摂政忠実は、京中諸国で乱行を行う山悪僧を搦進める宣旨を下せとの院の命令をうけ、その由を仰下している（ともに『殿暦』）。さらに、

『中右記』天永三年（一一一二）一二月一七日条を見ると、「明日可レ有二秋除目一之由、従レ院被レ仰之由、頭弁申二殿下一」とあるように、除目の実施も院が決め摂政に通告している。永久元年（一一一三）、宗忠は検非違使庁別当となった。同年四月末、南北大衆合戦の危機に直面した時、院は武士・検非違使を宇治一坂（対南都大衆）・西坂本（対山大衆）に派遣したが、「但検非違使者、可レ被レ仰二別当一也、而今度不レ被レ仰二別当一」と宗忠自身が述べているように、院が別当宗忠を通さず直接検非違使に命令を下したものであり、もちろん摂政忠実はこの措置には全く関わっていなかった。

次に、宗忠が検非違使庁別当であった永久二年（一一一四）の『中右記』に検討を加えていくことにしよう。ここでは、白河院は、上奏されるあらゆる事柄に対して、別当である宗忠を通してか、または各検非違使に直接指示する形で決裁をくだしている。それは、同じ『中右記』嘉保元年（一〇九四）から承徳元年（一〇九七）に見られる検非違使への指示・決裁のあり方とは、大きく異なっていた。一一世紀末は、堀河天皇と関白師通によって決裁が行われていた時期であって、白河院と大殿師実は必要に応じて諮問はうけるものの、基本的には政務の決裁には関わっていなかった[27]。この時期、宗忠は伊勢内宮・外宮の遷宮行事弁として活動しているが、ここでは検非違使に関係する事例だけを検討することにしよう。嘉保二年（一〇九五）正月二二日、宗忠は役夫工の弁済状況についての国解や造宮使解を関白師通の内覧に供し、合わせて「所レ渋国々注文付二検非違使一可レ催」との上卿の提案を関白に伝えた。師通は、「早遣二検非違使等一可レ令二催済一者」と決裁し宣旨が発給されている（『中右記』同日条）。同年七月二二日にも、宗忠は師通に役夫工未済のことを報告し、検非違使に付すようにとの命令を受けている。承徳元年二月六日、宗忠は三カ国住人の殺害・盗犯のことで関白師通の指示を仰いでいるが、師通は「早令二検非違使勘問一」と命じている（『中右記』同日条）。この検非違使の問注は出雲国の神民非法の事とともに奏聞するようにと、そして摂津国の未済の荘園

表4　永久2年（1114）の検非違使関係史料と忠実（中右記）

日　次	内　　　要
2月14日	説兼が忠実使として別当のもとに召し取った下女をつれてくる
23日	忠実の下部と八幡神人が相論したため，説兼に付して忠実に報告させる
3月28日	関白家が関わる石田散所下人勘問記を説兼に付して忠実に進覧せしむ
4月 7日	説兼が忠実使として来たりて，忠実周辺で訴えられた人々のことを注進
15日	説兼が馬を盗んだ忠実の細工を将来
20日	奈良僧兵が関白家葬礼で入京の聞こえあり．院旨をうけ忠実が入京を禁ず
21日	獄中にある忠実周辺の者5人を免除するという院の仰せを説兼を通じ忠実に伝える
5月 1日	院の仰により忠実雑色国重を免ずることを，説兼を通じ忠実に伝える
8日	忠実薄師を免ずべしとの院旨を説兼を通じ忠実に伝える
6月 5日	説兼が来たりて，忠実の出納が日吉神人のために凌辱させたと訴える
19日	大和国強盗を捕縛．忠実に申して左右するようにと別当が検非違使に命ず
21日	別当宗忠，宗盛下女放火のことで忠実が申したことを院奏
23日	大和強盗の事を忠実に申すように別当が説兼に命ず
29日	忠実に鳥羽殿車副刃傷の下手人を搦進めるようにと行重を通じ伝える
7月26日	大衆乱発の聞こえあるにより，関白に参入を指示するが，忠実物忌で参入せず
10月 5日	説兼が忠実の細工が殺人を犯したことを忠実に伝え，沙汰する旨の回答を得る
24日	伏見殿下部と宇治殿下人の闘乱の事を院旨により忠実に伝える
26日	伏見殿下部と宇治殿下人の闘乱を法により裁くよう院が命令
27日	忠実が説兼を通じて御厩舎人秋里が御牧内で殺害されたことを訴える
11月 1日	忠実舎人の殺害者は権僧正の庄にいることが判明．院が権僧正を召しだす
7日	院仕丁が刃傷され忠実沙汰の者が犯人と判明したため，忠実に申すようにと資清に仰す
8日	忠実の庄の下人源家基に凌辱されたことを別当が院奏．院は下手人を召し進むことを命ず
10日	大弐庄にいた秋里殺害者を禁獄．忠実から得た下手人交名を盛道に渡す

のことは大殿師実に申し上げた後で奏聞するようにと師通は指示し、宗忠はその指示通りに三通の文を堀河天皇に奏聞している（『中右記』同年三月一四日条）。これらの例からわかるように、一一世紀末段階では、他の政務同様検非違使関係でも、国家意志を決定する際に核心的な位置にいたのは、関白師通であった。それに対して、白河院が全面的に決裁を行うに至っていた永久二年の検非違使関係業務における関白忠実（前年末に摂政から関白になっていた）の役割は、どうだったのだろうか。表4は、永久二年の『中右記』に現れる忠実を追跡したものである。白河院が別当宗忠そして検非違使に、検断関係に限定されない国政全般に関わる業務の執行や調査を命じているが、関白忠実が現れるのは関白家の家人・舎人、関白家の荘園関係など関白家の家政

に関することがほとんどであって、国政に関わる事柄の決定には関与していない。六月一九日の大和国強盗の件も、摂関家と興福寺が大きな影響力を持つ大和国のことだったからと考えられ、しかも忠実への問い合わせは別当宗忠の判断であった。わずかに、七月二六日だけは、「早可レ云二合関白一也」と院が別当に命じ、宗忠が忠実のもとに参じたのであるが、物忌みだった忠実は「早々沙汰可レ候也」と回答した。そして白河院は、即座に検非違使を召集し、忠盛・行重を遣わして愛宕寺別当源意を追捕し、西坂本に盛道・説兼とその郎等、八瀬方に繁賢・有貞とその郎等を遣わし、また東坂本から兵具を帯して山上に登る者は搦め取るべし、との検非違使庁下文を発給するように仰下している。このように、白河院は、別当宗忠とその配下の検非違使を自在に駆使して、単独で決裁を行っており、一一世紀末には国家意志発動に際して最も重要な役割を果たしていた関白は、明らかに従来のような権限を行使してはいないのである。

　さて、この永久二年は、幸いにも当の関白忠実の日記『殿暦』が一年分完全に残存しているので、こちらからも白河院と忠実の関係をさぐっていくことにしよう（表5）。忠実は、院の命令にしたがい、①長者宣の発布、⑥殿上人召籠の指示、⑦行幸準備の指示、⑧左大臣子息出仕の指示、⑨不堪文の奏下、などを行っており、④は院が追捕を行ったことを通知したものである。③は、『中右記』と重なる内容で、山大衆のことで院から諮問があったことを記しているが、その後、白河院がすべての対策を決定したのは、先に見た通りである。このように、『中右記』で見た構図は、関白忠実自身の日記によっても、確認することができる。

　『中右記』に戻って、状況をさらに詳しく検討していくことにしよう。五月一六日、別当宗忠は院に参じ、伊予守藤原基隆を介して奏上した。その中に、尊勝寺領信濃荘の年貢強盗を源光国が搦取り、本人が承伏したので獄に下したとの報告が含まれていた。この強盗には、同類が一八人おり、彼らはそれぞれ関白・左大臣・祭主・熱田明神の荘

表5　永久2年の白河院と忠実（殿暦）

日　次	内　　　容
① 2月 3日	自院大蔵卿来，御寺大衆事也，仍下長者宣旨了
② 6月22日	自院申刻許，於御使播磨守長実来，院蔵人事也
③ 7月26日	午刻許頭弁自院来，申刻許別当又来，山大衆事也
④ 7月27日	於院御使検非違使宗実来，（中略）無動寺僧都従者僧被追捕云々，従院所被追捕也，是座主訴云々
⑤ 7月28日	春日御社功事，（中略）申輩皆遷任也，而法皇仰云，遷任功為後極無由重任有何事乎，仍所仰下也
⑥ 9月 3日	依院仰，皆悉殿上人召籠了〈依陪膳事也〉
⑦ 9月29日	明後日有行幸，早可有由，自院以頭弁有仰，仍召外記仰其由
⑧11月 8日	左大臣男師時・師重等可出仕之由，依上皇仰々雅兼了
⑨12月27日	下総守久実不堪文，今年内可奏下由，自院有仰

園の住人であった。報告を受けた白河院は、「各付二本所一、可二召進一」と下知している。翌日別当宗忠は、検非違使資清を召し、各本所に仰せ強盗を召し進めるように命じている。そして、六月八日、「関白美乃庄強盗二人、左府庄強盗二人、進事奏」と奏上がなされ、六月一八日には年貢を奪取した強盗の張本は、関白庄の住人である清原貞元であることが明らかにされた。また、七月一二日、別当宗忠は参院し、稲荷社の殺害人のことで検非違使宗実に付して院奏を行った。「祇園清水寺共不レ進二下手人一事、是於二稲荷一殺害人事也、仰云、慥可レ進之由、可レ仰二各別当一者」と院の決裁が下っている。この件は、七月二四日、別当宗忠が参院して、伯耆守家光を通して両寺の回答を報告している。先に見た七月二六日の院による検非違使と武士の直接動員は、延暦寺座主が対立している法性寺座主寛慶を訴えたためであった。白河院は、寛慶の方人愛宕寺別当源意の追捕を検非違使忠盛に命じたが、寛慶は無実であると訴え、源意をすでに忠盛のもとに送った、と弁じている。翌日忠盛が源意の尋問を行っている。山門内の争いが白河院のもとに持ち込まれ、武士・検非違使を用いての強制執行がなされていたことがわかる。九月三日、別当宗忠は、強盗を捕え尋問したところ丹波・但馬・因幡・美作等の国人三〇人ばかりが同類であることが判明したと、検非違使宗実に付して院奏した。そして九月二六日には、検非違使明兼によって、その中の但馬国の強盗三名が送致されている。一一月一日には、

白河院が源永という人物について「不レ可レ居二住太政大臣庄一之由、仰下天、早可二追放一」と仰せ、源永の従類交名を院御所に留めおくように命じている。一一月七日、楠葉御牧で関白舎人秋里を殺害した犯人八人が関白から引き渡され、検非違使盛道によって左右獄に分けて収監された。これより先、二月二五日には、常陸国からの運上物が三河国で盗み取られた件について白河院が「先件嫌疑人可二尋進一由、可レ仰二参河国司一也、若不レ進時可レ遣二使庁使一也」と検非違使盛道を通して別当宗忠に指示し、甲斐国運上物が駿河国住人のために盗み取られた件についても、三河国の例と同様にすべきことを命じている。

以上やや煩雑にわたったが、永久二年の検非違使別当宗忠の日記から、当年の状況を見てきた。単に検断関係だけではなく、国政のさまざまな分野の事柄が史料に現れていることが、了解されるであろう。白河院のもとには、諸国とその国人、寺社・摂関家・貴族の荘園とその住人、また摂関家や大寺社の支配機構内で生起した刃傷や殺人・強盗などを含めた諸問題が持ち込まれており、院が検非違使別当宗忠とその配下の検非違使を自在に駆使しながら決裁し、指示・命令を与えていた状況が、明瞭に浮かび上がってくる。陣定の構成員である公卿たちはもちろんのこと、関白忠実も全く決裁に関係する場に現れてこない。体制転換後のこの時期、白河院の専権のもとで国政が運営されていたことが明白である。

それに対して、一一世紀末の状況はどうであったのだろうか。検非違使関係業務を含めた、関白師通時代における日常の政務執行方式に目を向けていこう。嘉保二年（一〇九五）三月一九日、弁官の宗忠が上卿の命令をうけて、諸国に淀の浮橋の建設を催促している。そもそも「左右少弁依レ為二検非違使佐一、為レ始二庁政一（下略）」（『中右記』永長元年正月二〇日条）とあるように、検非違使庁の長官別当に次ぐ次官である佐二人には、左右少弁が就任することが多かった。このことは、佐が一時的に別当業務を代行したり（『中右記』永長元年七月二九日条）、火災後の焼亡奏を左右少弁でもある検非違使佐が行ったりしていること（『中右記』永長元年一二月二日条）からも、明らかである。承徳元年（一〇九七）二月六日、関白師通が遷宮行事弁宗忠に「三个国住人事、早令二検非違使勘問一」と命じているが、直接検非違使にその命令を伝達するのは、弁官である宗忠なのである。王朝国家の政務体系の中核に位置する弁官は、このように検非違使関係でも大きな働きをしていた。蔵人頭もまた、検非違使関係の業務に関わっていた。「頭弁来云、佐俊信朝臣市政日従者取二犯人一之間、所二奪取一也、別当奏二事由一、経二一両日一、件事何様可レ被レ行乎、申二合殿一之後可レ奏也」（『後二条師通記』康和元年六月三日条）と、頭弁は別当が奏聞した事柄（検非違使佐右少弁俊信従者のこと）についての処理を関白師通に尋ね、師通は大殿師実に問い合わせたうえで奏聞するようにと、蔵人頭に命じている。承徳二年（一〇九八）七月一二日には、左右検非違使佐である顕隆と俊信が、頭弁を介して検非違使関係の業務を関白師通に内覧、堀河天皇に奏聞しており、やはり蔵人頭が関わっていることがわかる（『中右記』同日条）。検非違使関係の業務も、ほかの一般政務と同様に、天皇・関白と上卿、弁官そして蔵人頭という王朝国家の政務執行体系のなかで執り行われていたのである。そして、その形態は、長治元年（一一〇四）五月二四日、院御厩舎人と春日社神人の闘乱に関して、検非違使に付すことを命じたのが内覧忠実であって白河院ではなかったこと（『中右記』同日条）、長治二年三月一一日に随身の東宮内での乱行に対し、身柄を検非違使に引き渡し禁獄するように命じたのも忠実であった[29]こと（『中右記』同日条）、同年一二月二九日大宰前帥季仲の従類を京外に追放することを検非違使に指示したのが上卿・弁のルートだったこと（『中右記』同日条）からもわかるように、長治年間（一一〇四〜一一〇五）には、まだ以前のままであった。

　次に、体制転換後に関白以外の上卿・蔵人頭・左右佐（多くは左右少弁）が検非違使関係業務に関わっていないのかどうかを、永久二年の『中右記』から確認しておく必要があろう。永久二年の蔵人頭は、頭弁が藤原実行、頭中将が藤原通季、左右権佐が藤原実光（右少弁）、藤原重隆である。この中で、検非違使関係の業務に現れてくるのは、頭弁実行である。一二月七日、頭弁実行は、前皇太后宮六位進末正が伊勢国で殺害された際の御服のことで別当宗忠を訪れている。しかしこれは、白河院の仰せをうけてのものであった。厖大な永久二年の史料を見渡しても、それ以外にこれらの人物の関与を確認することはできない。堀河天皇の死後、検非違使関係の業務は、白河院が全権を握り検非違使を駆使して命令を下し執行するものに変容していたのである。そしてその際に注意すべきは、白河院が、別当の宗忠を通して各検非違使に指示しているばかりではなく、直接各検非違使から報告をうけ、命令を発していたことである。これらの検非違使は、白河院に近侍し、奏上を取り次ぎ、院の命令をうけていた。白河院を取り巻く近臣団の中には、これらの検非違使と受領が多く含まれていたのである。

表6は、永久二年中に白河院への奏上を取り次いだり、院の直接の命令をうけたりした検非違使と受領を含む近臣の名前を書きだしたものである。まず検非違使から見ていくと、宗実・資清・盛道・行重・明兼・重時・忠盛の七人の検非違使が、直接院に業務の報告をしたり、院の命令を執行したり、または院の意を別当宗忠に伝えたりしている。院には、常に複数の検非違使が伺候していたことは、七月二日別当宗忠が「宗実、盛道、行重、明兼、資清等参┐会院┘也」と述べていることからも明白である。さて、この表6でもう一つ注目すべきことは、検非違使同様に、多くの受領が院に近侍して院に取り次ぎ、また院の命令を伝達していることである。播磨守長実・伊予守基隆・但馬守家保・近江守顕隆・伯耆守家光・若狭守宗章・甲斐守師季・土佐守能仲等である。実は、一一世紀末にも、白河院と関係の深い受領が多数存在していた。『中右記』嘉保二年（一〇九五）七月五日条には「院司受領十人、□□□□近江、因幡、越前、加賀、備前、□□、甲斐、周防、件十箇国愷注進否可┘進也」とみえ、院司受領が一〇人いたことがわかる。しかし、その一〇数年前の永保二年（一〇八二）に発給された白河院の祖母（後三条母后）陽明門院庁の下文

(『平』一一九八)を見ると、周防守・讃岐守・伊予守・美濃守・備後守・美作守・備前守・能登守・甲斐守・丹後守の一〇人の受領が陽明門院院司として名を連ねているから、嘉保時の白河院院司受領の数の多さが決して特別なものではない、ということがわかる。よく知られているように、院には毎年一人の院分受領を推挙しその任料を取得できる制度(30)があり、毎年正月の県召除目の際に任用されていた。たとえば永長元年(一〇九六)度は、陽明門院はすでになく、院分受領推薦の有資格者は白河院とその息女郁芳門院であった。当年の闕国は七ケ国しかなかったため「世間人申云、不便事也、院両分不レ可レ任由、密々所レ申也」と一人分にすべきであるとの意見が多いなか、両院分が補任された(『後二条師通記』永長元年正月二五日条)。このように毎年補任されるのであるから陽明門院や、一一世紀末の白河院の院司受領が一〇人を数えたのは、当然のことであった。しかし、永久二年の白河院に近侍した受領は、それとは性格がまったく異なっている。一〇・一一世紀の王朝国家期、受領は任地に赴任するのが原則であり、一二世紀に入っても、赴任しない受領は非難をうけている。長治二年(一一〇五)一二月一四日、宗忠は「筑前守宗章不レ下二向任国一、已在二京都一、(中略)是可レ謂二大過一」と難じている(『中右記』同日条)。嘉承二年(一一〇七)二月五日に「諸事受領罷符十余枚也」(『中右記』同日条)とあるように、一〇数人の受領の赴任があり、伊豆守の赴任も確認できる(『中右記』二月二七日条)。ところが『中右記』天仁元年(一一〇八)二月九日条を見ると、宗忠は「去々年春任二太宰帥一、于レ今不二赴任一」と赴任しない大江匡房を批判し、「又公家不レ被二咎仰一如何」とそのことに対して咎めがないことに不満をもらしている。そして以後の『中右記』からは、受領や帥の不赴任に対する批判の言は見られなくなる。堀河天皇の死去が転換点になったとしか考えられない。しかし、さきほど見た大量の院司受領の存在からすれば、受領赴任の原

表6　永久2年に白河院に近侍していた近臣

宗実	播磨守長実	忠盛
兵部少輔清隆	伊予守基隆	伯耆守家光
資清	但馬守家保	大蔵卿為房
説兼	近江守顕隆	若狭守宗章
盛道	明兼	甲斐守師季
行重	重時	土佐守能仲

則は以前から形骸化していたのではないか、との疑いが生じるであろう。そこで再度永保二年の陽明門院庁下文に見られる一〇人の受領に検討を加えてみる。一〇人のうち美濃守行房・美作守源清長・備前守源朝臣・能登守高階公俊の四人は「在判」とあり、この下文発給時に女院庁にいたことが確認できる。ところが他の六人の受領には判がない。女院司として名前を連ねているものの、この時は在国していた可能性が高いと判断できよう。それに対して、天仁二年（一一〇九）一二月二二日の白河院牒（『平』一七一四）には、院司として名前の見える伊豆守中原宗政・美濃守藤原季通・越中守高階宗章・播磨守藤原長実・伊予守藤原基隆・丹波守藤原家保・美作守藤原通季・伯耆守藤原家光は全員が「在判」であり、この文書発給の現場にいたことが確認できる。この文書は、わずかの間に受領赴任の原則が崩壊したことを示すものなのである。このような受領赴任原則の形骸化は、近隣以外の受領にも及んでいた。嘉承二年一〇月一五日、堀河天皇の除服が行われたが、「今夕土左守盛実経営云々」（『中右記』同日条）と、土佐守が取り仕切っていた。天仁元年一二月二〇日の遷御には陸奥守基頼が参じており、在京を確認できる（『中右記』同日条）。その他筑前・越後・出羽・下野などの遠隔地の受領の在京も確認され、(31)改めて堀河天皇死後に受領赴任原則が放棄されたことを知ることができるのである。堀河天皇死後の最初の県召除目である天仁元年正月の受領人事に、宗忠が「受領十五ケ国之中、候院之輩七人、多任₂熟国₁、（中略）受領官任国次第頗違乱、壊₂道理₁事」と嘆いているように、受領任用方式も様変わりした。(32)院伺候の七人とは、駿河守平為俊・甲斐守藤原師季・伯耆守橘家光・出雲守藤原顕頼・但馬守平正盛・信乃守大江広房・伊豆守中原宗政であり、天仁二年の白河院牒、永久二年の表6の受領とも一部重なる。彼らを含めて受領は基本的には在京するようになり、(33)その一部は最高権力者白河院に近侍し、院の命令をうけて行動していたのである。

第一節での土地・人民支配体制の転換解明に続いて、本節では王権のあり方にも大きな転換があったことを明らかにした。国政の決裁権を全面的に掌握した白河院は、検非違使と在京する受領をも直接把握し、命令を下す体制を作りあげたのである。次節では、国家の施策を点検しながら、成立した新しい体制の内実に迫っていくことにしたい。

三　初期中世国家体制の成立

第一・第二節での考察に基づき、成立した新しい国制の構造を明らかにするための第一歩として、まず一国平均役の成立について検討を加えることにしよう。かつて小山田義夫氏は、一一世紀から一二世紀にかけて造内裏役にはじまる一国平均役とされるものの成立過程を明らかにした(34)。続いて上島享氏は、小山田氏の提示した枠組みを認めたうえで、体制としての一国平均役の確立は、一二世紀中葉、後白河親政・院政初期であると論じた(35)。現在この上島説が定説の位置にあると思われるが、一国平均役確立に一〇〇年以上を要するという見方には、疑問を禁じ得ない。筆者は、一一世紀の中央—国郡支配体制の変遷の中から、一国平均役成立への途をさぐっていくことにしたい。

第一節で述べたように、一〇・一一世紀における国家的租税たる臨時雑役は、官省符・官符・国判などで認められた免田分以外、すべて賦課されるのが原則であった。臨時雑役は、中央・国郡双方からの賦課物を含むが、中央からの賦課の例として承平五年（九三五）丹波国に賦課されている「官修理檜皮」の雑役をあげることができる（『平』二四五）。寛仁元年（一〇一七）伊勢国曽禰荘に課せられた造宮料加徴米三〇石も、官宣旨をうけて国符が下されており、臨時雑役として賦課されたものであった（『平』四七九）。延久六年（一〇七四）の官宣旨は、醍醐寺所領への造野宮作料米免除を河内国に命じる命令であるが、「如レ此臨時雑役永以可二免除一之由、被レ下二宣旨一明白也」（『平』一一〇〇）と見えるように、臨時雑役として賦課されたものであった。そのほか、これまで一国平均役とみられてきた事例を分析していくことにしよう。長元四年（一〇三一）九月一三日、尾張国が「普支二配国内見作不輸租田一、不レ論二王臣家諸庄・神寺所領一、平均令二役仕一、築二造宮城大垣所一」と申請し、翌日神寺領を除いて認可されている（『小右記』同日条）。尾張国では、このとき、臨時雑役が免除されている不輸租田見作分も宮城大垣役が賦課されることが許可されたのである。永承二年（一〇四七）の興福寺造営に際しては、このような国司からの申請と認可が多くみられる。二月一二日、摂津国が「被レ下二宣旨一、不レ論二神社、仏寺、院、宮、王臣家荘薗一、不輸応輸、平均充負、勤下仕造二興福寺廊四面雑事一状上者」と申請し認可された（『造興福寺記』）のをはじめとして、近江・丹波・三河・信濃・若狭・越前の計七ケ国が、不輸応輸を問わず一国全体に造興福寺役を課すことを申請し、認可されている。ところが、興福寺造営に関わった国々は、この史料に現れただけでも二四ケ国に及び、七ケ国以外の一七ケ国は、造興福寺役の不輸応輸を問わない賦課申請を行った形跡がない。したがって、これらの国々は、自らの責任において、国内に臨時雑役たる造興福寺役を賦課したことになる。

　このような状況は、一一世紀末になっても続いていた。伊勢内・外宮遷宮行事弁を勤めた藤原宗忠は、役夫工をめぐる諸国との交渉に多くの労力を費やした。史料に現れる国の数は三八ケ国に及ぶ。しかし、表7に明らかなように、国内の荘園への役夫工賦課が問題になっている国は、その中の八ケ[36]国にすぎない。国内の荘園への役夫工賦課が申請されていないその他の国々は、この問題を国内で処理していたということになる。基本的な構造は、興福寺の造営が行われた一一世紀半ばと大きくは変わっていなかったのである。

　以上の考察から、一一世紀末までは、従来通り臨時雑役として中央からの役が賦課され、諸国からの賦課申請[37]がなされ認可されることはあったが、それはいまだ少数にとどまっていたということが、明らかになったものと考える。このようなあり方は、中央政府―国郡で土地・人民を把握し、官物・臨時雑役を賦課する王朝国家の支配体制に即応

表7　伊勢内・外宮遷宮時に役夫工を賦課された国々と課否が問題になった荘

伊予・駿河・越前・備後・越中・播磨・上野・伊賀・越後・遠江・相模・大和・淡路・阿波・美濃・近江・備前・河内・土佐・下野・常陸・美作・武蔵・志摩・紀伊・加賀・伊勢・山城・安芸・信濃・但馬・因幡・三河・摂津・甲斐・伊豆・下総・出雲	遠江荘・越中国石黒荘・常陸国鹿取荘・美濃国法勝寺荘・土佐国和食荘・伊勢林御荘・美作国左衛門督家荘・摂津国倉橋荘，垂水御牧

表8　11世紀中葉の大井・茜部荘にたいする国司の収公

遺文	年　代	受領名	賦課の内容
586	長久元年頃	国成	造内裏雑事と防鴨河及臨時雑役を賦課
711	寛徳頃	定経	荘田を収公し臨時雑役を賦課
711	永承前半ヵ	頼国	荘田10余町を収公，御馬逓送夫役・相撲使供給等の臨時雑役賦課
711	天喜初めヵ	業敏	見作30余町を収公，田率官物雑役急々雑役を賦課
958	康平３年	実綱	雑役を充課す
998	治暦２年	師良ヵ	陶器・草薬・砂金・御馬等使逓送供給及方々雑役を賦課

するものであり、後の成立した荘園公領制下で課せられる一国平均役は、これとは別物だったのである。そのことを傍証するために作成したのが表8である。先に美濃国大井・茜部荘で、源頼国任と高階業敏任に荘田収公と臨時雑役賦課が行われた事例を見たが、実は収公が行われ東大寺が訴えたのはこの二代だけではない。国成・定経・頼国・業敏・実綱・師良と六代連続して、東大寺は収公・臨時雑役賦課されたことを中央政府に訴え、免除を求めているのである。これは前に述べたように、美濃国が検田によって両荘の土地を把握し、免田の見作分の官物・臨時雑役を免除しており、年によって免除額が変化していたためであった。

寺社の土地・人民支配権が認定された一二世紀には、大井・茜部荘についても、状況が全く変化している。嘉承三年（一一〇八）六月二四日の美濃国安八郡司等解案（『平』一六八九）は、承和一四年（八四七）の坪付による寺領を認定する宣旨にしたがって、牓示を打つことを申上したものである。しかし、郡司解と言いながらここで署名しているのは官使・国使・本寺使の三者であり、実際には郡司は見えない。そして、これ以後、大井荘・茜部荘において、収公・臨時雑役賦課を示す史料は見られなくなるのである。そのことは、大井荘・茜部荘において、東大寺による四至内領域領有が国家的に承認されたことを意味する。そして、大井・茜部荘に対する役夫工の賦課は、その後に起こったことであった。

左弁官下　美濃国

仰下東大寺領字大炊・茜部両庄所当造伊勢大神宮役夫工事

右、得二彼寺去年十二月廿二日解状一偁、謹検二案内一、彼庄者根本勅施入地也、已経二数百歳一、以二両庄地利一宛二花厳・法花両会用途并学徒等衣服一、況且近代為二寺家修造一、殊被レ置二造宮一、毎所領庄薗各勤二仕重役一、然間伊勢大神宮役夫工不レ論二神社仏寺一可二宛催一之由、国司雖二奏聞云々一、若已被二宣下一者、庄責二件役一、定闕二怠当寺法花・々厳会一、無レ過二于件等会一、仍兼所レ言二上事由一也、抑彼庄尋二先例一、如レ此之臨時大事防河造宮御馬等役令二勤仕一、国司背二先例一若課時者、言二上子細一必蒙二裁許一、度々綸旨顕然也、望請天裁、被レ免二除彼庄役夫工勤一者、方知二道理之貴不朽一者、権大納言藤原朝臣経真宣、奉レ勅、件庄若無二前跡一、宜レ従二停止一者、国宜承知、依レ宣行レ之、

天永三年二月七日　　右大史三善朝臣在判

右中弁藤原朝臣在判

（『平』一七六五）

この時、東大寺は、従来免除の実績のある防河・造宮・御馬逓送の先例をあげて今回の役夫工の免除を要請している。しかし、裁許は、賦課の前例がなければ徴収を停止せよ、とあり、免除を認定したものではなく前例の調査と報告を美濃国に命じたものである。そして役夫工の免否がどうなったのかは、永久三年（一一一五）三月一一日に美濃国に下された官宣旨案（『平』一八一七）からわかる。そこでは、国司と造宮使が役夫工代として押しとった大井荘本免分の地利物を寺家に返却するように、命じられている。催使の陳状に「召二徴大井庄一之条、任二国司配符一、催二徴国内庄薗一也、而件庄不レ知二本新免一、所二催徴一也」とあるように、国司が不輸租荘園を含めた国内荘園の役夫工配符を作り、それにしたがって役夫工が徴収されていたことがわかるのである。また、翌永久四年（一一一六）には、豊受宮役夫

表9　1107年～1129年の新立荘園停止の事例

年　月　日	宣旨の宛先	出　典	内　　　　容
①天仁2年正月	丹波国	平1707	天仁元年11月頃，停廃の宣旨を申し下す
②天永4年2月	丹波国	平1790	天永3年9月宣旨で起請以後の新立荘園停止を命じる
③元永2年5月	伊賀国	中右記	国司の申請により春日御領新立荘々停廃の宣旨下る
④保安元年4月	淡路国	中右記	国司が官使を申請，国中新立荘園を停止す
⑤大治元年閏10月7日	肥前国	平2085	在庁が寛徳以後荘園停止の官符は何度も出されていると述べている
⑥大治2年11月	筑前国	平2110	この年，新立荘園停止の官符が下る
⑦大治2年12月	陸奥国	中右記	陸奥国住人清衡が700町を保籠したことに対して，新立荘園制止を求める国解を提出

工のことで官宣旨が下っているが、「彼庄所当役夫百人作料廿五石」とあるように、役夫工の国目録中の役夫九六人・作料一四石が未済とされていたから（『平』一八五五）、やはり国衙によって役夫・作料の目録が作成され、徴収が行われていたのである。この一一一〇年代は、後々まで一国平均役の代表的なものであり続けた伊勢内・外宮の遷宮役が体制転換後初めて賦課された時であった。そのときに、従来の臨時雑役とは異なり、土地・人民の支配権を掌握した寺社領荘園に対して、新たな形で遷宮役が課せられたことは、注目すべきことである。一国平均役の原基形態が、ここにおいて成立した、ということができよう[38]。そして、この一国平均役の賦課は、土地・人民支配権を持つ大寺社を超越する権力によってはじめて、行われうるものであった。

次に、白河院に集中された王権と荘園・国衙との関係に目を向けてみよう。まず、白河院が在京する受領を手足のごとく駆使するこの新体制のもとで、一一世紀後半からの新立荘園停止の政策がどうなったのかを見ていこう。表9は、堀河天皇の死去時から白河院死去までの期間における新立荘園停止の事例を集めたものである。全期間、ほぼ全国的に、諸国の申請によって新立荘園停止の宣旨・官宣旨・官符が下され、停止が実施されたことがわかる。かつて石井進氏が、白河院政期の立荘抑制傾向と鳥羽院政期の立荘盛行を対照させて論じたのに対して[39]、五味文彦氏は、立荘抑制は白河院政前期（堀河天皇在世中）には顕著であったが、白河院政後期（堀河天皇死後）には大規模な立荘が進行すると述べている[40]。両説を勘案しながら論を進めていくことにしたい。②に「起請以後国内新立神社仏寺院宮諸家之庄園、慥可レ従二停止一之状、厳制頻降」とあるように、命令は諸国内のすべての院宮寺社諸家の荘園新立を停止するものであった。伊賀国でも、春日社の新立荘園が停止されている（③）。⑤は、肥前国在庁が観世音寺に宛てた牒であるが、「可レ停二止寛徳以後庄園一之由、官符重畳也」と言いながら「国司在京、如レ此庄園之沙汰、非二在庁官人進止一之状」と、荘園の沙汰は在京の国司が行うべき事柄であると、寺家に伝えている。白河院の権威・権力を後ろ盾とした在京国司によって実施される新立荘園停止は、このように実効性のあるものであった。しかし、同じ寛徳以後の新立荘園停止といっても、この時期のものは一一世紀後半とは全く異なるものであった。寺社領を中心にして、土地・人民の支配権を掌握した荘園と同質の土地・人民支配権を持つ国衙が並立し、両者の支配権を超えた王権と新たな国家的租税たる一国平均役の原形が成立していたこの時期においては、寺社院宮王臣家の荘園新立が認められないことは従来とは違う意味を持ってきた。すなわちそれは、白河院―在京受領のルートで推し進める強力な荘園・公領支配の発現形態だったのである。周知のごとく、白河院に近侍する受領たちは、頻繁に行われる御願寺等の造立事業を請負い、自らの受領職の重任・遷任を得ていたが、院も彼らのために便宜をはかっていた。『殿暦』永久五年（一一一七）四月五日条を見ると、院側近の伊予守基隆と丹後守為遠の所課が他国に改定されている。また保安元年（一一二〇）には、越前・播磨・備中・讃岐の四ケ国が損亡の認定を求め「除二神社仏寺院宮御封一之外、色代申請、可レ被二裁許一」（『中右記』同年五月一三日条）と裁可されている。播磨守は基隆、越前守は長実の子顕盛、讃岐守は権臣顕隆の子顕能、備中守も寵臣宗通の子重通であった。

それでは、このような白河院―在京受領による荘園・国領支配体制下で、荘園の新立はできなかったのであろうか。もちろんそうではない。立荘は、神社仏寺院宮王臣家を超えた存在、すなわち白河院その人によって行われたのである。『中右記』元永元年（一一一八）七月二五日条によれば、院庁下文によって阿波国に立てられた篠原荘が千町を加納とし山をも打ち籠めているとして、国司に訴えられている。次いで八月一一日条から、篠原荘は天永元年（一一一〇）九月、白河院庁下文をもって仁和寺宮領として立荘されたものであることがわかるが、千町の加納や山の打ち籠めはここで否定された。しかし、院庁下文による立荘自体の有効性は維持された。同日には「治部卿所レ進院庁之美乃国弾正庄成二院庁下文一令二立券一之処、打二籠人々領数百町一之由、所二憂合一也」とあるように、院庁下文によって立荘された美濃国弾正荘も人々の所領を打ち籠めたとして問題になっているが、結局人々の所領を除いて牓示を打ち、立荘が行われた（『中右記』八月一二日条）。このように、白河院庁下文による立荘は行われており、巨大荘園誕生の端緒も、すでに見えている。そのほか、白河院の最愛の人である待賢門院の院庁が遠江国に下した牒に基づいて、質侶牧が立荘されている（『平』二一二九）。これは、法勝寺・尊勝寺・最勝寺に続く白河院第四の御願寺（形のうえでは待賢門院御願寺）である円勝寺創設にあたって、寄文と公験にしたがって検注を行い、四至内田畠山野在家等を含めて立券したものである。待賢門院庁の牒をうけた遠江国司が留守所に国司庁宣を発することによって、この立荘は完了している（『平』二一三五）。白河院・待賢門院以外に立荘を命じることのできる人物がもう一人いる。それは、関白忠実である。元永二年（一一一九）三月二五日、宗忠は、院に呼ばれて上野国司から訴えのあった関白家領のことを聞かされた。関白家家司知信の寄進によるこの荘は、実に五千町に及ぶもので甚だ不便であるとして、関白に子細を尋ねるようにとの院旨であった。それに対して忠実は「只如レ此庄園以二人寄一為二家領一也、仍以二知信申旨一旦仰二国司一許也、於レ今者可二停止一也」（『中右記』三月二六日条）と答えた。結果的には、この荘園は停止されているが、関白家下文―国司というルートで、荘園の設立ができたことを、この史料は物語っている。神社仏寺院宮王臣家の荘園新立が禁じられていたこの時期、白河院・待賢門院・関白忠実の三者のみは、国司に命令を下して新たに立荘することができたのである。中世前期においては、治天たる院・女院・摂関家のみが本家となることができたのであるが、その基礎は白河院の王権掌握期にすえられたのである。そして、立荘された荘園は質侶牧のように、田畠山野在家を含む広大なものであることが多く、土地・人民の支配権そのものを国領から割き取ったものであった。

さて、先にみたように、白河院に近侍していたグループには、受領とともに検非違使があった。永久二年以外の史料からも、院と検非違使の活動を見ていくことにしよう。永久五年（一一一七）五月五日、検非違使庁は、越後国住人平永基にあてて前対馬守源義親と称する法師等を召し進めるようにとの下文を一二人の検非違使が連名して下しているが、これは、院宣をうけた別当宣に従って出されたものであった（『朝野群載』巻一一）。元永元年（一一一八）二月五日には、下総守源中正が常陸国住人を捕えて院の陣に参ったとき、検非違使重時・盛道・康季が院の命をうけて犯人を受け取り、左右政所に収監した（『中右記』同日条）。さらに、大治四年（一一二九）三月、山陽道と南海道の十数ケ国の国衙にあてて、「欲レ被レ令下備前守忠盛朝臣搦中進海賊上事」との検非違使移が出されているが、これも「欲下被三早任二院宣一、令レ搦二進彼賊徒一之状、依二別当宣一移進如レ件」とあるように、院及び別当の指示をうけて諸国に出されたものであった（『朝野群載』巻一一）。山門の騒動の際に、直接白河院から検非違使・武士に命令が下されたように、全国的な事柄に際しても、院の指示で検非違使以下が動員されていたことを、確認することができるのである。

知行国制もこの時期に成立する。上島享氏は、従来の研究を一変させ、受領制度の展開の中から知行国制が成立し[41]てくる道筋を明らかにした。受領の経済的利益を取得し、国司を申任するという後々まで継承される典型的な知行国の事例の第一号[42]は、関白忠実である。永久四年（一一一六）尾張国を知行国として得た忠実は「当尾張国分、（中略）関白太政大臣兼二受領一実無極奇怪事也」と感想を述べている（『殿暦』同年一一月一六日条）。忠実が、いかに関白が受領の職務を行うことが異常なことと感じていたかを、うかがうことができる。しかし、翌年四月には上京した尾張目代に国務の内容を尋ねているし（同四月二六日条）、忠実が尾張守に推任した源師俊も同年一〇月二五日には帰洛したとの記事があり、知行国主としての行動を取っている。その後元永二年に忠実の知行国は、尾張から越後に移動し、忠実の申請で一四歳の源国能が越後守となっている（『中右記』同年一二月一五日条）。このように、知行国は、その成立期から固定的なものではなかった。その後、鳥羽院政期には、知行国は、摂関家以外、すなわち女院や有力貴族さらには治天たる院自身にも広がっていくことは、よく知られた事実である。(43)

さて、本章のテーマである「初期中世国家体制の成立」という視角から、これまで論じてきた事柄を整理していくことにしたい。王朝国家体制（後期古代国家体制）の崩壊は、一一世紀最末期から一二世紀初頭にかけて、大寺社が末寺末社荘園と荘民を支配下におさめようとする運動から始まった。この運動は、中央政府―国郡の支配下にあった土地と人民の支配権を大寺社が奪い取らんとするものであった。在地の動向とも結びついたこの方向性がもはや止めがたいものであると認識した国家中枢側から、国制の根本的な転換が日程にのぼってくる。堀河天皇が死去した嘉承二年七月以降、完全に王権を掌握した白河院を中心にして、積極的な国制転換が進められることになる。その一つは、荘園・公領の領域確定と、院による受領の完全な掌握である。王朝国家期には赴任することが原則であった受領は、基本的には在京するものとなり、その中でも一定数の有力受領は院庁に詰め、院の命令を伝えたり院奏を取り次いだりするようになった。この院―受領のルートで行われた重要な事の一つは、院宮王臣家寺社の新立荘園立荘を抑止することであった。その結果、国司奉免など一一世紀に行われた立荘形態は全く姿を消すことになる。そして第二は、新しく成立した国家的租税たる一国平均役の賦課である。大寺社の土地・人民支配権を認める一方、一二世紀には公領も荘園と同質の土地・人民支配権を持つ形態となっていたが、一国平均役はこのような荘園・公領支配を超越した権力である王権によって同じ基準で賦課されるものであり、院―受領を中枢として施行された。この体制こそ、荘園公領制と呼ぶにふさわしいものである。

この時期、白河院自身は、院庁下文と受領が留守所にあてた国司庁宣をもって立荘を命じることができた。白河院以外にも、待賢門院と関白忠実の両者が、同じく国司に命じることによって、立荘を行うことができた。三者のみが行うことのできた立荘は、荘園との領域区分が確定した公領の土地（田畠・山野）人民（在家）を割きとることにより成立した。また、この時期の摂関家に始まる知行国制は、知行国主が受領の役割を果たすわけであるから、国主の給与を確保しながら彼らに転換した国制の重要な部分を担わせる制度である、ということができる。白河院のもとに結集していたもう一つのグループは、検非違使である。院に近侍する相当数の検非違使は、直接院の命令を受けて行動するか、または院奏して指示を仰いでいた。王朝国家期の検非違使は、天皇と関白、上卿・弁などの既存の国家体制のもとで、上部の命令によって動く存在であったから、ここでの変化は実に大きなものがあった。そして、検非違使は、武士とともに、山門・南都の大衆抑止のための動員、遠国を含む諸国の紛争への出動、京内や近国の秩序維持や犯罪人拘束など、多様な局面で院の指示のもと活動していたのである。

さて、まぎれもない中央集権国家であった一一世紀までの王朝国家（後期古代国家）に対して、この新しい国家体制は、どのように位置づけられるべきであろうか。①土地・人民の支配権が大寺社続いて王家・摂関家に掌握され、一方公領もこれらの荘園と同質の支配を行っている。②王権が地方支配の核である受領と軍事・検断を遂行するうえでの手足となる検非違使を直接把握し、命令を遂行させている。③基本的に荘園・公領のすべての所領に国家的租税たる一国平均役を課し、免除の場合も王権により認定される。以上のような特徴を有する新しい国家体制は、王家・摂関家・大寺社による土地・人民支配権を前提とし、その上に立って王権による諸国支配と軍事検断権掌握が行われているものであるから、一種の封建国家、とみることができよう。王朝国家期の院宮王臣家寺社に対し、新体制下の摂関家をはじめとした公卿・大寺社は権門と呼ぶのが適切であろう。[44] しかし、一方では、国家としての求心性は維持されており、受領の在京などにみられるようにむしろ強まっている面すらある。中央集権国家から、独特の求心性を持つ一種の封建国家への移行、それが日本における中世国家体制の成立であった。筆者は、白河院の王権掌握を契機として成立した国家体制を、鎌倉幕府成立以後と区別して、初期中世国家と呼ぶことにしたい。

おわりに

筆者は、これまでも、院政期の国家を初期中世国家と呼んできたが、[45] 本稿により、その成立についてはある程度解明することができた、と考える。論じ残した問題も多い。文治元年（一一八五）の治承・寿永の内乱終結までを初期中世国家とすると、白河院・鳥羽院・後白河院の三治天期の考察が、次の課題になってくる。しかし次章ではその考察に入る前に、これまで検討が十分ではなかった王朝国家期の政治構造を隣国高麗と比較しながら明らかにしておきたい。

注

（1）序章で述べたように、このことは研究者間では自明のことであると思われる。
（2）黒田俊雄「中世の国家と天皇」（『岩波講座日本歴史』第六巻、一九六三年）。
（3）佐藤進一『日本の中世国家』（岩波書店、一九八三年）。
（4）近藤成一「中世王権の構造」（『歴史学研究』五七三、一九八七年）以降、中世国家を正面からとらえようとする論考はみられなくなっている。
（5）棚橋光男「中世国家の成立」（『講座日本歴史』中世一、東京大学出版会、一九八四年）。

（6）網野善彦「荘園公領制の形成と構造」（『土地制度史』一、山川出版社、一九七三年）。
（7）黒田前掲論文。
（8）佐藤前掲書。
（9）佐々木宗雄『日本王朝国家論』（名著出版、一九九四年）および『平安時代国制史研究』（校倉書房、二〇〇一年）。
（10）佐々木宗雄『日本古代国制史論』（吉川弘文館、二〇一一年）。
（11）筆者は『平安時代国制史研究』のなかで、すでにそのように述べていた。本稿では、旧著ではやや手薄であった一〇・一一世紀の状況を、より綿密に検討することによって、変容の実相と新体制の内実を、さらに具体的に示すことを心がけたい。
（12）佐々木宗雄「王朝国家の支配構造」（『平安時代国制史研究』所収）。
（13）坂本賞三『日本王朝国家体制論』（東京大学出版会、一九七二年）。
（14）小山靖憲「古代荘園から中世荘園へ」（『中世寺社と荘園制』塙書房、一九九八年、初出一九八一年）。
（15）佐々木宗雄「王朝国家の支配体制の成立と展開」（『日本王朝国家論』）。
（16）水野章二「平安期の開発と領域支配」（大山喬平編『中世荘園の世界』思文閣出版、一九九六年）。水野氏は、原官省符が一〇世紀末までの間に焼失したが、一一世紀に原形に近い形で東寺が再作成したと考えている。これに従う。
（17）佐々木宗雄注（12）論文。
（18）『平安遺文』九五四は、この部分を「但至㆔于不㆓承引㆒、御□収納使充㆓責臨時雑役㆒者」と読んでいるが、筆者は東大寺図書館蔵の原本にあたって「但至㆘于不㆑承㆓引御判㆒、収納使充㆗責臨時雑役㆖者」と読んだ。今これに従う。
（19）天暦四年（九五〇）一一月二〇日東大寺封戸荘園并寺用帳（『平』二五七）に見え、一〇世紀中葉には成立していたことがわかる。
（20）有年荘は、一〇世紀前半の大山荘、高田荘と同様に、寄人の名前を挙げて国衙に申請している。大山荘の平秀・勢豊が公民であり、高田荘の田刀も公民であったように、有年荘の寄人も公民だったから、国衙側は支配のために、名前を挙げて許可を与える必要があったのではないか、と筆者は考えている。
（21）赤松俊秀「領主と作人」（『古代中世社会経済史研究』平楽寺書店、一九七二年）。
（22）栄山寺領には、永祚二年（九九〇）から康平二年（一〇五九）までの一五通の史料がある。これらは、栄山寺の免除申請を国衙が検田の結果に基づいて免除しているものである。戸田芳実氏は、「かたあらし」という言葉で表されるこの時代の農地の不安定さを実証するためにこの史料を用いた（「中世初期農業の一特質」『日本領主制成立史の研究』岩波書店、一九六七年）。したがって、栄山寺領は継続的に耕作されている田地ばかりではないが、永長二年の栄山寺牒案（『平安遺文』一三八六）に現れる坪々は、表3にあげた坪々以外にも、栄山寺領のどこかに現れており、ずっと栄山寺領だったことが確認できる。

（23）筆者は、旧著『日本王朝国家論』では、一〇・一一世紀の支配体制を表す用語として、免田寄人制という言葉を用いた。しかし、現在では、免除の側面に焦点をあてたこの用語は、体制を表す語としては不適切であったと考えている。本稿ではこの語ではなく、中央―国郡支配という用語を使用することにしたい。

（24）国衙の公郷在家把握の形成、荘園支配との同質化は、すでにはやく戸田芳実氏が指摘している（「国衙領の名と在家について」『日本領主制成立史の研究』）。

（25）戸田芳実氏は、注（24）論文で、延久四年（一〇七二）に国衙側が淀津で在家に公事を勤めさせていたこと（『平』一〇八三）から、在家役賦課の端緒は国衙にあったと述べている。ただし、それを本格的に展開させたのが荘園領主であったことは間違いなく、公郷在家賦課がそのような事態に対する対抗措置だったことも動かぬところである。

（26）佐々木宗雄「院政成立と摂関制」（『平安時代国制史研究』）。

（27）注（26）と同じ。

（28）注（26）と同じ。

（29）師通・師実が相次いで死去したあと、忠実が若年だったために、また正式の摂関ではなく内覧だったために、父祖のような権限をふるえなかったという見方は、誤っている。ここにあげた長治年間における彼の執政ぶりからわかるように、忠実の権限喪失は、堀河天皇死後の国制の転換に起因することが明白である。

（30）この院分受領制度については、橋本義彦「院宮分国と知行国」（竹内理三博士還暦記念会編『律令国家と貴族社会』吉川弘文館、一九六九年）、時野谷滋『律令封禄制度史の研究』（吉川弘文館、一九七七年）などによって、明らかにされている。

（31）越後守は『中右記』天永二年六月一六日条、下野守は天永二年一一月四日条、筑前守は天永二年四月一一日条、そして出羽守は『長秋記』永久元年四月一日条によって、いずれも在京していたことを確認することができる。

（32）佐々木宗雄「十～十一世紀の受領と中央政府」（『史学雑誌』九六ノ九、一九八七年）。

(33)　もちろん国の責任者であるから、受領の下向がなくなったわけではない。『永昌記』天永元年六月四日条に「紀州来廿七日下向」、『殿暦』天永元年閏七月一日「出雲守顕頼此間下﹁向任国﹂」などがその例である。しかし、顕頼は半年後には在京が確認できるので（『中右記』天永二年正月二四日条）、一時的な下向であることが明らかである。

(34)　小山田義夫『一国平均役と中世社会』（岩田書院、二〇〇八年）所収の諸論文。これらは、一九六三年より順次発表されたものである。

(35)　上島享「一国平均役の確立過程」（『史林』七三ノ一、一九九〇年）。

(36)　このほか、駿河国について「庄園役夫工事」という記事があるが、これを入れても九ケ国である。

(37)　これらの課役を一国一律に賦課することを申請するかどうかは、国の判断次第であった（詫間直樹「一国平均役の成立について」、坂本賞三編『王朝国家国政史の研究』吉川弘文館、一九八七年）。

(38)　旧著（『平安時代国制史研究』）で述べたように、次の遷宮が行われた一一三〇年代には、一国平均役の賦課方式は明確に成立している。

(39)　石井進「院政時代」（『講座日本史』二、東京大学出版会、一九七〇年）。

(40)　五味文彦「前期院政と荘園整理の時代」（『院政期社会の研究』山川出版社、一九八四年）。

(41)　上島享「国司制度の変遷と知行国制の形成」（大山喬平教授退官記念会編『日本国家の史的特質　古代・中世』思文閣出版、一九九七年）。

(42)　上島氏は、受領の子息や公卿の子息後見の場合も含めたために混乱していた知行国の概念を整理した。天仁二年の佐渡国の例は詳細を知ることができないので、この永久四年の尾張国を忠実知行国の最初の例として扱いたい。

(43)　五味文彦「院政期知行国の変遷と分布」（『院政期社会の研究』）。

(44)　筆者は、この時期以後の摂関家以下の有力貴族・大寺社が土地・人民の支配権を握っている点において、後期古代国家期の院宮王臣家寺社と異なっているから権門と呼ぶのであって、この時期以後の国家を権門体制国家とは、決して考えていない。

(45)　佐々木宗雄『平安時代国制史研究』終章。

第二章　平安日本・高麗前期の国制と政治運営

はじめに

平安時代史研究における、土田直鎮氏の儀式・政務一体論[1]の影響力は大きい。これは、平安時代の政治運営の特質の一面を的確に指摘したものであり、矮小化された摂関政治論ではなく太政官政治の正当性を主張するなかで唱えられた学説であった。しかし、当該期の国制や政治構造は視野に入っていないため、それらの研究が進んだ現在においては、見直す必要があると考えられる。

筆者は、一〇・一一世紀が中央集権国家であるということを論証[2]したと自負しているが、かつて二つの論文で、一〇・一一世紀における王権と政治構造の全体像とその成立過程も示した[3]。ただし、政治運営のあり方については、いまだ大枠の提示にとどまっており、具体的な国政処理の様相にまでは、踏み込めていなかった。すなわち、天皇・関白・一上以下の公卿・蔵人・弁官・外記などによって、どのように実際の政治運営が行われていたのか、という点の解明が課題になってくる。特に王権については、ミウチ権力論[4]などの議論をどう見るかという点から出発する必要があろう。

さらに、平安日本の政治形態の特質を明らかにするためには、東アジア史、特に隣国高麗との比較が必要であると考える。高麗は、王朝・中央集権国家であるという点で、平安日本と共通点を持つが、内実はどうなのか。両者の共通点・相違点の解明は、高麗の国制に直接切り込むことによって、はじめて可能になる。本章では、高麗の官制と政治運営のあり方に焦点をあて、その特質を論じることに目指す。そして、それを踏まえたうえで、平安日本の政治運営の特質と国制について論じていくことにしたい。

一　一〇・一一世紀の王権と政治構造

王権の行使は、具体的には国家意志決定という形で現象する。現在、一〇・一一世紀の国家意志決定権に関しては、倉本一宏氏の説が最も有力とされている。氏は、ミウチ的権力中枢という概念を設定し、天皇・関白・父院・母后が一体となって権力を発動させる、と述べている(5)。一方、筆者は、平時は天皇が補佐役たる関白との合意に基づいて、摂政期には摂政が父院または母后の了解を得て、国家意志を決定していた、と論じた(6)。この点の是非を考えるうえで鍵を握るのは、父院と母后である。母后が摂政期に摂政に了承を与えるのは、父院が存在しない状況によると考えられるが、摂政期以外の平時に母后が国家意志決定に関わったことを示す事例は、存在しない(7)。一方、父院は、摂政期のみならず平時においても、検討を加えなければならない存在であろう。筆者は、かつて、一〇九〇年代の藤原師通関白期の国家意志決定について考察し、決裁を行っていたのは、堀河天皇と関白師通であり、白河院と大殿師実は必要に応じて報告を受け、意見を述べていたことを明らかにした。これは、政務の情報がすべて関白師通にもたらされ、師通によって、白河院か大殿師実のどちらか、または両者に問い合わせたうえで奏聞するか、どちらにも問い合わせずに奏聞するか、が判断されていたからであった(8)。すなわち、平時（関白期）においては天皇・関白以外の人物は、天皇・関白ラインからの通知がなければ、政治の情報にふれることはできなかったのである。天皇・関白によって国家意志が決定されていたことは、明らかであろう。

さて、上島享氏は、一〇二〇年代に「道長の王権」なるものが成立し、それが白河院の王権に引き継がれるという構想を示した(9)。白河院の王権完全掌握は実は堀河天皇死後のことであるから(10)、その間にはなんと八〇年余の年月が経過しており、この道長―白河の王権継承説は全く理解不能である。「道長の王権」とされるものも問題である。もし、そのようなものが存在していたなら、私見とは大きく齟齬することになる。道長が摂政を退いた後の寛仁・治安・万寿年間の史料（『小右記』と『左経記』）を用いて、当該期の道長の政治関与について追求していくことにしたい。

『小右記』治安三年（一〇二三）四月三日、一上である右大臣藤原実資は、右中弁章信を通じて「相撲新点膂力者二人毎年貢進之官符可レ給二諸国一事」との関白の指令を受け取る。四月九日には頭中将朝任が実資のもとに来て相撲使の定を行うべきことを伝え、実資は明日に定を行うと答えている。道長は「相撲人諸国司毎年二人可二点貢一事如何、其数太多歟」とこのことに異議を唱えたのであるが、結局定にしたがって各国二人の相撲人の貢進が決定された。五月六日条に「亦伝二関白御消息一云、可レ点二貢相撲人一官符猶可レ載二毎年二人点貢一之由、已如二先日定一者、即仰二下同弁一了、件事禅閤執論、仍于レ今不レ成」とあるように、決定までに少々手間取ったのは、道長が反対したからであった。次に、万寿元年（一〇二四）三月一一日の検非違使に追跡された強盗が備中守宅に逃げ込んだ事件に検討を加えてみよう。

検非違使左衛門尉顕輔云、昨日盗、依二禅室幷関白仰一、使官人等不レ能二早捕一、依レ被レ優二左衛門命婦一、亦有二太皇太后宮仰一、就中禅門仰云、不レ可レ捕、只早官人等可二罷去一者、別当仰云、黙而捨去不レ可レ然、挙二近辺一可レ企二捕得之謀一者、命婦子顕長朝臣被レ催二使官人等一、陳下可レ相二代母命婦一之由上、令レ通二盗人一、申云、得二顕長一可レ免レ母者、此間臨レ夜、顕長入二戸内一脱二母難一、盗云、可レ得二上馬・鞍幷弓箭・大刀・絹三疋・粮一者、（中略）、使官人随兵後聞、直方郎等、射レ盗、其矢射二自背一、少許当二顕長一、盗落、此間射レ矢如レ雨、六隻立レ身即死者、其後別当来談、大略如二顕輔言一、（『小右記』同日条）

盗賊が、左衛門命婦という女房を人質に取っていたため、道長、関白頼通、太皇太后彰子は早期の実力行使に反対していた。特に道長は、捕縛をすべきでない、使官人も退去すべきである、と強く主張した。しかし別当藤原経通は、それに同意せず、命婦の子顕長に母の代わりとなるように説得し、命婦を無事避難させた後、顕長とともに馬に乗って脱出しようとする盗賊を射殺した。顕長は怪我を負ったものの無事であった。別当は、道長の主張とは異なる行動に出て、事件を解決したのである。万寿四年（一〇二七）四月三日には、主殿允久頼が東宮蔵人内匠助俊経に上東門内で刃傷されるという事件が起こった。久頼が俊経を侮辱したのが原因で、俊経は道長の孫禎子内親王の乳母子であった。道長は関白頼通に検非違使四人の派遣を要求したが、頼通はそれに従わず「検非違使四人専不レ可二差遣一、一人可レ宜者」と、検非違使一人の派遣にとどめている（四月四日条）。

以上の三つの事例は、いずれも道長の主張が通らなかったものである。最初の例からわかるように、道長は相撲人各国二人ずつ貢進の方針を後で知り、反対したものの、決定を覆すことはできなかった。第二の例では検非違使別当が道長の意見に従わず、第三の例では関白頼通が道長の意向に沿わなかった。どうして、このようなことになったのであろうか。その理由は、道長が政治的決定を行う正規のルートに入っていなかったことに求められる。正規のルートとは、天皇・関白・一上以下の公卿・弁官・外記である。道長は、この正規のルートからの通知・相談によってはじめて事態を知るというのが常態であったのである。

もちろん、重要な事柄については、前摂政でありそれ以前には一上兼内覧でもあった道長の意見が求められるのが普通であった。万寿二年（一〇二五）二月二六日、三人の受領が公物を弁済せず出家した件の処置について、関白頼通と一上実資の間で意見が交わされ、新国司に留国官物の内容を報告させた後決定を下すことになったが、実資は道長にも知らせてその指示を受けるようにと、左中弁経頼に命じている。翌日の最終決定では、出家した前受領とその妻子が共に済物を弁じることで決着したが、これは道長の意見を取り入れたものであった。今度は経頼の日記『左経記』を見てみよう。万寿二年七月一六日、関白頼通は左中弁経頼を道長のもとに送り、旱害による諸国からの愁訴を受けて祈雨の御読経実施の三案を示した。道長が三案中の七大寺での読経を良しとしたので頼通は「以二此由一奏レ内、仰二下右府一」と、天皇に奏上し一上実資に仰下すよう、経頼に命じている。これらの例をみても、道長は、関白または一上からの通知によって意見を述べているのであって、政治運営の正規のルートの中にいて決定に関与しているのではない。ここでの道長の立ち位置は、先にみた師通関白期の白河院・大殿師実と基本的には同じである。

人事についてはどうであろうか。人事は一般政務と若干性質が異なり、王権側で決定または発議される割合が高い。政治運営のルートの中で決定されるとはかぎらないのである。したがって、道長の関与がより大きかった可能性が高いので、個別の例に検討を加えていくことにしよう。『小右記』寛仁四年（一〇二〇）一一月二九日条を見ると、この日除目が行われ、実資の子資平は修理大夫となった。実はこの職は資平にとって不本意なものであったから、実資は関白頼通に訴えたが、頼通は「不レ可二強任一、可レ従二本意一、而入道殿有下可二必任一之由上、難レ背二彼命一者、仍不レ能二重申一而已」と答えている。本人の意志を尊重すべきであるが、道長の必ず任用すべしとの意向に逆らえなかった、というのである。その後資平は道長に修理大夫辞職の申し入れを行い、許容された（一二月五日条）が、この人事についてさらに『小右記』から分析を行ってみよう。

早朝宰相来云、去夕或云、勘解由長官・大蔵卿・修理大夫・左京大夫等間可レ被レ任由云々者、皆不要官等也者、仍以二書状一示二‐遣蔵人弁章信朝臣許一、報云、即申二関白一了、有二聞由之報一、宰相参二入道殿一面二‐申此由一、命云、官職者公家之御定也、不レ可レ申二左右一者、

（一一月二九日条）

宰相（参議）資平は、修理大夫を含む四つの官の兼任候補に挙がっていたのであるが、どの職にも就きたくない旨を、蔵人弁章信を通じて頼通に、そして道長には直接伝えていた。それにもかかわらず修理大夫に任じられたためこの件が『小右記』に記録されたのである。この時期関白に代わっていたとはいえ、頼通は摂政の職務を行っており、道長はみずから「官職者公家之御定也、不レ可二左右一」と言っているように、人事を決定できる法的な権限を保持してはいなかった。だからこそ二九日の人事の前と後に、資平と実資がまずは頼通に申し入れを行っていたのである。

同年閏一二月二四日、実資はもう一人の息子資頼（資平とともに実際は実資の弟懐平の子）の任官について道長に依頼したが、道長は「只可レ申二関白一、法師者不レ可レ知二除目事一」と関白に申し入れるようにと返事している。道長が大きな影響力を持っているのは間違いないが、やはり公的な人事決定権は摂政権限を行使している関白頼通にあったことがうかがえる。その前年の寛仁三年（一〇一九）一一月、大納言公任は頭弁である息子定頼の参議任官を望み、道長にも摂政頼通にも申し入れて「両殿気色頗宜者」（一一月二六日条）と良い感触を得ていた。ところが、実際に参議に任用されたのは経通であった。『小右記』一二月二一日条には、「経通俄依二望申一定頼事相違歟」とある。経通・定頼は、二人とも頭弁であり、経通は左中弁で右中弁の定頼の上官であったから、蔵人頭から参議に昇任するにあたって、経通が参議を望む以上はそちらを優先するのが筋だった、ということなのであろう。ところで、この経通はもともと左大弁昇任を望んでいた。『小右記』寛仁三年十一月三十日条に「頭弁経通来云、候二入道殿御共一、只今帰給、自二途中一罷帰、又談二所望事一、左大弁事頗宜云々、若成就者、相合歟、令レ申二大宮・北方・摂政一、未レ申二入道殿一、北方・摂政自申了」とあるように、この時点では左大弁昇任を望んでいた経通は、自ら摂政と北方倫子に申し入れ、太

皇太后彰子と道長にも依頼することを実資に言明していた。頼通摂政期のこの時期、頼通・道長両人だけでなく、後一条天皇の母后彰子、頼通・彰子の母である倫子も人事に発言権をもっていたことがわかる。道長が単独で人事決定権を行使したような事例は、やはり確認することができない。

人事が公卿の定の結論を採用する場合もあった。治安三年、東大寺別当の人事が行われた。候補者は、済慶と観真の二人であった。『小右記』の六月二三日条を見ると、実資は資平から「関白被二密語一云、東大寺別当事、彼御雅意在二済慶一、然而律師観真常二住彼寺一、已経二年序一」という情報を得ている。すなわち、道長の意は済慶にあるが、頼通はずっと東大寺に常住している観真の方に理があると考えている、ということである。七月三日、一上実資は「東大寺別当事諸卿相共可二定申一」との天皇の仰をうけ、定の結論に従って観真の東大寺別当が決定した（八月二一日条）。続く万寿年間は成長した後一条天皇と関白頼通による国家意志決定が定着した時期にあたるが、息子資頼の給官についての実資の希望について「関白有二許気一、天気又宜」（『小右記』万寿四年正月二七日条）と、天皇・関白両者が許容する意志を示していることなどを見ると、頼通摂政期とは異なり、人事権も天皇・関白両人に収斂しつつあった状況をうかがうことができよう。

以上の考察によって、上島氏の言う「道長の王権」なる言説が、全く根拠のないものであることが明らかになったものと考える。前摂政道長は、国政に影響力を持っていたものの、政治運営の正規のルートの入っていなかったため、その意見が通らないこともままあり、人事に関しても、摂政期の摂政、平時の天皇・関白の人事権を凌駕するような権限を行使することはついぞなかった。一〇世紀以来の国家意志決定の基本構造には、全く変化はなかったのである。

ここで、天皇・関白・公卿を中心に運営される正規の政治運営についてもう少し考察を進めてみることにしよう。筆者は、かつて、一〇・一一世紀の政治構造を分析した際、故実書でよく知られている外記政・南所申文・陣中文の形での政務処理が、一日の中で場所を変えて行われている状況を述べた(12)。これらの政務処理は、一言でいえば太政官の公卿・弁官・外記・史等による政治運営を表し、天皇・関白という王権側は、これには直接関わっていない。そして、ここで受理・審議されているのは、基本的には諸司・諸国・諸家・寺社等からの申請である。すなわち、諸司・諸国以下からの申請をまず受理・審議しているのは、国家意志を決定する側ではなく、太政官なのである。一〇世紀最末期から一一世紀初頭にかけて蔵人頭であった藤原行成は、右大弁でもあったので、弁官局の首として、これらに参会することが多かった。行成の日記『権記』からその様相を見てみよう。

長徳四年（九九八）一〇月二九日、右大弁行成は外記政に参じ、甲斐・越中国鈎文と馬料文の申文を受けている。同年一一月一五日にも外記政で左少史元倫からの「大宰府申与権少弐紀朝臣定興解由文、神護寺年之文、伊豆班符文、神祇官申春日社預殖栗時正譲文、同官申伊勢鈴鹿郡野辺社文」の五通の申文を審議している。この外記政で扱っている文書が諸国（大宰府・伊豆）、諸司（神祇官）、寺院（神護寺）からの申請であったことがわかる。右大弁行成は、南所申文に関与した事例も記録している。長保三年（一〇〇一）正月一五日、大夫史国平は「明日政可レ甫、明後日可レ申レ南不与状有二其数一、其中勘畢公文入二大勘文之国々一、最可二申下一也」と右大弁行成に説明している。南所申文で諸国からの不与状が提出されていたことがわかる。

次に陣申文についての史料を見ていくことにしよう。長保元年（九九九）一一月一四日、一上である左大臣藤原道長は、今日陣申文が行われる旨を右大弁行成に指示した。その内容は、翌長保二年の大粮文、左馬寮の申す失符文、武蔵国が申す賑給文であり、大粮文には主税寮の勘文が添えられていた。参会者は左大臣道長、右大弁行成、左大史国平の三者である。道長が「武蔵国賑給文所レ続先例注二僧尼数一、而本解不レ注二僧尼一如何」と問いを発したのに対して、国平が「符案注二僧尼一、僧尼載二彼時詔一也、本解不レ注二僧尼一、是今詔不レ載二僧尼一也」と答えている。諸司・諸国からの申請、諸国から貢進され諸司官人の給与に充てられる大粮米についての審議が行われ、左大臣によって決裁されていたことがわかる。

この陣申文と関係の深いのが官奏である。(13) 奏聞に関わるのは陣申文と同様に、大臣・大弁・史の三者である。長保元年一二月一五日、一条天皇への官奏が行われた。

左大臣被レ参、予於二床子一見二奏文十四枚一、之中伯耆国開用文、続以二所在官物一可二春下一、若可二交易進一宣旨・官符等、先例以二所在官物一可レ充之宣旨給レ国、国重申二下不動充符一、又給無二他官物一者、以二不動一可二春充一宣旨者、更不レ待二充符一申二開用一、而只以二所在官物一可レ充レ春、重不レ労二申請一、偏申二開用一、不レ可レ然、仍仰二国平朝臣一、亦触二於左府一、又伊予国申采女死闕文、続文傍例符案注二其父一、依レ立二譜第一也、当国例符案、本小状下注字有二其員一、而依二今本解一不レ注、為レ不レ令二相違一削除也、今本解之不レ注、可レ謂二失誤一、是大難也、(中略)又右大史文宿禰守永申改二宿禰一給二朝臣一文、(中略)又近江国減省文、載二後司初任年一、但忠望朝臣任同注レ年有二裁許一、続二其例事一雖レ有二例理致一不レ見、仍問二国平朝臣一、申云、年来例也云々、此例雖レ不二甘心一、若不レ載二今日奏一、可レ無二裁許之期一歟、

これは陣座で行われた官奏の準備作業の様子である。奏聞が予定されている一四枚それぞれについて厳密な検討が行われ、伯耆国開用文と伊予国采女死闕文に関しては難点があるため当日の奏聞からは除外された。近江国減省文にも問題があったが、年来の例として官奏の中に入れることを求める国平の懇願を受け入れた。そして行われた官奏では「被レ難之文三枚、備前減省・守永文・薬師寺文等也、」と、三枚の奏文が難ありとして裁可されなかった。右大史守永の宿禰を朝臣に改める申請は準備作業でも扱われていたが、(14) 備前減省文と薬師寺文は官奏の場ではじめて難が発せられたものである。官奏の準備作業と官奏それぞれの場で、諸国・諸司・寺社などの申請に対して厳密な審査を行い、不

表1　陣申文の奏聞・非奏聞の別（『西宮記』巻7，陣申文）

申大中納言文	奏　聞	開検不動倉文，減省文，改姓文，采女文，御馬逗留文，申戸田，授神位，国営田
	非奏聞	諸社祝禰宜文，補諸寺別当文，講読師六夏文，得度文，御斎会講師度者，御導師度者，抄四府史生兼国，勘出文，解由不与状，交替延期文，諸道得業生文，勘解由史生，補諸司才伎長上国掌文，諸寺三綱定額
申一上文	奏　聞	恩詔賑給文，不堪文，位禄，王禄，失符，大粮，申他国文，異国人来着文，給復百姓，大宰陸奥解文，加僧位文
	非奏聞	大粮文，史・外記所充，位禄充文，無介署解由，大給節禄

十分なものは却下していたことがわかる。

外記政・南所申文・陣申文に共通するのは、一上以下の上卿・大弁以下の弁官・史・外記によって諸国・諸司・諸家や寺社からの申請が審議・決裁され、その中から必要なものが奏聞されていた、ということである。奏聞されないで一上や他の上卿の決裁で決着するものもかなりあった。表1は、『西宮記』巻七、陣申文に見える大中納言に申す文、一上に申す文、の奏聞・非奏聞の別を示したものである。非奏聞の文書が多いことに驚く。これほど多くの文書が、奏聞されることも関白の内覧をうけることもなく、一上や他の公卿・弁官らによって、決裁されていたのである。

もちろん、太政官の政務が、故実書に現れる外記政・南所申文・陣申文の形でのみ処理されていたわけではない。しかし、日常の政治運営も、基本的には同じ形態をとっていた。

覧㆓左府㆒文、可㆑遣㆓興福寺㆒大和国使所㆑犯会㆑赦由宣旨案、依案、維摩会掛衾廻文、下、興福寺申十聴衆文、候、不足米文、奏、御読経軸文、下㆓於官㆒、

これは、長保二年（一〇〇〇）九月五日、右大弁行成が一上左大臣道長に報告した事案と、道長の決裁について記したものである。五つの事案のうち、四事案については、道長の責任において決裁がなされ、不足米についてのみ、一条天皇への奏聞が指示されている。ここにみられる事案は、表1の陣申文や外記政の庁申文・南所申文にみられるような重要なそしてある意味で儀式化した政務ではなく、ごく日常的な事案の処

理過程をうかがわせるものであるが、それらの中にも非奏聞で処理される事案がかなりあるということがわかる。それとともに、注意しなければならないのは、弁官と史の果たす大きな役割である。この例でも、右大弁である行成が、興福寺や大和国の申文や生起している事態を把握して、一上に報告し、決裁を仰いでいる。長保二年六月二三日、右大弁行成は、紀宣時申文と摂津国司申文を左大史国平に下し、①そのまま上卿に申し上げる、②続文をする、の指示をおこなっている。また、右大弁行成が中弁・少弁の指揮を行っている事例もあり(『権記』長保二年三月一日条)、大中少弁の弁官と左右大史・少史の史が、諸国・諸司・諸家諸人・寺社からの申請をまず受理し、一上以下の上卿の判断を仰ぎ、そこで決裁または奏聞が行われていたことが判明するのである。

以上、本節では一〇・一一世紀の国家意志決定のあり方と同時代の政治構造を明らかにした。平時の王権が天皇と関白に担われている点、儀式書に現れた重要政務同様に、日常の政治運営においても、弁官・史が諸国以下の申請を受理し、一上以下の公卿の決裁または奏聞によって、事案が処理されていたことがわかる。中央集権国家たる平安日本のこのきわめて特徴的な政治運営形態は、どのように位置づければいいのだろうか。次節では、同じ中央集権国家体制を持つ隣国高麗の、政治運営のあり方と国制を考察することによって、その類似点、相違点をさぐってみることにしたい。

二　高麗前期の国制と政治運営

高麗の国制研究史において古典的な地位を占めるのは、辺太燮氏の『高麗政治制度史研究』(一潮閣、一九七一年)である。中央・地方の統治機構、両班(文班・武班)制に至るまでの諸制度研究の基礎は、氏によって置かれた。この中で、中央官庁に限って言えば、高麗は唐の中書省・門下省・尚書省の三省制を導入したが、実際には中書省と門下省は一体として運用され、尚書省と吏部・戸部・礼部・兵部・刑部・工部の六部は、その下に位置づけられ、王命は中書門下省から六部を経て諸司・地方に伝達されるとした。そして、三省とともに国制の中枢を担う中枢院は、宋の枢密院制度を導入したものであり、中書門下省と中枢院は「両府」と呼ばれ、中書門下省の宰臣（宰相）と中枢院の枢臣すなわち「宰枢」が、国政運営の中心に位置するとされた(15)。辺氏の説は、朴龍雲氏などに受け継がれ、定説となっていたが(16)、最近これに根本的な見直しを迫っているのが朴宰佑氏である。朴氏は、従来の研究では、最終決定権者である国王の役割が十分に位置づけられていないとして、国王と臣僚の双方に目を向けて国政運用のあり方を明らかにする必要があると主張した。また、朴宰佑氏は、六部に限らず、諸官司が中書門下省や尚書省を経ずに直接国王に奏聞し、国王が単独で決裁していた事実を明らかにした(17)。もちろん、重要な事案は宰相または宰枢に諮問されたうえで、国王が決裁していたのであるが、ここで問題となるのは、最高政務機関とされる中書門下省および宰相が、事案が奏聞される際に関与したかどうかである。宰相は、六部の判事を兼ねているので奏聞前に知ることができた、というのが辺太燮氏や朴龍雲氏の考えであった(18)。しかし、そのことによって、六部以外の在京官司や地方官司が尚書省や六部を経ないで直接国王に奏聞し決裁を受けていることを説明できないし(19)、各宰相が判事として兼官している六部からの奏聞事項を完全に掌握していたという証拠もない。なによりも、中書門下省や宰相が、諸司からの奏状を事前に検討したことを示す史料など全く存在しないのである。しかし、説得力があるように見える朴宰佑氏の説に対する支持者は、現在の韓国の歴史学界では少数派にとどまっている。朴宰佑説に対する疑問は、①宰相の役割についての軽視、②国王の権限が大きすぎる、の二点に集約できる(20)。これらについて、検討を加えてみよう。

宰相は、中書門下省内にある政事堂に集まって国政を議し、五日に一日は国王にまみえたとある(21)。ただしその内容は、「論道経邦」[22]とあるように天下国家を論じるもので、日常の政務や諸司・諸人からの奏状を取り扱うものではなかった。国王が一人では決裁できない重要事は、宰相会議・宰枢会議をはじめとする諸種の会議にかけられたが[23]、宰相は意見を述べるだけであり、決裁するのはあくまで国王であった。

第二の疑問点は中国の官制とそれを取り入れた高麗の官制の根本に関わるものである。唐制は、尚書省が中央・地方のすべての官司を統べ、門下省が上奏文の審査と詔勅の駁奏を、中書省が王命の起草と審査を通過した奏文の皇帝への奏上を行うという、整然とした形態のものであった[24]。これに比べれば、たしかに高麗は国王への権限集中が甚だしすぎるように見える。中国以上の国王権の強大さというのは、実感としても受け入れがたい、というのが朴宰佑説に対する拒否反応の最大の要因とみられる。したがって、この問題を考えるうえでは、唐・五代・宋にいたる中国の官制を考察することが不可欠になってくる。

筆者は、唐の中書省・門下省と高麗の中書門下省の違いに、まず着目したい。両者の最大の違いは、中書省の長官中書令、次官中書侍郎に続く判官である中書舎人と、門下省の長官侍中、次官侍郎に続く判官である給事中、にある。唐制では、中書舎人（六人）は、詔勅の起草と上程されてきた奏状の皇帝への進奏を行い、給事中（四人）は、諸司からの奏状を長官の侍中とともに審査して違失を正し、又詔勅に不備があれば差し戻す（封駁）、と定められていた[25]。このように、唐制では、中書舎人・給事中がそれぞれ中書省・門下省の業務の中核を担ったのであるが、高麗ではそれぞれ一人ずつしか置かれず[26]、諸司の奏状を審査するような働きをした形跡は全くない。辺太燮氏が明らかにしたように、高麗の中書門下省の臣僚は、宰臣（宰相）と省郎に二分され、宰相が国政を議定するのに対して、省郎は国王への諫諍と人事文書への署名をその任としていたが、中書舎人と給事中は、左右散騎常侍、左右諫議大夫、左右補闕、左右拾遺などとともに、後者の省郎の方に含まれていた[27]。高麗の中書門下省には、唐制のように百司の奏を審査する機能がなかったのである。それでは、どこが奏聞を受理して国王に奏上し、また勅旨を受けて下行していたのかと言えば、それは宋制をうけて導入した中枢院の承宣である。辺氏はこの中枢院についても基本となる研究を行い、中枢院が中書門下省の宰臣と省郎と同様に、枢臣と承宣の二者に明確に分かれていたことを解明した。[28] 朴宰佑氏は、高麗の承宣[29]の機能は、宋制より強化されており、すべての上奏文を奏上し勅旨を伝達した、とする。

このように、唐制・宋制を取り入れた高麗の国制の内実を究明していくうえで、唐中期以降の実際の官制の変化をつかむことが必要になってくる。実は、唐中期以降、唐の官制はいわゆる「唐制」とは大きく変化していた。唐では、宰相たちは、門下省内の政事堂で国政を議していたが、[30] 高宗の死去した弘道元年（六八三）一二月、門下侍中から中書令に変わった裴炎が、政事堂を中書省に移動させた。そして、玄宗の開元一一年（七二三）「張説奏改二政事堂一為二中書門下一、其政事印亦改二中書門下之印一」（ともに『唐会要』巻五一、中書令）とあるように、政事堂は中書門下と改められた。政事堂や中書門下それ自体は、宰相府の意味であるが、袁剛氏はこの四〇年の間に中書省と門下省の事実上の合併が進行したとする。[31] 中宗の神龍元年（七〇五）以後、尚書省の左右僕射で同中書門下平章事や同中書門下三品を帯しない者は宰相からはずれることになったが、[32] これは宰相府の強化と中書省・門下省の一体化、そして尚書省の権限の弱体化を示すものであった。劉後濱氏は、この新しい体制を中書門下体制として高く評価し、中書門下が最高決策機構兼行政機構となり、従来尚書省が管轄していた諸司（六部・寺・監）・地方官司や武則天・玄宗朝に登場してきた新しい官司＝使職をもその支配下におさめた、と論じた。[33] この劉氏の説は、基本的には、玄宗朝において尚書省が失権し、中書門下の制命を受ける存在に転化したという厳耕望氏の説を受け継ぐものである。[34] たしかに、三省の均衡が破られて中書門下に権力が集中されたことは、認められよう。しかし、宰相府たる中書門下が国政の決定権を握ったわけでは、もちろんない。決定権を掌握していたのは、皇帝ただ一人であった。

姚元之嘗奏請レ序二進郎吏一、上仰二視殿屋一、元之再三言レ之、終不レ応、元之懼、趨出、罷レ朝、高力士諫曰、陛下新総二万機一、宰臣奏レ事、当三面加二可否一、奈何一不二省察一、上曰、朕任二元之一以二庶政一、大事当三奏聞共議二レ之、郎吏卑秩、乃一一以煩レ朕邪、会力士宣レ事至二省中一、為二元之一道二上語一、元之乃喜、聞者皆服三上識二君レ人之体一

（『資治通鑑』開元元年冬一〇月乙巳）

開元元年（七一三）一〇月、中書令（この時は紫微令）姚元之が下級官人の郎吏の人事を奏上していた時、玄宗は全く聞いていなかった。姚元之は玄宗の機嫌を損じたのかと怖れてその場を走り出た。宦官高力士が玄宗を諫めて、宰相の奏聞をうけて可否を判断するのは君主の責務ではないか、と言ったのに対して、玄宗は「自分は庶政を元之にまかせている。大事なら宰相とともに議するが、このような小事でどうして私を煩わす必要があるのか」と言った。高力士から玄宗の言葉を聞いた元之は喜び、それを聞いた者は玄宗の見識に感じ入った。以上がこの話の概要である。小事にいたるまで、皇帝が決裁するのが原則であったことがわかる。それとともに、この話で注目すべきは、玄宗の側近に侍る宦官高力士の存在である。『旧唐書』巻一八四、高力士伝に「毎三四方進二奏文表一、必先呈二力士一、然後進御、小事便決レ之」とあり、『資治通鑑』開元一九年（七三一）正月壬戌条にもほぼ同一の記載がある。玄宗朝において進奏文をみてそれを皇帝に進上していたのは、宦官の高力士だったのである。開元一九年の高力士の記事の後で、吐蕃が毛詩・春秋・礼記を求めてきたことに対する処置を「下二中書門下一議レ之、裴光庭等奏、（中略）、上曰、善、遂与レ之」と、中書門下に諮問し、宰相の建議を玄宗が採用して本を送ることを決裁している（『資治通鑑』開元一九年正月辛未条）。中書門下は皇帝の諮問を審議する機関であって、決して国政を決定する機関ではなかったのである。

さらに中書門下成立期の玄宗朝にしぼって、その機能をみていくことにしよう。開元七年八月一〇日玄宗は中書門下に厨雑料の使用と余り物の処分について勅を下している（『唐会要』巻五四）。そして、次の史料は、最も明確に中

書門下の権限を示すものである。

天宝八載七月、中書門下奏、比来諸司使及諸郡並諸軍、応レ縁レ奏事、或有下請二中書門下商量処分一者上、凡所二陳奏一、皆断レ自二天心一、在二於臣下一、但宣二行制勅一、既奏之内、則不レ合二別請商量一、乃承前因循、有二此乖越一、自今已後、応二奏事一切、更不レ合レ請二付中書門下一、如有二奏達一、聴二進止一、勅旨、従レ之、（『唐会要』巻五四）

天宝八載（七四九）は、すでにいわゆる「唐官制」以外の使職が大量に設置、運用されていた時期にあたる。[35]この中書門下奏は、これらの使職や諸軍などが中書門下の処分を請うことがあるため、奏事は一切中書門下に付さないようにしてほしい、という内容である。従来なかった官庁・官職が登場したことによって生じた混乱を正し、「皆断自天心」すなわちすべては勅裁によるという原則を、中書門下側から確認したものであった。

このように、決裁権を独占する皇帝の下にあって行政機構の頂点に立つという中書門下の位置づけは、玄宗以降にもずっと受け継がれていくことになる。袁剛氏は、唐後期に成立した新たな中枢体制として、皇帝の秘書である内朝の翰林学士、宦官が任命される枢密使、外朝の中書門下をあげる。[36]唐後期は宦官の専権時代として知られ、皇帝の廃立を行った事例[37]すらあるが、翰林学士の拠る翰林学士院、宰相の拠る中書門下も相応の役割を果たし続けていた。さらに唐後期に続く五代、宋初期の状況を見て、高麗前期の官制との関係を考えていくことにしたい。

五代における最大の変化は、枢密使が宦官任用の官から官人が任じられる官に変わった点である。後唐の天成元年（九二六）には「時明宗登レ位、毎二四方書奏一、多令二枢密使安重誨読一レ之」とあるように、奏状は枢密使である宦官が皇帝の前で読み上げていた。しかし、後晋の開運元年（九四四）には「開運元年六月勅、依レ旧置二枢密院一、以二宰臣桑維翰一兼二枢密使一、従二中書門下奏請一也」とみえるように、宰相が枢密使を兼ねることになった。これは中書門下の奏請が受け入れられたものであった（共に『旧五代史』巻一四九、職官）。五代における宦官勢力の減退、中書門下の

表2　宋太宗時代の中書門下奏と決裁

年　月　日	奏聞の内容	決裁
雍熙2年5月庚午（985）	常任職官で地方に左遷されていて，赦免された者が朝廷に帰ることを望んだ場合，赦免後の行動も審査の対象とすべし	不許
雍熙2年5月壬午	従来州県官と異なり職事官は，中書陳状によって叙任していたが，今後は他官と同じ扱いとすべし	従之
雍熙2年5月乙酉	諸州府官吏で官を辞して科挙を受ける者が，礼部貢院考試を受けているが，今後は本処で呈試に合格した後，奏聞し指示を待つべし	従之

復権の動きを見ることができよう。

宋代に入っても、中書門下は存在し続ける。『宋太宗実録』を見ると、雍熙元年（九八四）と二年それぞれ尚書省と中書門下で文武常参官等宴会が行われている[38]。この時期は、高麗では唐宋の官制をもとに三省六部と中枢院を設置した成宗の時代にあたっている。全く同時代の宋において実際に機能していたのは、個別の中書省・門下省ではなく中書門下だった[39]のである。宋太宗代において、中書門下が奏上した事案についての太宗の決裁を示したのが表2である。宋初でも中書門下が行政府のトップとして活動していたことがわかる。宋初には、中書門下が民政、枢密院が軍政、三司が経済関係を管轄し、皇帝がこれらを決裁していたとされる[40]。ただ、注意しておかなければならないのは、唐代に隆盛を極めた宦官の活動が消滅したわけではないことである。雍熙四年六月丁巳、宦官の洛苑副使王仁睿が死去し、詔によって内侍省内常侍を贈られたが、王仁睿は「上即位、典㆓掌宮闈出納之命㆒」とあるように、太宗の即位（九七六）以後この雍熙四年までの一一年間、皇帝への奏聞と帝命の宣下（出納）を担当していた[41]。玄宗朝の高力士、粛宗朝の李輔国[42]をも彷彿とさせる皇帝と最側近の宦官との関係が、ここでもみられるのである。

以上のように、高麗の官制を分析する基礎とするために、唐・五代・宋初期の官制に検討を加えてきたが、これまでで明らかになったことがいくつかある。まず第一点は、決裁権は常に皇帝一人が独占している、ということである。中書門下・枢密使・翰林学士といえども、決してこの皇帝の決裁権に介入はできない。第二点は、中書省・門下省・尚書省の三省制が実際に機能していたのは、唐前半の一時期だけであり、中書門下が成立したのちの唐中期・後期・五代・宋初期は中書省・門下省が別個に活動していたわけではなく、一体の中書門下として機能していた、ということである。そして、第三は、宦官が唐から宋初にいたるまで、皇帝への奏聞・帝命の宣下を担当していたということである。

以上のことを踏まえて、高麗の国制の考察に戻ることにしよう。

『高麗史』巻七六、百官一は、高麗の官制について「宰相統㆓六部㆒、六部統㆓寺監倉庫㆒」と述べている。辺氏の説がこれによっていることは明らかである。しかし、朴宰佑氏が考証したように、高麗前期宰相と六部の間、六部と寺監倉庫との間に統属関係を見出すことはできず、『高麗史』の説は実態を示したものとみることはできない(43)。またこれまでも指摘されているように、高麗の六部は各部四司ずつ計二十四の属司を持った唐の六部とことなり、成宗時の創設期には七司から成っていたが、顕宗時に五司を廃したのちは、吏部の考功司と刑部の都官の二司だけとなった(44)。とうてい唐制のような六部の広範な活動を想定してはいない制度設計なのである。李正訓氏は、六部の五司が廃止されて二司だけとなった一一世紀初頭の顕宗朝に、廃止された六部属司の相当部分が他の官司に移管されたばかりでなく、署系列などの諸司も増置され始めたことを実証した(45)。たとえば、唐制では衛尉寺に属していた守宮署が、高麗では顕宗朝に創設されたが、衛尉寺には属さず独立していた。また唐では、尚食局は殿中省に所属していたが、高麗では国王が殿中省を経ずに尚食局に直接命令を下しており(46)、尚食局が殿中省の属司ではなく独立した官司であったことがわかる。

西女真漫豆等十七人挈㆑家来投、礼賓省奏曰、旧制本国辺民曾被㆓蕃賊所㆒㆑掠、（中略）今漫豆亦依㆓旧制㆒遣還、礼部尚書盧旦奏曰、漫豆等雖㆓無知之俗㆒、慕㆑義而来不㆑可㆑拒也、宜㆘処㆓之山南州県㆒、以為㆗編戸㆖、従㆑之、

（『高麗史』巻九、文宗三五年八月己未）

この史料によれば、来投した西女真住民の処置について、六部の礼部と礼賓省（礼賓寺）がともに案を奏上し、礼部尚書の案が国王によって採用されている。類似した業務を担当していたとみられる礼部と礼賓省（寺）はそれぞれ別の提案を行っていた。また、顕宗三年（一〇一二）二月乙卯「其令三尚食大官減二省常膳一」と尚食局と大官署に命じて常膳を減らさせている。大官（太官）も唐制では光禄寺に属していたが、ここでは尚食と同様に、王の命令を受けている。独立した諸司が奏聞を行い、また勅旨をうけて業務を執行している状況を見ることができる。官司には、三省六部をはじめとして、寺・監・署・局という諸系列があり、官庁間の序列はもちろん存在したが、行政的には独立し、国王に奏聞し王命を直接受けていたのである。このように、諸司および一定の官品以上の官人が直接国王に奏上を行い、決裁した王の命令が諸司に下るという朴宰佑氏・李正訓氏によって解明された事実は、従来の定説の誤りを正し、高麗前期の政治運営方式がどのようなものなのかを明示するものである。すなわち国王―承宣―諸司・諸人というルートで上行下行されるのが政治運営の基本構造であり、宰相は奏聞前から事案を知っていたのではなく、国王の諮問を受けて意見を述べていたのである。顕宗二〇年（一〇二八）五月、東女真が侵攻した際、王は宰相達に諮問したが、威を持って対すべし、という参知政事郭元の意見を採用している（『高麗史節要』巻三）。これらのことから、国王の権限は、従来考えられてきたよりはるかに強かったことがわかる。しかし、朴宰佑氏の説は国王の権限を強く考えすぎているのではないか、という疑問はまだ解決していない。もう一度中国の状況を見ていくことにしよう。玄宗朝と宋の太宗朝に、皇帝が中書門下の奏を受けて決裁したり中書門下に諮問したりしている例を見たが、これも皇帝権の強大さを示すものである。しかも、高麗では承宣が奏聞を受け王命を宣下する役割を果たしたが、唐ではずっと宦官がその役を果たしていた。[47] 玄宗に対する高力士同様に、粛宗に仕えた李輔国は「宰臣百司、不時奏事、皆因二輔国一上決、常在二銀台門一受レ事、置二察事庁子数十人一、官吏有二小過一、無レ不二伺知一、即加二推訊一、府県按鞫、三司制獄、必詣二輔国一取レ決、随レ意区分、皆称二制勅一、無二敢異議者一」（『旧唐書』巻一八四、李輔国伝）と諸司の奏事を受けとるだけでなく、官吏の制獄までを行い、「制勅」と称しても異議を唱える者がないほどの圧倒的な権力を握っていた。唐後期に至って、宦官が枢密使・中尉として民政・軍政を掌握する基礎はこの時代にすでに胚胎していたのである。皇帝と一心同体である宦官が巨大な権力を持つというのは、もちろん皇帝権力の強大さをそのまま反映している。しかし、高麗では、宦官ではなく文官の承宣が奏上・宣下を担っていた。承宣は、きわめて重要な役職(48)ではあったが、唐の宦官のような巨大な権力を握ることはついになかった。また、また中国で、かつて皇帝の秘書機関であった尚書や中書が宰相機関に転化したように、承宣が新たな宰相機関に進化することもなかった。これらのことは、高麗前期の国王権力は、基本的には国王一人で決裁を行っており強力ではあったけれども、唐よりも強大ということは決してなかったことの証左である。

『宋太宗実録』は、宋初期の皇帝と奏上する諸司・諸人、そして皇帝の諮問を受ける宰相の関係を見るのに良い史料である。太平興国九年（九八四）八月癸巳、官位を持たない人物が封書で奏聞してきて、その内容が「狂妄」であったにもかかわらず、太宗はその人物を罪としなかった。そのとき太宗は宰相に

比降二詔書一、許二人言一レ事、近有二上章者一、朕皆一一覧レ之、但外人不レ知二朝廷要務一、所レ言孟浪、不レ切二機会一、本欲二下情上達一、庶事無レ壅、故雖二狂勃一、亦不レ加レ罪、

と言ったのに対して、宰相宋琪等は、「陛下広二納言之路一、苟百中得レ一、亦是国家之利」と答えている。太宗が詔書を下して本来上奏する資格のない庶人にも、奏聞を認めたこと、そしてひとつひとつ奏文を読んでいたこと、また宰相もそのような措置に対して、優れたものがあれば国家の利となるとして賛成していた、ということがわかる。諸司・諸人からの幅広い奏上を認めるという点でも、宋初期の状況はむしろ同時代の高麗以上だったことがわかる。以

上のことからわかることは、宋・高麗ともに、官司間の統属関係にはあまりこだわらずに、広く諸司・諸人の奏聞を受け付け、皇帝・国王一人が決裁し、それが難しい場合は宰相に諮問の上で決定をくだしていたことである。従来の研究は、実際には、唐前期を除いて額面通りには機能していなかったいわゆる「唐官制」にこだわりすぎていたため、実体をつかめていなかったが、唐中後期・五代・宋初期の政治運営方式は、実は高麗前期のそれにきわめて近いものであった。高麗は、自国の実情に合わせて官制を「唐官制」ともそれ以後の官制とも若干異なったものに改編したのであるが、国王の決裁権と政治運営の構造について言えば、中国のそれらと大きな違いはなかったのである。

三　一〇・一一世紀の政治運営と国制

第一章日本、第二章高麗の王権と政治構造の考察から、両者の次のような相違点が浮かび上がってきた。まず、王権保持者が決裁すなわち国家意志の決定を行っているという点では、日麗は共通している。しかしながら、日本の場合は、平時は天皇と関白がともに決裁に関わるという点で、高麗と異なっている。王権保持者に奏上を行う奏官も異なり、高麗では承宣、日本では蔵人・殿上弁である。さらに、そこにいたるまでの過程も大きく異なっている。高麗では中書門下省を含むすべての官司および一定官位以上の官人の上表を承宣が受けて奏上するのに対して、日本では諸国・諸司・寺社などからの申請は一上以下の公卿と弁官局（弁官と史）によって審査され、重要なものが天皇・関白に内覧・奏聞されていた。筆者がかつて論じたように、律令国家期には天皇と太政官という決裁の二極構造があり、事項によっては太政官が天皇に知らせずに決裁を行うという他国に例を見ない形態であったが、内裏・太政官一体型政治と呼ぶべきものが成立した宇多朝以後も、太政官の大きな役割は存続したのである。また、日本では、令制の八省と属司の統属関係が緩み、一上以下の公卿が弁官・外記を通じて諸司に直接命令を下して政治運営を行うという形態が定着したが[50]、高麗でも官庁間の統属関係によって政治を運用するのではなく、国王が直接諸司の奏聞を受け、命令を下す形態であったから、この統属関係に規制されない政治運営という点では、高麗は平安日本と類似しているともいえる。しかし、高麗では国王権限が強く、中書門下省の宰相は上奏事項に直接関与しなかったが、日本では公卿以下の権限が大きかったことに最大の特徴があった。そもそも律令制下、太政官が少納言局という秘書機関を持っていたのに対して、天皇には宮人が近侍するのみで秘書機関はなかった。蔵人所の創設によって、天皇は始めて秘書機関を持つに至ったのであるが[51]、この秘書機関が中国の尚書・中書のように肥大をとげて巨大な権力機関に転化する[52]ことはついになく、逆に内裏・太政官一体体制のもとで、蔵人と弁官が近接していく、という展開をたどったのであった。

さて、以上のことを念頭において、日本の政治運営のあり方をさらに詳しく分析していくことにしたい。取り上げる時代は、一〇三〇年前後、後一条天皇、関白藤原頼通、一上藤原実資の時代である。一上実資自身の日記『小右記』と、弁官経頼の日記『左経記』がともに現存し、天皇・関白・一上の三者の関係、および弁官の活動状況がわかるので、この時期が所期の目的を果たすうえで最良の時期だと考えられるからである。

長元元年（一〇二八）九月一七日、左中弁源経頼が、宣旨三枚を一上実資のもとに持参した。この宣旨とは、早川庄八氏によって明らかにされたように、部内の連絡文書であって、外部に向けて発布するものではない[53]。このうち二枚は、大炊寮・修理職の申請を認可、もう一枚の東大寺別当の申文は公卿の定にかけるべし、との天皇・関白の決裁であった（『小右記』同日条）。同年九月二三日には、やはり左中弁経頼が、平維衡が藤原重高妻等を召し進めたという申文と前常陸介信通申文を持ち来った。これは弁官から一上への報告であり、実資は経頼に奏聞を指示した。そして奏聞を終え、重高妻に訊問を行うようにとの、そして信通の申文に関しては信通の前司である維衡時代の帳簿を点検するようにとの宣旨を携えてやってきた経頼に実資は宣下している。ここで何らかの官文書の作成が指示されたのである（『小右記』同日条）。この長元元年は、当の左中弁経頼の日記『左経記』も現存しているので、こちらの方も見てみることにしたい。長元元年二月二八日、経頼は、右大臣実資の仰せにしたがって、仁王会・季御読経の日時勘文を大夫史から召し、実資に奉った。そして、実資の指示で内覧と奏聞を行った後、経頼は決定した日時を実資に下し、実資から弁官経頼に宣下が行われている。経頼から行事を担当する史に執行命令が下され、この業務は完結した。殿上弁である経頼は、一上への報告、関白頼通への内覧、後一条天皇への奏聞、一上への勅旨の伝達、さらに一上の命令をうけての史への指示と、実に一人五役を勤めているのである。長元二年（一〇二九）九月二三日には、左中弁・右中弁・頭弁の三者がそれぞれ別件で右大臣実資のもとに参じた。左中弁経輔は興福寺申文を許可する勅旨を伝えてきたのでそのまま宣下し、右中弁頼任が持ち来った松尾・梅宮祭供奉所司の過を免ずる宣も宣下し、この年には頭弁となっていた経頼が持参した覆奏文は奏聞することを命じている。このように、一上実資が、諸国・諸司・寺社等からの申請や公事についての報告を、管轄する弁官から受け、同じ弁官に内覧・奏聞を命じ、天皇・関白からの指示にしたがって同じ弁官に執行命令を下す、という政治運営方式が、これらの史料から浮かび上がってきた。殿上弁ばかりではなく、長元二年の経頼の例からわかるように、頭弁でもそれは基本的に同じであった。このように弁官を最大限活用した政治運営方式は、弁官局が諸国・諸司・寺社等をすべて管轄する部署であるため、きわめて有効であった、と考えられる。もちろん、頭中将などの弁官職を帯びない蔵人が勅旨を一上などに伝える場合もあったが、「於レ陣付二頭中将隆国一、先経二内覧一可レ奏之由相含了」（『小右記』長元四年八月二五日条）とあるように、一上の指示に従って内覧・奏聞をおこなっており、天皇・関白と一上を仲介する場合、その働きは弁官と大きく変わるものではなかった(54)。諸国・諸司・寺社等からの申請はいったんここで受理するのであるから、奏状を前もってみることのない高麗の宰相と比較すると、一上実資ははるかに政治の根幹に関わっていた、ということができよう。

次に、一上実資と関白頼通、後一条天皇三者の関係に目をむけてみることにしよう。天皇と関白が合意した上で決裁が行われるのであるが、実資は「頭中将顕基来、伝二勅語一云、実関白所レ問」（『小右記』万寿四年一二月二〇日条）というように、勅旨とされるものが関白頼通から出ている場合は、はっきりとそのことを書き記している。たとえば、『小右記』長元元年八月一一日条「左中弁伝レ勅云、高押領使厶、申二不レ知由一、与二先日捕進厶一、召向可二対問一、（中略）左中弁伝二関白御消息一云、十四日官奏、有二何事一、但改元後最初奏、可レ入二吉書一乎否事、尋二前例一可二申行一者」を見ると、同じ左中弁経頼が伝えている事柄を、勅と関白御消息にきちんと書き分けている。同八月一三日条でも、左中弁経頼の伝える明日仁王会定を行うという指示には「是執柄報也」と書き、頭弁重尹が持ち来った覆奏文については「伝二綸旨一云、可レ免二右衛門尉真重一者」と書き分けている。『左経記』からもこの点を見てみよう。長元元年一一月二五日、左中弁経頼は関白頼通のもとに参り、「明日姫宮可下令二入内一給上之由有レ仰、（中略）以二此由一可レ奏二内并宮一者」と、天皇と中宮威子に入内に関することを報告するようにとの関白の命を受けている。このように、一上として、弁官として、天皇・関白と直接接触する実資・経頼はともに記録のなかで天皇と関白ははっきりと書き分けており、どちらの指示なのかを明確に把握していたのである。

次に、天皇・関白と一上実資の関係に視点を移すことにしよう。

及二午後一、参二関白殿、内等一、大外記頼隆云、参二関白殿一令レ申云、先例有二風水損一之時、停二左衛門陣饗一、（中略）抑詣二右府一触二此由一、相定可二申行一也者、則参二右府一、申二仰旨一、御報云、仰旨尤可レ然、任レ例被レ行更無二謗難一歟者、又参レ殿申二此趣一、仰云、任レ例可二申行一者、則申二上卿一畢、
（『左経記』長元元年八月二三日条）

この日、左中弁経頼は、天皇と関白のもとに参じた。大外記頼隆から風水損の時左衛門陣での饗を停止すべきかどうかの判断がつきかねている関白が実資への問い合わせを考えていると聞き、経頼は実資にそのことを伝えた。通例通り行うことに何の支障もない、との実資の答えを得た経頼は、そのことを頼通に報告、通例通りの実施が決定した。このような頼通から実資への諮問の事例は、『小右記』中に散見する。長元元年八月二二日「左中弁経頼来、伝二関白御消息一云、常陸進二仁王会料一、而前介信通申云、彼国在任四年済二二个年一事、代々裁許、仍申下返不進前司維衡・前々維時等皆済二个年事上」とあるように、頼通は、常陸国の前受領信通の仁王会料申返（弁済できないという返答）に対する処置を実資に諮問した。実資は「在任四个年内済二个年事、被レ優二亡国一事也」と、常陸の状況を勘案して申請を認めるべきだと答えている。長元四年（一〇三一）三月五日、頭弁藤原経任が関白の消息を実資に伝えてきた。若狭国からの内大臣教通と東宮大夫頼宗の荘人が乱行しているので官使を派遣してほしいという要請に対して、使部を派遣するのはどうか、という問い合わせであった。実資は、史生を派遣するのが良いと答え、その通りになった。ところが派遣されることになった史生成高が内大臣政所の人であるからまずいという大夫史からの指摘があり、実資は他の史生を派遣するように命じている（三月一〇日条）。長元四年二月一九日、頭弁経任が、奏上された斎宮寮返解文と大宰府解文を持ち来った。これも奏聞を前にして迷っている関白からの問い合わせであった。流れついた異国人の扱いに関する大宰府解に対しては、食料を与えて帰還させるべし、正輔を訴えた斎宮寮解に対しては、正輔方神民を拷問するかどうかを「先経二奏聞一、自有二被レ仰事一歟」と天皇に奏聞してその仰せに従うべし、というのが、実資の意見であった。この斎宮寮解文でも取り上げられた正輔と致経の合戦について、関白は頭弁経任を実資のもとに派遣して諸卿の定を提案したが、実資は現在のところ定を行う必要はなく、関連する勘状類を進上させた後でよい、と答えている。頭弁は再び来たって関白の言葉を伝えた。

所レ示之事、一々有二道理一、然者可レ令レ進二正輔・致経等従者一歟、報云、先令レ進二道成勘文一之後、可レ被二定下一歟、関白云、然者先奏二斯趣一、可レ被レ仰二下官一者、即参内、又来伝二勅語一云、下二‐給為長・成通等勘文于道成一、可レ令二勘申一、又仰二伊勢国司一、可レ令レ進二合戦問事申文一、一々仰二同弁一、　（『小右記』長元四年二月一三日条）

すなわち頼通は実資の提言を「一々有二道理一」とそのまま認め、奏聞した後実資に仰せ下すと連絡してきたのである。そして、頭弁が勘文の勘申と伊勢国司への合戦注文進上を命じる天皇の仰を持って現れ、実資は頭弁にそのまま宣下した。以上のように、奏聞前などの場面で、関白頼通は、一上実資の意見を求め、その判断に従う場合が多々見られた。長年経験を積み、しかも諸国・諸司・寺社等からの申請を最初に受理・審査する太政官の首席である一上実資の役割の大きさ、そして決裁者たる天皇と関白の動向も把握することができる。

天皇と関白の関係についても瞥見してみよう。この国制においては、天皇と関白の合意したものが「勅」として下されるのが原則であった。長元元年一一月二九日、実資は頭中将源顕基から参河守保相が中宮大進を兼任するとの勅を受け取ったが、同日に経頼も「関白殿仰云、以二中宮権大進一参河守保相、可レ令二兼任一之由」と、関白からそのことを聞いている。そして、発令に先だって任国に赴任している非博士受領が兼官した例があるかどうか、頼通は経頼を遣わして、密々に実資に問い合わせていた。ここでの勅は、問題点を解決し、天皇・関白の合意に基づいて出されているのである。万寿四年（一〇二七）正月八日、宣旨が発せられ、内大臣教通の随身二人と雑色等が追捕された。「関白被レ奏二日記一云々、随身・雑色相‐分左・右獄一禁固云々、資房云、去夜依二此事一天気不快、内府参二御前一、不二令レ逢給一、仍恐懼退出」とあるように、関白頼通はこの宣旨発布を承知していた。この事件については、後一条天皇の怒りが激しく、教通は御前に参上しながら天皇に会うこともできずに退散したのである。『小右記』長元五年（一〇三二）正月一二日条に「昨日主上、以二資高一、密々有二仰事一、是出雲託宣事幷権門庄園事、不レ奏二左右一、只奏下可レ被レ仰二関白一之由上」との記事が見える。資高は実資の養子の一人（兄高遠の子）ではあるが、弁官でも蔵人でもなく、天皇と一上の間を往来する役職の者ではない。したがって実資はこの仰せに回答せず、まず関白に仰せられるようにと奏したのであった。このように、天皇と関白の合意によって国家意志が決定される際に、一上実資の意見が取り入れられる場合がかなりあったことがわかる。

さて、これまで行ってきた政治運営方式の考察をふまえて、次に検討をくわえなければならないのは、一〇・一一世紀の国制との関係である。この時代は中央集権国家体制の時代であり、中央政府の命令は中央—国郡（京職）のルートで全国に及んでいた。そのことは、国家意志決定や政治運営方式の中に色濃く表れているはずである。今度はその視点から史料を眺めていくことにしよう。

長元四年八月二七日、頭弁経任は、造八省所の小安殿造営に使役する瓦夫五〇〇人を左京から三〇〇人、右京から二〇〇人徴発することを求める申請を持ち来った。それに対して右大臣実資は、奏聞の後左右京職に宣旨を給うように頭弁に指示している。行事所である造八省所も一上実資の指揮下にあったこと、奏聞した後の京職への指示も実質的には実資が行っている、ということがわかる。一〇・一一世紀の体制、換言すれば王朝国家体制のもとでは、行政命令は国・京職に対して出されていたが、これは受領監察による諸国・京職の把握に基づいていた。長元三年、平忠常追討に関連して、安房守平正輔が不動穀の使用を申請したが、実資の答申を受けた関白頼通は、その段階での国々の不動穀の勘申を命じている（長元三年五月一四日条）。中央政府は諸国の不動穀を把握し、その使用を随時命じることができたのである。長元四年八月一二日、頭弁経任が実資に書状を致し、流人を領送する使が通常とは違う道（この場合は海路）を行くので、枉道宣旨を賜らなければ経路の国々は逓送を行わないことになると訴え、枉道宣旨を発布することが決まった。諸国は中央政府からの命令（官符・宣旨）を受けてはじめて、逓送などの業務を行っていたのである。

また、諸国は、国内で起こった事件や犯罪に関しても、中央政府の指示を受け、処理・報告する責任があった。長元四年二月、源光清を配流する使者が甲斐国からの調庸使に駿河国で殺害されるという事件が起こった。頭弁の報告に対して実資は「駿河国司言上二解文一歟、依レ其可レ被二仰下一歟」と答えている（二月一三日条）。事件の起こった駿河国の解文の至るのを待って対応を決めよう、という判断である。ところが駿河国からの報告がないまま、調庸使を出した甲斐国からの詳細な申状が届いたため、関白は頭弁経任を実資のもとに遣わして意見を求めた（二月二三日条）。実資は、駿河国司がいまだ言上しないのは、罪に問うべきである「其譴難レ避」と言っている。翌二四日には「頭弁来、伝二示関白御消息一、流人逗留事、可レ給二宣旨駿河国一、于レ今不二言上一事・可レ追二捕犯人一事・可レ達二配所一事、即宣下畢」とあるように、宣旨を駿河国に送り、流人を一時逗留させた後配所に送ること、犯人を追捕することを命じている。事件が起こった際には、その国から必ず解を奉ることになっていたこと、そして事件の犯人を追捕する責任もその国が負っていたことがわかる。『小右記』長元三年（一〇三〇）九月二六日条によると、頭弁経頼が来て、伊賀国司が追捕使忠清を召進めたことを実資に報告した。実資は関白に申し上げ検非違使に勘問させるようにと、経頼に指示している。ここでも、国司が国内で事件を起こした人物の追捕の責任を負っていたことをうかがうことができる。

中央政府の判断で、検非違使が派遣されることもあった。長元元年七月二二日、維衡の郎等を追捕するために伊勢国に検非違使守良・重基が派遣された。八月五日、左中弁経頼が一上実資のもとに検非違使解文・勘問日記を持参している。まだ捕進者は一人だけだったので、奏聞の上、仰下すように、実資は指示している。そして、八月一一日、左中弁が伊勢検非違使守良・重基の勘問日記、維衡申文、捕進した犯人等を具して実資のもとに参上したので、奏聞するように実資は経頼に命じている。同日さらに、このことに関連して、内膳典膳安曇為助を捕進、安曇宗助・時信、高橋春忠の三人を追捕せよ、との宣旨も伊勢国司に下った。状況に合わせて諸国への命令、検非違使の派遣を行い、諸国の治安を維持していたことがわかる。「右中弁持㆘来遣㆓伊賀国検非違使豊道・重基等㆒問㆓国司方者幷神民㆒日記・中文等㆖、令㆓奏聞㆒」（『小右記』長元二年八月一〇日）とあるように、一上実資は派遣した検非違使の報告もしっかり把握し、奏聞などの判断を行っていた。

これまで、一〇三〇年前後、後一条天皇、関白頼通、一上実資の時代の政治運営方式を論じ、さらにこの時代の国制についても考察を行ってきた。中央集権国家たるこの時代、諸国・諸司・寺社等からの申請は、原則としてすべて弁官局（大弁・中弁・少弁・大史・少史）が一日受理し、一上以下の上卿の指示を仰いでいた。そして重要と判断されるものは天皇・関白に内覧・奏聞されて、決裁をうけていたのである。すぐに決裁されずに諸卿の定（陣定）にかけられたうえで判断が下される場合、また『小右記』によくみられるように、一上実資の意見を聞いたうえで判断がなされることも多々あった。同じ中央集権国家とはいえ、国王の諮問によってはじめて宰相が事案について知り、意見を述べた高麗前期の状況とは、一上以下の公卿と弁官の役割においてそして国制のあり方自体において、大きな相違があったのである。この体制のもとでは、中央政府の行政命令は、諸国に対して下されていた。中央政府は、受領監察制度によって穀物などの保有状況を把握しており(55)、諸国は命令があればそれらを醸出しなければならなかったが、そのほかも官符・宣旨等の様々な指示に従わなければならなかった。国内での事件・犯罪の報告・処理の責任も諸国にあった。中央政府は、事件の状況を勘案しながら、検非違使を派遣するか、国司に任せるか、場合によっては追捕使・追討使を派遣するのか(56)を判断していたのであるが、すべては中央政府—国郡の中央集権体制の中で申請、決裁、施行がなされ、その支配が貫徹していたのである。

おわりに

日本では、一〇世紀以降、天皇、摂関、公卿、弁官、外記などを勤めた人物の書き記した厖大な日記が残存している。この世界史上全く類例をみない状況は、一体いかなる要因によって生み出されたのであろうか。筆者は、一上をはじめとする公卿が国政に常に深く関わっていたため、そしてそのような状況が子孫代々続くことが期待されていたため、と考えている。この二点こそ、平安日本の独自な状況を示すものである。高麗の重臣たちは、日本の公卿のような形で国政に関われないうえに、政情不安や外敵侵入などによる勢力の消長が激しく、その地位を維持するのはきわめて難しかった。日本は、国家体制の中で公卿が大きな役割を果たしつづけ、またその役職が継続して維持できるという期待が持てる状況だったことが、彼らによる日記が作成され、また写本により保存されてきた最大の要因であろう。

さて、第一章で詳述したように、一二世紀初頭、体制は大きく転換し、初期中世国家体制と呼ぶべきものが成立する。白河院の全権掌握、在京する国司と検非違使の駆使、一国平均役の成立については第一章で論じたけれども、一一世紀までの政治構造がどのように変容したのか、については筆者はまだふれていない。国家体制の転換は、当然政治構造に大きな変化をもたらしたはずである。次章では、この考察を行うことにしたい。そして、その成果を基礎にして、新しい国制の構造全体について検討を加えていくことを目指したい。

注

（1）　土田直鎮「平安時代の政務と儀式」（『奈良平安時代史研究』吉川弘文館、一九九二年、初出一九七四年）。

(2) 佐々木宗雄『平安時代国制史研究』(校倉書房、二〇〇一年)終章、『日本古代国制史論』(吉川弘文館、二〇一一年)序章。
(3) 佐々木宗雄「十~十一世紀の政務執行と王権」(『史学雑誌』九九ノ六、一九九〇年)、「内裏・太政官一体型政務の成立」(『史学雑誌』一〇八ノ一〇、一九九九年)。
(4) 倉本一宏「摂関期の政権構造」(『摂関政治と王朝貴族』吉川弘文館、二〇〇〇年)。
(5) 注(4)に同じ。
(6) 佐々木宗雄「王朝国家期の王権」(『文化史学』四五、一九八九年)。
(7) 古瀬奈津子『摂関政治』(岩波書店、二〇一一年)。
(8) 佐々木宗雄「院政成立と摂関制」(『平安時代国制史研究』)。
(9) 上島享「藤原道長と院政」(『日本中世社会の形成と王権』名古屋大学出版会、二〇一〇年)。
(10) 注(8)に同じ。
(11) 頼通は、寛仁三年(一〇一九)一二月二二日関白となったが、「官奏庶事、以二摂政儀一令レ行者」との宣旨を受け、引き続き摂政業務を遂行していた。
(12) 佐々木宗雄「十~十一世紀の政務執行と王権」。
(13) 注(12)に同じ。
(14) 注(12)論文の表Ⅱ「官奏の次第」に示したように、主上が出御した後は、奏聞を行わない大弁は退き、大臣と史だけで奏上する。
(15) 辺太爕「高麗の中枢院」(『震檀学報』四一、一九七六年)。なお、韓国人研究者の著書名、論題はすべて日本語に直してある。
(16) 朴龍雲「高麗時代の宰臣と枢密と六部尚書の関係を通じてみた権力構造」『震檀学報』九一、二〇〇一年)。
(17) 朴宰佑「高麗前期の国政運営体系と宰枢」(『歴史学報』一五四、一九九七年)、「高麗前期政策提案の主体と提案過程」(『震檀学報』八八、一九九九年)。
(18) 代表的な論文として、辺太爕「高麗の政治体制と権力構造」(『韓国学報』四、一九七六年)をあげておく。
(19) 六部以外からの奏聞の事例は、朴宰佑『高麗国政運用の体系と王権』(新丘文化社、二〇〇五年)および李正訓「高麗前期各司の設置と運用方式の変化」(『韓国史研究』一二八、二〇〇五年)に多く挙げられている。

(20) 朴宰佑説に対する疑問は、朴龍雲注（16）論文に代表される。
(21) 『高麗図経』。
(22) 辺太燮「高麗宰相考」（『高麗政治制度史研究』一潮閣、一九七一年）。
(23) 宰相会議、宰枢会議についての研究は多く、朴宰佑『高麗国政運用の体系と王権』第四章「国政の多様な会議」、矢木毅『高麗官僚制度研究』（京都大学学術出版会、二〇〇八年）第一部第二章「高麗睿宗朝における意思決定の構造」などがある。
(24) 比較的最近の研究として、袁剛『隋唐中枢体制的発展演変』（文津出版社、一九九四年）と劉後濱『唐代中書門下体制研究』（斉魯書社、二〇〇四年）をあげておく。
(25) 『新唐書』巻四七、百官二。
(26) 『高麗史』巻七六、百官一に「給事中文宗定二一人一（中略）舎人太祖十三年置二内議舎人一、文宗改二中書舎人一定二二人一」とみえる。
(27) 辺太燮「高麗の中書門下省について」（『高麗政治制度史研究』）。
(28) 注（15）に同じ。
(29) 中国史料では、おおむね承旨の官名が用いられているが、『旧五代史』職官、晋天福五年（九四〇）四月詔に枢密院の承旨を承宣に改めた、との記述がある。宋代に入ると枢密院（都）承旨という呼称になっているから、あるいは高麗中枢院の承宣の官名は五代のそれを受けたものかもしれない。
(30) 袁剛氏は、政事堂が門下省におかれ、宰相が国政を議していたのは、隋以来ではないか、と推測している（『隋唐中枢体制的発展演変』第三章、「宰相制度与政事堂」）。
(31) 注（30）に同じ。
(32) 『資治通鑑』巻二〇八、神龍元年六月癸亥。
(33) 劉後濱『唐代中書門下体制研究』。
(34) 厳耕望「論唐代尚書省的職権与地位」（『厳耕望史学論文選集』中華書局、二〇〇六年、初出一九五二年）。
(35) 注（33）に同じ。
(36) 注（30）に同じ。
(37) 唐後期の穆宗から昭宗までの八人の皇帝のうち七人までが宦官に擁立され、もう一人の敬宗も宦官に殺害された。

(38)『宋太宗実録』（甘粛人民出版社、二〇〇五年）雍熙元年一二月丁酉条に「賜㆘文武常参官詣㆓尚書省㆒宴飲㆖」、雍熙二年三月壬申条に「宴㆓中書門下、文武常参官翰林学士㆒」とある。

(39) 辺太燮氏の中書門下省説を否定し、高麗において中書省・門下省・尚書省の三省が機能していたという説が李貞薫氏等によってとなえられている（李貞薫「高麗前期三省制と政事堂」『韓国史研究』一〇四、一九九九年）。しかし、高麗で中書省・門下省が個別に活動していた証拠が全くないうえに、中国では八世紀始めから宋初までずっと中書門下として機能していたのだから、唐宋制を取り入れた高麗において、中書省、門下省が独立して活動していたとは到底考えられない。

(40)『中国歴代官制』第五章「宋代官制」（斉魯書社、一九九三年）。

(41)『宋太宗実録』至道三年（九九七）正月己丑条にも権力中枢での宦官の活動を示す事例がある。

(42)『旧唐書』巻一八四、李輔国伝。

(43) この『高麗史』百官一の文について、朴宰佑氏は、高麗末の恭譲王代の改革派人士の立場を反映したものとしている（「高麗前期政策提案の主体と提案過程」）。

(44) 辺太燮「高麗時代中央政治機構の行政体系」（『高麗政治制度史研究』）。

(45) 李正訓「高麗前期各司の設置と運用方式の変化」。

(46)『高麗史』巻六、靖宗九年五月丁卯条。

(47) 唐後期には、禁軍を掌握した左右神策軍中尉二人と内朝を掌握した枢密使二人の四人の宦官が「四貴」とよばれた（『職官分紀』巻一二、枢密使）。

(48) 高麗では国家議定に預かる宰枢と王命出納の承宣は明確に区分された（辺太燮「高麗の中枢院」）。宰枢・承宣両者は相手の機能を侵犯することはできない定めになっていた。

(49) 佐々木宗雄「内裏・太政官一体型政務の成立」。

(50) 佐々木宗雄「律令国家機構・内廷とその転換」（『日本古代国制史論』）。

(51) 注（50）に同じ。

(52) 佐々木宗雄「日唐国家機構の特質」（『日本古代国制史論』）。

(53) 早川庄八『宣旨試論』（岩波書店、一九九〇年）。

(54) ただし頭中将などの弁官職を帯びていない蔵人は、頭弁や他の弁官のように、官符・宣旨などの作成に直接関わることはできない。
(55) 佐々木宗雄「十〜十一世紀の受領と中央政府」(『史学雑誌』九六ノ九、一九八七年)。
(56) 下向井龍彦「王朝国家軍制の基本視角」(坂本賞三編『王朝国家国政史の研究』吉川弘文館、一九八七年)。

第三章　初期中世国家の構造

はじめに

第一章での初期中世国家の成立、第二章での高麗前期の国制と比較した平安日本の政治構造の分析をふまえて、本章では、中世成立期である一二世紀の国制の構造を、政治構造を中心に考察したい、と考える。第一章において、筆者は、すでに土地・人民の支配方式・王権のあり方の転換、新たな国家的租税＝一国平均役と知行国制の成立を一貫した視点からとらえたが、そこでふれなかった政治構造の転換を加えることによって、初期中世国家の構造全体を示すこと、これが本章の目指すところである。

政治構造についての研究として、従来井原今朝男氏のいわゆる「職事弁官政治」論が、大きな影響力を持ってきた。井原氏は、天皇・院・摂関の三者が、職事弁官（五位以上の蔵人が弁官を兼任）を駆使して連絡をとり合いながら、国家意志を決定していたのが、院政期政治の基本構造である、とした。[1]この、「職事弁官政治」の概念については、職事と弁官は別のものであるという正当な指摘も含めて、いくつかの批判がある。[2]また、筆者も、天皇・院・摂関の三者が国家意志の決定に関わったとみられる時期は、一〇〇年近くにわたる院政期のなかでも、後白河院政初期の応保元年（一一六一）九月一五日までの短い期間にすぎず、その期間も決裁権は後白河院の手にあったと論じた。[3]後白河院政期には、二条天皇・高倉天皇の短い決裁権行使の時期が挟まっているが、筆者は、それらの時期を含めて全時期の王権行使者を治天ととらえ、それを補佐する摂関（白河院の王権掌握後摂政と関白は同質化）(4)と職事を中心として執行されるこの体制を治天・摂関―職事枢軸体制と表現し、これを院政期政治の基本構造であるとしたのである。

しかしながら、この段階での筆者の研究では、職事と「職事弁官」の是非についての実証が十分でなかったし、大臣・公卿をふくめての実際の政治運営についても、構造的に解明するには至っていなかった。(5)さらに、第二章で示した一一世紀末までの政治構造が、どのように転換していったのか、ということも、具体的に明らかにしていかなければならない課題である。以上のことをふまえ、本章では、①王権が職事を駆使して行う後白河院政期の政治構造の解明、②このような政治構造への転換の時期を特定する、ことから③初期中世国家の構造を考える、という順序で考察を進めていきたい、と考えている。

一　後白河院政期の政治構造

後白河院政期は、右大臣、後には摂政として政治の中枢にあった藤原兼実の日記『玉葉』、蔵人や弁官を勤めた藤原経房の日記『吉記』、仁安年間（一一六六～一一六九）に頭弁を勤めた平信範の日記『兵範記』など、政治構造を考えるうえで有益な史料が多く残されている。これらの史料によりながら、政権中枢での政治運営のあり方を、みていくことにしよう。

『玉葉』承安二年（一一七二）一二月六日条を見ると、右大臣兼実は五位蔵人右中弁平親宗から報告がなかった神宮弁のことで親宗に問い合わせた後に「凡勘上之文、弁必可レ持二来上卿之許一也、就中、於二大臣一者可レ異レ他、公事之陵夷、逐日如レ此、但此人一切不レ弁ニ知如レ此事一、不レ足レ言歟」と感想をもらしている。第二章で述べたように、一一世紀までの政治運営では、弁官はまず上卿へ言上していた。ところが、ここではそうなっていないうえに、右少弁の親宗がその原則を知らなかったことがわかるのである。承安四年（一一七四）一一月二七日、頭中将藤原実宗は右大臣兼実に消息を送り、来月一日に除目が行われること、そしてその際に兼実が執筆を勤めるようにとの後白河院の命令を伝えた。兼実はこれに対しても「近代作法職事不レ向ニ大臣第一、只以ニ書状一通ニ万事一、可レ謂ニ無礼一」と書いている。職事が大臣第に直接出向かず、書状でもって通知するやり方が「無礼」だと言っているのである。承安二年の親宗は五位蔵人、承安四年の実宗は蔵人頭であるから、両者共に職事である。したがって、これらは、職事の位置づけが一一世紀までとは全く変わったことを示す例ということになる。

承安二年閏一二月一三日、五位蔵人左少弁藤原兼光が、右大臣兼実のもとに来て四箇条を仰下した。その中の一つに「神宮文書事」があるが、兼実はこの神宮文書について「遺ニ留要須文一、早可レ被レ下ニ官底一、又神宮之間、大事之文書等、在ニ職事等之許一、併召取早可レ被レ下之者」と言っている。このとき神宮に関する重要文書が職事等のもとで管理されていたことがわかる。安元二年（一一七六）四月二日には、頭弁藤原長方が右大臣兼実のもとに来て太神宮に関する宣旨を一枚下したが、長方はその時に、伊勢国阿濃郡雑人の乱行によって伊勢神宮の常供田が焼損した状況を示す文書の目録も兼実に渡している。やはり職事のもとに神宮関連文書が集積されて目録化されており、それらを参照しながら決裁がなされ、上卿に命令が下されたことが知られるのである。同年五月九日には、五位蔵人勘解由次官平基親が兼実のもとに来て宣旨を下したが、「神宮神事不レ清違例事也、子細在ニ目録一」とあるように、やはり関連文書の目録が作られていた。後白河院政期の一一七〇年代、両蔵人頭、および五位蔵人からなる職事のもとには、文書が蓄積され、事項別に目録が作成されていたことがわかる。

このように、職事のもとへ文書が集積されているのは、諸方面からの上申文書が、職事によって受理されていたことに対応する、と考えられる。少し時代をさかのぼって、一一六〇年代の頭弁平信範の日記『兵範記』によって、この点を確かめてみよう。仁安二年（一一六七）六月四日、蔵人頭権右中弁平信範は、後白河院に参じ、諸司訴を奏聞した。六月二〇日には、比叡山所司と日吉社司が奏状を持ち来たったが、頭弁信範がその奏状を受理し、後白河院に奏上している。そして、仁安三年（一一六八）一〇月二三日には、「参レ院、奏二聞殿下已下公卿申状一」とあるように、摂政をも含む公卿の申状を後白河院に奏上しているのである。頭弁信範が、公卿・権門社寺・諸司からの奏状を受理し、後白河院に奏聞していることがわかる。頭弁信範は、「参レ院執二奏来月公事、大乗会等事一」（仁安二年一一月二九日条）、「参レ院、執二奏明日公事等一」（同一二月一二日条）とみえるように、今後行われる公事を後白河院に知らせていた。これも、頭弁信範が執行しなければならない公事を把握していたことを物語るものである。

次に、頭弁信範が、院の命令を受け、諸事を執行し上卿に口宣を下している事例に検討を加えることにしよう。

参レ院奉二条々仰一、次参レ殿之間、殿下令レ参レ院給、仍於二御所一執二申雑事一、最勝講僧名事、被レ補二蔵人所雑色一事、補二任賀茂社司等一事、晩頭参レ内、所雑色名簿、引裏紙加二懸紙一下二蔵人一、蔵人給二出納一了、最勝講証義者新聴衆等許、内々遣二御教書一了、諸司事宣二下新中納言忠親卿一、

仁安二年四月廿九日　　宣旨、

賀茂太田社祝従五位上賀茂県主能助、

可レ転二別雷社権祝一、

従五位下賀茂県主資保、

可レ為二太田社祝一、

蔵人頭権右中弁平信範奉

此口宣、副二書札一奉二上卿一了、　（仁安二年四月二九日条）

この日、信範は、後白河院から「条々仰」を承り、それをやはり院に参じた摂政基房に伝えた。仰の内容は、最勝講に出席する僧を決めることと蔵人所雑色・賀茂社司の補任である。夜になって参内した信範は、蔵人に雑色名簿を渡して補任の手続きを取り、最勝講の証義と聴衆を勤める者達に御教書を遣わし、賀茂社司補任に関しては上卿である中納言藤原忠親に宣旨を下した。ここで信範が上卿忠親に与えた宣旨は、富田正弘氏が口宣と規定したものである。(6)口宣は、治天の意を受けた職事が上卿に宣下し、上卿以下が官符・官牒・官宣旨等の公文書を作成・発布するものである。職事が治天・（摂関）と上卿以下を結ぶ中核的な位置にあることがわかる。また、天皇に近侍する役職である職事の奉じる口宣が「実際の仰の主体たる治天から建前上の仰の主体たる天皇に主体転換が行われる」と富田氏が説く機能をはたしていることも、(7)了解できるところである。事実、信範は内裏に入ってこれらの業務を行っているのである。さて、信範が内裏内で行った業務のなかに、僧侶への御教書の発布があった。四月二九日条では、その文面が記載されていないので、同年一二月一三日条にみえる信範作成の御教書の例を見ていくことにしよう。

被二綸旨一偁、綱所威従以下、可下令二召従一給上者、綸旨如レ此、可レ令二上啓一之状如レ件、

仁安二年十二月十三日　　権右中弁

進上　左衛門督僧都御房

この文書の前に「下官以二御教書一令レ申了、依二新儀一不レ及二宣下一、且為二後代一也」と書かれており、実際にはこのときは宣下されなかったのだが、御教書の形式に従って作成されている。この文書は、御教書のなかでも綸旨の形態を取るものであるが、六条天皇は数え年四歳であるから、信範が仰を承っている相手は、摂政基房である。(8)綸旨・院宣

などの御教書は、口宣と異なり、このように宛所をもっている。それとともに注意しなければならないのは、蔵人頭権右中弁と署名されている口宣と異なり、御教書は「権右中弁」の署名のみである点である。信範は、仁安三年正月一一日に治部卿権中納言藤原光隆に送った御教書でも「権右中弁平信範奉」と署名しており、蔵人であっても、「蔵人」を付けないのが御教書の書礼の原則だったことがわかる。

信範は、蔵人頭で権右中弁であるから、井原氏の規定では職事弁官ということになる(9)。しかし、彼の口宣を上卿に宣下する業務は、職事としてであって、決して職事弁官としてではない。仁安三年八月二七日に口宣を宣下しているのは「蔵人左衛門権佐藤原経房奉」とあるように、五位蔵人非弁官の経房であり（『兵範記』同日条）、安元三年五月一一日に左大臣に口宣を宣下しているのも、やはり非弁官の頭中将藤原光能であった（『玉葉』同日条）。治天の意思を上卿以下に伝える口宣を仰下すのは、職事弁官ではなく職事の職務だったのである。

職事は、このように諸司・公卿・寺社などからの申請を受理し、治天たる院に奏上し、また治天が決裁した事柄を口宣の形で上卿に下し、執行を命じていた。まさに職事は、成立した初期中世国家体制の中軸を担う存在だったのである。さて、先に見たように、職事のもとに集積された文書は、分類され目録化されていたが、その様相を『玉葉』から、もう少し詳しく見ていくことにしよう。承安二年九月一七日、右大臣兼実は、五位蔵人左少弁兼光から文書を受け取ったが「兼光云、所㆑被㆑渡之文書等、皆是二条院御時文書也」とあるように、これは職事のもとに保管されていた二条院時代の文書であった。一〇月三日には、「今日左少弁兼光、右少弁親宗等来、下㆓宣旨㆒子細在㆓目録㆒」というように、共に五位蔵人少弁である兼光・親宗が下した宣旨には目録がついており、内容は軒廊御卜に関するものであった。一一月五日にも兼光が文書と目録を持って兼実の許を訪れたが、「先日所㆓来臨㆒之饗庭薗田等御厨文書、返㆓与兼光㆒、薗田御厨事ハ可㆓覆奏㆒、於㆓饗庭御厨㆒者、有㆓不審事㆒、可㆑問㆑官之由仰了」とあるように、兼実は先日兼光から受け取った饗庭御厨関係の文書に疑義を呈し、官に問うように指示している。

　これまで検討を加えてきた後白河院政期の政治運営方式の中で、大きな位置を占めているのが、奉行職事という制度である。この奉行職事については、いくつかの先行研究で触れられてはいるが、それ自体を後白河院政期の政治構造に位置づけた研究は、まだない[10]。この奉行職事について考察することにしたい。治承二年（一一七八）一一月二八日、右大臣兼実は、頭中将定能の急な訪問を受けた。用件は高倉天皇の皇子言仁親王（後の安徳天皇）の立太子に関することで、「定能申云、奉行職事可レ被二定仰一歟云々、仰云、汝早可レ行云々、事已為二大事一、重代之輩奉行宜歟之由」と、定能がこの件を専掌する奉行職事を置くべきではないか、と言ったのに対して、兼実は賛成し、重要事なので重代の輩をあてるべきだ、との意見を述べている。一二月一五日には、立太子が冊命され、奉行職事は五位蔵人右少弁光雅が勤めている。同年一二月二四日には、京官除目が行われた。兼実が参内したときは、「関白未レ被レ参、奉行職事光能朝臣参レ院、未二帰参一云々」とあるように、頭中将で奉行職事である光能が、院の指示を受けるために参院した後まだ内裏に帰っていない状態であった。関白が参入したあと、ようやく光能が院から帰参し、除目が始まる。「頭権大夫光能朝臣就レ軾仰二召仰事一、次召二大外記頼業、右少弁光雅等一、仰之」の文言から、奉行職事である頭中将光能が主体となって、除目が進行している様子がうかがえる。五位蔵人右少弁である光雅も、大外記とともに奉行職事の指示に従って動いている。さらに、安元三年七月一日には宸筆御八講が行われたが、その実施過程を見ると、奉行職事の役割がよくわかる。右大臣兼実は「任二職事御教書一、可レ被二下知一歟」と左中弁重方に指示し、重方は「宣旨、官厨家中催納物国々宛二用御八講非時料一事、右宣旨、任二職事仰詞一、早可二下知一之状、跪以所レ請如レ件、重方誠惶誠恐謹言、　七月一日　　左中弁重方請文」と請文を出している。上卿である右大臣兼実と弁官（非蔵人）である重方が、ともに職事御教書や職事仰詞に沿って動いていることがわかる。「即参上之間、聞二搥鐘之声一、不レ待二上卿一、被

表1　後白河院政期の奉行職事

年　月　日	奉行職事名	行　事　名	出典
仁安2年 3月20日	頭弁信範	石清水臨時祭	兵範記
6月15日	頭中将実家	祇園臨時祭	〃
7月 8日	蔵人弁長方	清涼殿転読大般若経	〃
閏 7月12日	蔵人左衛門権佐経房	臨時除目叙位	〃
8月27日	頭弁信範	自大内遷幸五条殿	〃
10月25日	蔵人左衛門権佐経房	上皇日吉社御幸	〃
10月30日	頭弁信範	高倉殿北政所准后事	〃
11月 8日	頭弁信範	賀茂臨時祭祭庭事	〃
11月21日	頭中将実兼	賀茂臨時祭	〃
12月24日	頭中将実兼	弓場始	〃
仁安3年 2月16日	頭弁信範	譲位	〃
2月28日	頭中将教盛	御祓	〃
4月 6日	蔵人皇太后宮権大進光雅	即位後女叙位	〃
7月 1日	頭弁信範	朝覲行幸	〃
7月12日	蔵人皇太后宮権大進光雅	公家長日御祈	〃
8月14日	頭弁信範	石清水放生会	〃
10月15日	蔵人皇太后宮権大進光雅	天皇大内に遷幸	〃
11月 7日	頭弁信範	大嘗会	〃
11月13日	蔵人左衛門権佐経房	国司除目	〃
承安2年12月 7日	蔵人弁兼光	神宮文書・役夫工・住吉造営	玉　葉
安元2年 5月 2日	蔵人弁光雅—兼光(交替)	小朝熊社鎰焼損	〃
3年 7月 2日	蔵人弁兼光	宸筆御八講	〃
治承2年11月28日	頭中将定能	立太子	〃
12月24日	頭中将光能	京官除目	〃
治承3年 7月28日	頭中将光能	追討宣旨発給	〃

レ始レ事、甚以為レ奇」（七月八日条）という兼実の言葉から、彼がこの行事の上卿であることは確実であり、そしてこの宸筆御八講の奉行職事は、五位蔵人左少弁兼光であった。兼光は、御八講五巻日の七月七日にも、兼実に書状を送り、雨のため延引すべきかどうか、関白が当日不参なのでその捧物を並べるべきかどうかを、問い合わせている。奉行職事が、行事を執行するうえで中核的な役割を果たしていたことがわかるのである。

表1は、『兵範記』では信範が蔵人頭に就任して以後、『玉葉』では清盛のクーデター以前、すなわち仁安二年（一一六七）から治承三年（一一七九）一一月までの奉行職事と、彼らが担当した行事名を挙げたものである。奉行職事となるのは、頭弁・頭中将・五位蔵人と、すべて職事である。弁官と非弁官で分類しても、頭弁8、頭中将7、五位蔵人弁4、非弁官五位蔵

人6と完全に拮抗している。それとともに、注目すべきはその内容である。譲位・立太子・大嘗会などの国家の重大事をはじめとして、行幸・御幸・除目・叙位などの重要な行事、国家的な神事・仏事に際して奉行職事がおかれている。奉行職事は、国家の重要行事に際して設置され、王権を掌握する治天とそれを補佐する摂関の意を受けて、大臣公卿以下の全官吏に命令を伝達する位置にあったのである。治承三年正月七日条を見ると、右大臣兼実は、叙爵に関する右大史惟宗祐重の訴えを御教書で五位蔵人左少弁兼光に送っている。「抑須レ付二奉行職事光能一也、然而、彼夜不レ候、遂以二兼光一被レ尋二沙汰一、仍所二仰遣一也」とあることから、奉行職事である頭中将光能が前日夜不在だったため、代わりに職事である兼光に申し送ったことがわかる。人事に関する事柄も、奉行職事を中心とする職事団が受理していたことを、うかがうことができる。

それでは確立した治天・摂関―職事枢軸体制のもとで、一一世紀まで政治構造のなかで重要な役割を果たしてきた公卿は、どのように位置づけられ、どのような活動を行ったのであろうか。いうまでもなく、官符・官宣旨などの国政文書の発給は、王権保持者の仰を受けた職事からの指示で、上卿が弁官・史を駆使して行う。上卿が中心となって諸公事を執行するのも従来と同じである(11)。しかし、それ以上に重要なのは、公卿の中で指名された者が公卿議定に参加し、また在宅諮問を受けて、治天に答申を行うことである。後白河院政期の公卿議定・在宅諮問については、美川圭氏の研究(12)を受け、下郡剛氏が、後白河院政期には院御所議定と陣定の本質的な違いがなくなり、公卿議定が院・摂関共同の正式の諮問制度として確立したこと、在宅諮問はそれを代替する略式の諮問制度と位置付けられると論じた(13)。下郡氏が、自らの作成した厖大な公卿議定・在宅諮問の表(14)に基づいて行った後白河院政期の公卿議定・在宅諮問についての基礎研究を受け、次に問題になってくるのは、これらの政治構造上の位置づけである。

まず、在宅諮問から始めることにしよう。在宅諮問は治天・摂関の意を受けた職事が特定の公卿たちのもとを訪れ、そこで得た公卿たちの答申を報告するものである。『兵範記』仁安四年（一一六九）正月七日条を見ると、一三日に閑院遷幸を行う予定であるが、大神宮火事の後廃務以前の遷幸で憚りはないか、について三大臣に問うべしとの院の命令で、頭弁信範は左大臣経宗・右大臣兼実・内大臣雅通のもとを訪れ、問題はないとの三者の答申を摂政と院に報告している。『玉葉』を見ると、安元二年（一一七六）九月一四日、後白河院は、五位蔵人中宮大進平基親を遣わして、高松院と六条院の崩御後の遺令の扱いを問い合わせている。このとき諮問された者は、前太政大臣忠雅・左右内三大臣と中宮大夫隆季であった。九月一七日条には右大臣兼実本人の申状が、九月一九日条に左大臣・内大臣・中宮大夫の申状が『玉葉』に収録されている。安元三年五月二日、いわゆる安元の大火の直後、五位蔵人基親が右大臣兼実のもとに来て、内裏焼亡の際に奉告する陵等の先例についての院の諮問を伝えた。兼実は天喜の例などをあげて答え、その後基親は太政大臣と左大臣のもとに向かっている。翌三日、兼実が基親に送った書状は、『玉葉』五月三日条に収録されているが、「右大臣判　蔵人大進殿」と書き止めされている。もちろん、大臣ばかりが在宅諮問の対象になったわけではない。治承二年五月一四日には、春日社回廊の造否が院から五位蔵人兼光を通じて諸卿に諮問されているが、左大臣、右大臣以外に左大将大納言実定、中宮大夫権大納言隆季、中御門中納言宗家が諮問を受けていた。場合によっては前官も含む大臣、および納言が在宅諮問の対象に選ばれていたことがわかる。治天・摂関は、内容によってふさわしいと考えられる者を選択し、職事を派遣して諮問を行っていたのである。諮問するのは、むろん、治天の決裁の参考にするためであった。承安五年（一一七五）八月一六日には右大臣兼実にのみ諮問が行われた。

　頭弁長方朝臣来、仰云、太神宮御厨、大中臣親俊与二同親成一相論事、法家勘申旨如レ斯、副二調度文書一何様可レ被レ行哉、可レ令二計申一者、

兼実は、相論当事者両人の申状を提出させて公卿議定を行うべし、と答申している。このときにはもう一件、紀伊国

日前国懸社が大破したとの社司申状を受けて、直ちに修造すべきか、遷宮の時を待つべきかについて「両様之間、聖断難レ決」いため、兼実に諮問された。兼実は神官に問い、破壊の様を調べ、なお判断がつかなければ御卜を行うのがよい、と答えている。治天が決裁に迷う場合に人を選んで諮問し、決裁の参考にしたことがわかる。

公卿議定も、治天の決裁の参考にするという点では在宅諮問と同じである。嘉応二年（一一七〇）一〇月二五日、院殿上で高倉天皇の元服定が行われた。諸卿が日次・伊勢幣・御調度など九項目について審議し、五位蔵人光雅を通じて後白河院に奏聞した。院は、元服日時は来年正月三日、四日に後宴、御調度は寛治の例に依るべしと決裁し、他のことは追って仰下すとしている。承安三年（一一七三）七月七日には、興福寺が多武峰を焼失させた件について、院御所で議定が行われた。諸卿は子細を調べたうえで罪科に及ぶべしと答申したが、後白河院は「尚所行之旨、科難レ遁、忽可レ被レ行二其罪一歟、重可二計申一者」と再度の議定を命じ、諸卿より強硬な姿勢を示した。結果は関白家司光長が院宣を持って南都に下向し、多武峰焼失の罪科を問う院宣を衆徒の前で読み上げている（以上『玉葉』）。以上は、院での議定の例であるが、陣定はどうだったのだろうか。安元三年五月一八日、二〇日に前天台座主明雲の罪名を定める陣定を開催するので参集するように、との院旨を、右大臣兼実は頭中将光能から受け取った。この陣定の参会者は院によって選定されていることがわかる。陣定は太政大臣師長を上卿として行われたが、これは違例なことであった。承安五年（一一七五）八月二八日、蔵人弁兼光より兼実に陣定参会の催促があったが、これも「明日陣定無二人数一、可レ令二参御一之由有二院宣一」とあるように、院の指示によっていた。この陣定の参会公卿は左右大臣以下十一人であり、その中には前官である前大納言実定が含まれていた（八月二九日条）。院による選定と言い、前官が含まれることもある点と言い、この時期の陣定に院御所での議定との本質的な違いを見出すことはできない。王権を掌握する治天と、その意に従って治天を補佐する摂関のもと、公卿議定は、決裁の参考のために諮問するという、共通の性格を持っていたのである。

以上で、後白河院政期の政治構造についての分析を終えることにしたい。後白河院政期は、治天・摂関―職事の枢軸体制のもと、職事は治天の意思を上卿以下に伝えて国務を執行させ、国家重要事に際しては奉行職事となって施行の責任を負っていた。そして治天がすぐに決裁できない場合は、院御所議定や陣定などの公卿議定や在宅諮問が、選定した公卿（前官を含むこともあり）を対象に行なわれ、それらの意見を考慮したうえで、決裁が下されていたのである。

二　政治構造の転換

筆者が本章第一節で示した後白河院政期の政治構造は、第二章で解明した一一世紀までの政治構造とは全く異なるものである。従って、次に課題となるのは、政治構造の転換があったのはどの時期なのかを究明することである。堀河朝の末期、『永昌記』の記主藤原為隆は弁官と五位蔵人を兼任していた。嘉承元年（一一〇六）一〇月二九日、為隆は天皇に文書一八通を奏上し、一二月九日には、関白忠実の許に参り、「内覧奏文十五通」と内覧している。これらは奏文の数の多さからみて、日常的な内覧奏聞であろうと考えられる。とすれば、これは為隆が五位蔵人としてではなく、権右中弁として行っている内覧奏聞と解釈するのが妥当であろう。そのことは、二日後の一二月一一日条からより確かなものになる。

今日月次祭、民部卿、俊時、左少弁行之、予為二御使一未剋先参二内府一、次参二近衛御堂一、次参二鳥羽一、帰路之間弁侍走来云、卜食弁三人、平尚書穢有レ障、左少丞勤二昼祭一、為隆可二勤仕一之由有二勅定一、付二侍中仲光一執奏、年中官方公事一身勤仕、就中去今月者向二春日祭一、鎮魂新嘗祭自他分配、況政陣公事如レ無二傍輩一、何被レ除二昼祭人一有二此催一哉、

この日、七人の弁官の内、卜食弁三人・権左中弁平時範と、当の月次祭行事弁である左少弁源雅兼の都合五人の弁官が、執務できないという事態になった。そのために、為隆に行事弁勤仕の勅命が下ったのである。為隆は、年中官方公事を一身に勤仕しているうえに、自分が月次祭行事弁として宮中を離れると、政や陣公事を執行する人がいなくなる、と訴えたが、堀河天皇は「神宮事何以辞遁」とあくまで勤仕を命じた[15]。為隆が、公事の行事として、政や陣公事を執行するためにきわめて多忙であったことがわかるが、これらはほとんどが弁官としての業務だったのである。次に、翌嘉承二年（一一〇七）二月八日の内大臣源雅実の日記にも検討を加えてみよう。

蔵人権右中弁為隆来レ門、下二太神宮種々宣旨一、留二目録一、下二同弁一了、兼又昨日左大弁所二申上一之宣旨等、下二同為隆一了、

（『歴代残闕日記』一七、「雅実公記」）

この日内大臣雅実は、太神宮への宣旨を為隆に下した。雅実は、蔵人としての為隆から決裁の終わった宣旨を受け取り、上卿として、弁官の為隆に下したのである。それとともに前日左大弁源重資が申し上げた事柄についての宣旨も為隆に下した、とある。前日左大弁から奏上された事項が決裁され、上卿・弁に下されたと解釈できる。

このように、堀河朝最末期においても、弁官が諸司・寺社・諸国等からの申請を奏上するという一一世紀以来の形態はまだ健在であった。それどころか、堀河天皇死後においても、まだそれが正規の形態であると、人々には認識されていた。今度は、当代きっての熟練した公卿藤原宗忠の日記『中右記』及び摂政関白忠実の日記『殿暦』をみていくことにしよう。天仁元年（一一〇八）正月一九日、源義親を追討した因幡守平正盛が国解を進上、それに伴い白河院の指示により摂政忠実の直廬で公卿議定が行われた。蔵人頭修理権大夫藤原為房が、正盛の上洛や勧賞についての

意見を求める院の言葉を諸卿に仰下したが、その時為房と諸卿の間で、次のようなやりとりがあった。

　為房仰云、先例如レ此追討解状、或付二職事一被レ奏、或先被レ付レ官、今度□□了、但件事先日左大臣下二宣旨於左大弁一也、人々被レ申云、□□今度国解付レ官、以二左大弁一申二左大臣一、大臣付二職事一被レ奏之後、被レ下二上卿一、以二検非違使一可二請取一由被二仰下一可レ宣之由、僉議了、

（『中右記』）

為房は、追討解状は職事に付せられる場合と、太政官に付せられる場合があり、この度は職事が受けて奏上したということを言っている。ところが諸卿は、国解は太政官に付し、左大弁が左大臣に申し、大臣が職事に付して奏聞した後、上卿に下すべきものであると言上した。人々の言上の内容は、すぐに蔵人頭為房によって白河院に奏上され、二二日には「左大弁読了、因幡守正盛追二討悪人源義親一之国解、従レ官進上之、仍持二参左大臣亭一也、左大臣付二職事一被レ奏者」と、諸卿が言上した通りの手続きで奏聞が行われている。堀河天皇の死去から半年後のこの時期、従来通りの奏聞手続きによるべし、という認識が、公卿の間にあったことがわかる。

　ところが、それからあまり日の経たない三月二二日、やはり院の指示で、内大臣・民部卿・源大納言・検非違使別当と宗忠が摂政直廬に参集し、延暦寺大衆の事で議定を行ったが、「従二延暦寺一進二申文一、件灌頂阿闍梨事訴申也、以二頭為房一被レ申レ院了」とあるように、延暦寺の申文は蔵人頭為房に付され、為房から白河院に奏上されている（『中右記』同日条）。蔵人頭為房は、内蔵頭修理権大夫であり、弁官ではない。したがって、この申文受理と奏上は職事としての為房が行ったものである。天仁二年（一一〇九）一〇月六日、摂政忠実の許に蔵人頭為房が来て、奏書を忠実に見せた（『殿暦』同日条）。弁官でない為房が太政官に付せられた文書を持って内覧のために摂政のもとを訪れるはずはないので、これは為房が受理した奏書を摂政忠実に見せたものであることが確実である。

　白河院は、堀河天皇死後の嘉承二年一〇月一二日、藤原為房を蔵人頭に起用した。以後の為房の活動はめざましい

ものがある。先に見た因幡守正盛進上の国解も最初は為房が受理したのであるし、その際に追討解状は職事受理もありということを、諸卿の前で言明していた。そして同年（天仁元年）三月には、為房は延暦寺申状を受理しただけでなく、延暦寺大衆参洛の情報をつかみ、摂政に、参院しての議定を要請している（「従二頭許一有二消息一云、大衆参洛云々、仍参レ院、終夜議定」『殿暦』天仁元年三月三〇日条）。嘉承二年一〇月から天永二年（一一一一）正月まで、三年三ヶ月間蔵人頭に在任した為房の時代に、申状の受理と奏聞は、太政官と弁官の職掌から職事の職掌へと転換していた(16)のである。

為房が蔵人頭を退任した後にも、職事の申文受理と奏聞という新しい原則は、完全に定着していた。天永二年一〇月二五日、山僧悪行を沙汰するために、院御所で議定が行われたが、山大衆の奏状を受理して白河院に奏上したのは頭弁実行であった（『殿暦』同日条）。翌天永三年（一一一二）の事例を見ると、蔵人弁源雅兼が大神宮解状を受理（『殿暦』一〇月一五日条）、同じく雅兼が川合社解を受理、奏院（『中右記』一一月一〇日条）、頭弁実行が信濃国・伊豆国解状を受理、奏院（『殿暦』一一月一七日・二四日条）したことなどからわかるように、寺社・諸国からの申状・解を職事が受理して白河院に奏聞するという形態が、完全に固まっていた。後白河院政期の政治構造の特徴として、第一節で明らかにした職事による申状・解の受理と奏聞は、堀河天皇死後、為房が蔵人頭であった時代に、成立の画期があった、と言えるであろう。

それでは、次に職事による文書管理、口宣の発布さらには奉行職事の成立などについて、検討を加えていくことにしよう。保安元年（一一二〇）一二月二日、参院した権中納言宗忠に対して右大弁顕隆が「早々可レ従レ事由有二院仰一、且是近来頭弁不二出仕一間、奏書多積之故歟」と言っている（『中右記』同日条）。奏書を受理・奏聞する頭弁の不出仕が奏書堆積の理由であることがわかる。元永元年（一一一八）九月九日、宗忠は、以前から相論が続いていた島抜御厨について、伊勢神宮祭主の進めた文書を院に持参した。白河院は宗忠に文書を頭弁に渡し、先日の宣下に任せて決するようにと指示を下している（『中右記』同日条）。治天の意思をうけて命令を出す頭弁のもとに、関連文書が集積されていたことがわかる。さらに天永二年七月八日には、摂政忠実のもとに蔵人弁雅兼が参じたが、彼は「件人宣旨目録持来」とあるように、目録を持参していた（『殿暦』同日条）。職事が目録を作るという行為がもうこの時期にみられるのである。口宣の発布についてはどうであろうか。

久寿三年　正月七日　宣旨

令三法眼和尚位賢覚勤二修太元法一

蔵人右少弁藤原資長奉

（『山槐記』久寿三年正月七日条）

鳥羽院政期最末期の久寿三年（一一五六）正月に出されたこの口宣が、原文を収録したものとしては古いもの(17)である。しかし、職事の申文受理・奏聞・目録作成など、後白河院政期と同じ政治運営方式が、白河院政期に現れていることを考えれば、それ以前に王権保持者の意思を受けた職事による上卿への口宣発布が成立していても、決しておかしくはない。『中右記』元永元年（一一一八）正月二三日条をみると、藤原家長が六位蔵人に補任され、左京権大夫有賢が三河守に、皇后宮少進為忠が安芸守で共に「兼」字を加える人事が行われた時、「是先被レ尋レ例処、如レ此事以二口宣一被二仰下一者、又仁王会日被レ行二他公事一先例多存、仍所レ被二仰下一也」と宗忠が述べている。ただし、この口宣は、文字通り口頭の宣旨である可能性がある。明確に書面が作成された事例をさがしてみよう。当時の一上左大臣源俊房の息子である師時の日記『長秋記』天永二年（一一一一）四月二七日条に、次のような記事がある。

参二左大臣殿一被レ仰云、今朝頭弁実行朝臣仰云、右衛門権佐重隆依レ闕二石清水臨時祭舞人一、解二却所職一、（中略）

雖レ承二口宣一、重取二書宣旨一所二下知一也者、

この日、頭弁実行から左大臣俊房に右衛門権佐重隆を解職する宣が下ったが、俊房は「口宣」とともに書面での宣旨も受け取っている。さらに、『長秋記』元永二年（一一一九）五月一四日条には、後日の口宣にあたるものが発布されていたことを明確に示す内容が含まれている。

早旦自二頭弁一被レ奉レ宣二下宣旨於左府一、其状云、日吉神人、依二犯人事一、行二向別当家一濫行、件神人仰二本所一解二神人職一、可レ従二追却一者、

師時は、父である左大臣俊房のもとに頭弁藤原顕隆から下された宣旨（口宣）の文面を、そのまま書き取っている。これは、上卿に執行を命じる職事の口宣が成立していたことを、確実に証明する史料ということができよう。為房の蔵人頭退任後、天永二年から永久三年（一一一五）までの四年間が実行、永久三年から元永三年（一一二〇）までの五年間が顕隆と、大物の蔵人頭が活躍した期間に、口宣も制度的に整っていったのである。

ただ、ここで一つの問題が残っている。藤田英孝・富田正弘両氏は[18]、次の史料から、口宣の成立は堀河天皇の時代としているからである。

康和二年八月廿三日　宣旨

園城寺僧綱以下参二来公門一、為レ企二越奏一雲集之由、風聞已成、厳制之旨先後稠畳、早任二天徳二年・延久二年符一停二止参集一、但愁緒不レ休、可二奏聞一者、宜勒二解状一付レ官言上、

蔵人中宮権大進藤原朝臣奉

（『朝野群載』巻五、朝議下）

たしかに、文書の形式からすれば、この文書は後の口宣と一見違いがないようにみえる。宣旨を発しているのは、五位蔵人中宮権大進藤原為隆であり、園城寺僧綱等が越奏を企てているという「風聞」があるため、その停止を指示したものである。しかし、奏聞する場合は必ず解状を太政官に付すことを命じ、奏状は太政官に付すという原則が確認

されていることから、旧体制下で出された文書であることが明らかである。職事の位置づけが全く変わった新体制下の口宣は、治天─職事の枢軸体制でもって、命令を上卿以下に伝えるものであるから、表面的な形の類似はあっても、内容は全く異なっているのである。治天─職事枢軸体制下の口宣は、実行・顕隆が、蔵人頭として白河院の意思を奉じて積極的に活動していた一一一〇年代には、間違いなく成立していた(19)。

奉行職事についてはどうであろうか。『殿暦』天永三年六月一七日条によると、この日諸社に仏舎利が献じられた。摂政忠実は「只奉行職事雅兼送㆓書状於僧許㆒、於㆓御前㆒被㆓定送㆒」と記している。五位蔵人左少弁源雅兼が、奉行職事として活動していることがわかる。元永元年（一一一八）三月一八日、白河院は権中納言宗忠を呼び出し、非常赦を行うので宇治にいる関白に伝えることを命令した。そして、翌一九日に非常赦が行われた（『中右記』同日条）。

蔵人弁答云、此事本不㆑奉也、頭弁被㆓沙汰㆒也、俄有㆓足所労㆒不㆑能㆓行歩㆒間、依㆓頭弁㆒被㆓下知㆒許也、但例事尋㆓頭弁㆒処、与㆓上卿㆒相量可㆑被㆓沙汰㆒者、此答甚不便也、如㆑此事赦令時、奉行職事先勘㆓取吉例㆒、依㆓其年例㆒可㆑行由、取㆓御気色㆒、所㆑下㆓知上卿㆒、

この部分を見ると、非常赦の奉行職事は頭弁顕隆が勤仕するはずであったが、顕隆が俄かに足の不調を訴え、頭弁の指示で五位蔵人左少弁実光が奉行職事を勤めることになった。顕隆は、実光に上卿（この場合は宗忠）と連絡を取り合って執行するようにと言い置いたのであるが、宗忠は、奉行職事がこれまでの吉例などを調べたうえで治天の了解を取り、上卿に下知するものである、と難じている。元永元年のこの段階では、すでに奉行職事が上卿以下を指揮して行事を行うものであることが、熟練の公卿宗忠にも認識されるほど、奉行職事制が定着していたということを、確認することができるのである。

奉行職事制の成立に関連して、考慮しなければならないのは、行事蔵人のことである。古瀬奈津子氏によれば、い

わゆる蔵人方の行事だけでなく、上卿・弁によって遂行される行事にも行事蔵人が見えるが、ほとんどの場合六位蔵人が行事蔵人を勤めている[20]。したがって、蔵人頭と五位蔵人からなる職事と行事蔵人が違うことが明らかである。この行事蔵人は、奉行職事制が成立してからも、奉行職事とともに、史料上に現れる。鳥羽院政期の久安六年(一一五〇)から久寿三年(一一五六)まで五位蔵人左衛門佐であった藤原忠親の日記『山槐記』から、奉行職事と行事蔵人の関係を探ってみよう。久寿二年(一一五五)九月一七日、立太子の御帳御膳具の奉行を勤めるようにとの関白の仰を、五位蔵人忠親は頭弁藤原光頼より受け取った。「日来奉行之人未〻定之間、内々頭弁致二其沙汰一云々、行事蔵人一臈判官泰経」とみえるように、奉行職事が決まらず頭弁が代行していたのが、ここで忠親が奉行職事に決まったのである。行事蔵人は、奉行職事の下で業務を行うという位置づけであることがわかる。翌久寿三年(一一五六)正月一四日、五位蔵人忠親は、今度は御斎会内論義の奉行職事を勤めた。忠親は、老耄の僧の歩行が難しいことを行事弁雅教に付して奏院し、輿の使用を許すという院の許可を得ている。僧に渡す禄を行事蔵人に準備させるなど、奉行職事忠親は、行事弁も行事蔵人も指揮し、院奏も行いながら業務を遂行しているのである。奉行職事は、配下の行事蔵人はもちろんのこと、上卿や行事弁にも指示を出し、院・摂関と連絡を取りながら、行事を遂行していた[21]。

最後に、白河院政期の公卿議定と在宅諮問について、検討を加えることにしよう。かつて、美川圭氏は、国政審議のための院御所議定の成立が堀河天皇死後であることを明らかにし、白河院政期・鳥羽院政期の院御所議定とその審議内容を表で示した[22]。これらの院御所議定は、王権を完全に掌握した白河院・鳥羽院が参会者を指名し、召集したものである。『中右記』・『殿暦』により状況のよくわかる天永二年一〇月二五日の院御所での議定についてみてみよう。この日院に召集されて参集したのは、摂政忠実、民部卿俊明、按察大納言宗通、同年に蔵人頭から参議に昇進していた為房、と宗忠の公卿五人、座主権大僧都仁豪、権大僧都寛慶以下の僧侶八人であった。公卿はもちろんのこと、

「今日山僧綱座主以下已講等依レ仰参進」（『殿暦』）とあるように、僧侶たちも白河院が呼び寄せたものであった。[23]「上皇以二頭弁一被二仰下一云、近日山上大乱常有二合戦聞一、可二制止一之由思食之間、大衆進二十箇条奏状一」とあるように、比叡山上が不穏な状況にあり、大衆から奏状が出されたために、院は「公卿僧侶可二定申一者」（『中右記』）と命じたのである。諮問に答えて諸卿と僧侶はそれぞれ発言し、奏状に従って宣旨を発布することに賛成する意見を述べた。頭弁の奏聞を受けた院は、末寺の沙汰は必ず座主に触れることを命じ、大衆奏状に寛慶が加判していないことの理由を問うなど、細部にわたって検討した後で、宣旨発布を認めた。信頼する公卿と関係する僧侶を召集しただけでなく、山門における座主の支配権を保証しながら、山門を国家の統制下に置く、という院の意図を読み取ることができる。参会公卿を選択し、必要とあれば公卿以外の者も加えて審議するというのは、従来の議定制の根本的な改編であり、王権を完全掌握した白河院が、事態を打開するために始めた柔軟な対応策の一つであった。永久元年（一一一三）四月の山門と南都大衆の合戦騒ぎでも、院は、何度も指名した公卿を院御所に召集して議定を行いながら、武者や検非違使に直接命令[24]を下して警護にあたらせた。公卿も僧侶も武者も検非違使も、すべて白河院の意図にそって命令をうけ、動員されているのである。公卿議定も、そのなかの一つであったにすぎない。陣定もまた、白河院の掌握するところであった。天永二年一一月一九日、若狭国の言上事、罪名勘文、出羽守光国任国乱などについて審議されたが、定の後、頭弁実行は参院し、院の意向をうかがった後、裁許を諸卿に伝えている（『中右記』同日条）。

在宅諮問も同様に考えることができる。天永三年（一一一二）一〇月二四日、宗忠は院の召しで参院した。摂政と大蔵卿為房も参入していた。院は鳴動音が二〇日からずっと続いていることの対策について諮問し、宗忠と為房は仁王会か大般若経読経を行うべきである、と答申した。院は頭弁実行を左大臣俊房と民部卿俊明のもとに派遣して諮問したが、両者は宗忠・為房の意見に賛成した。召集した公卿と在宅諮問した公卿の意見を聞いたうえで、白河院は決裁を下した。天永三年二月四日には、猪の穢のことで明法博士等が意見を答申したところ「可㆑被㆑問㆓公卿㆒者」との院の指示で、左大臣・民部卿宗忠に在宅諮問が行われている。また、同年四月一八日には、蔵人弁雅兼が宗忠の家を訪れた。摂津国の日吉社神人のことについてであり、宗忠は「神人之申旨一々不㆑当之由可㆑被㆑問歟」と答えている。「依㆓宣旨㆒被㆑問㆓人々㆒事」という文言から、ほかの公卿も在宅諮問をうけたことがわかる。このように、一一一〇年代はじめには、[25]在宅諮問もまた、白河院の政治運営の一環として、院御所議定・陣定と並んで運用され始めていたのである。

以上のように、堀河天皇の死後、王権を完全に掌握した白河院の主導下に、解状・申文の職事受理からはじまる院―職事枢軸体制の構築、奉行職事制、院御所議定、在宅諮問の創始など、従来とは全く異なる政治運営形態が、一挙にその姿を現す。それは、国制の転換、すなわち初期中世国家の成立に伴うものであった。

三　初期中世国家の構造

本章第一節で示した後白河院政期の政治構造の基礎が、堀河天皇死去からあまり日の経たない、一一一〇年代始めには形成されていたことが、第二節の考察によって、明らかになった。初期中世国家（院政期の国家）の政治構造の特質は、治天・摂関―職事の中枢構造にある。治天は、摂関の補佐をうけながら諸方の申請を受理した職事の奏聞に決裁をくだし、その命令は職事を通じて下達されていた。そして、ただちに決裁できない事柄については公卿議定・在宅諮問が行われ、それらの意見を参考にして決裁が下されていたのである。

このことから想起されるのは、第二章で論じた高麗前期の政治構造である。高麗前期には、国王―承宣の中軸構造があり、承宣はあらゆる申請を国王に奏上し、また勅旨を下達していた。そして、決裁を猶予したことがらは、国王から宰相等に諮問され、それらの意見を参考にしたうえで、決裁が下されていた。政治構造だけを見た場合、太政官が諸司・諸国・寺社等の申請を受理して重要事を天皇・関白に奏聞・内覧し、決裁を仰いでいた王朝国家（後期古代国家）の時代よりは、初期中世国家の方が高麗前期のそれに類似している、ともいえる。かつて、井原今朝男氏は「中世の国家権力は古代よりも専制的になっていた」[26]と述べたが、政治構造に限って言えばこの指摘はあたっている。しかし問題は、この政治構造を支える国家体制である。高麗前期と、日本の王朝国家は、ともに中央―地方の支配に立脚した中央集権国家体制であるのに対して、初期中世国家は、第一章で詳述したように、一一世紀末からの大寺社の土地・人民支配権掌握の動きに対応するために改編された国家体制であった。したがって、この体制の特質は、単に政治構造だけでなく国家の構造を鳥瞰することによってはじめて、その全体像が明らかになるはずのものなのである。かかる視点に立って、本節では、初期中世国家の構造そのものも含めて検討の対象としていくことにしたい。

永久元年（一一一三）四月に生起した興福寺と比叡山延暦寺間の抗争は、『中右記』・『殿暦』・『長秋記』と関連史料が豊富なこともあり、よく知られている。この過程から、国家と権門寺院との関係を考察していくことにしよう。表2は、『殿暦』・『中右記』の四月分を中心に、この抗争とそれに対する政府の対応を書きだしたものである。事の起こりは、閏三月二九日、山門僧が清水寺の房舎を破壊したことにあった。これは、興福寺僧が参洛時に祇園社の所領を損亡させたことへの報復であった。同日夜山門大衆は院御所の門前に参集し、興福寺僧権少僧都実覚の流罪を要求する。四月一日、院殿上定が開かれた。院は、比叡山座主仁豪を召して衆徒を制止させる一方、実覚の流罪を決める。おさまらないのは、興福寺の大衆である。四月六日、興福寺から三箇条の奏状が奉られた[27]。検非違使別当宗忠は、奏状が奉られる以前に、白河院から興福寺大衆が入洛して祇園社を焼却するという風聞があることを聞いていた。興

表2　山門・興福寺騒動時の『殿暦』『中右記』の記事

月日	殿暦	中右記
閏三月二九日	山僧が清水寺の房舎を破壊し、興福寺僧の僧都実覚の流罪を申請。	
四月　一日	興福寺大衆、天台座主を召して仰すべしと長者忠実に訴える。	山大衆、神輿を院の北御門に置き、権少僧都実覚の流罪を要求。院殿上定を開催、山座主に大衆の制止を命じ、実覚の罪科を仰下す。
二日	忠実、奈良衆参上を阻止すべしとの院の仰を頭弁から受ける。	
三日	忠実、院から大衆のことを仰せられる。	
四日	別当宗忠が院の使いで忠実のもとに参る（大衆事と犯人事）。	宗忠、院より南京大衆が祇園社を焼くとの風聞あるを聞く。宗忠、院旨を受け、摂政と院の間を往復。
六日		宗忠、蔵人弁雅兼から、興福寺奏状三箇条の内容と、それへの対応策の原案を聞き、賛意を示す。
八日		宗忠、摂政忠実の召しで参入。忠実、南北大衆の合戦阻止について述べる。
一〇日	忠実、大衆沙汰のため院に参る。	
一二日	五位蔵人雅兼、大衆の事で忠実のもとに参る。	宗忠、蔵人弁雅兼より、興福寺・延暦寺に宣旨が下されたことを聞く。
一三日	頭弁・蔵人弁、大衆の沙汰のことで忠実のもとに参る。忠実、興福寺別当覚信に消息を送る。	
一四日		宗忠、召しにより院に参ず。南北大衆合戦のことで院と摂政の間を往復。
一六日	忠実、家司惟信を奈良に派遣。大衆申状を院に奏聞。大衆の事で別当宗忠が忠実のもとに参る。	宗忠、院の召しで参院。使いとして二度摂政のもとに参る。
一七日	院より忠実に大衆の事で度々仰あり。	

一八日	民部卿俊明、院の使いとして忠実のもとに参る。忠実、力及ばずと奏聞。	
一九日	忠実、院に参り興福寺大衆の事を申す。	
二一日	忠実、左大臣以下とともに参院し、院の御前で議定を行う。	院殿上定。摂政・左大臣・内大臣・民部卿・源中納言・大蔵卿・別当参会。
二四日		南都七大寺に興福寺に与力しないことを命じる宣旨を下す。院、南京大衆を防ぐため宇治南坂に、山門方は叡山西坂下に軍勢派遣を決める。
二九日		院に左大臣・内大臣等参集。陣座で軒廊御卜を行う。
三〇日		南京大衆と京武者、宇治一坂南原辺で合戦。興福寺僧徒三〇人、俗兵士九〇人射殺される。
五月　一日		院の命令を受け、検非違使盛重が別当宗忠のもとに参る。前日の南京大衆合戦で捕えた俗兵士四人を渡し、使庁で沙汰することを命ず。

福寺大衆の奏状は、①末寺である清水寺を山僧に奪われた、責任者の座主仁豪と大僧都寛慶を流罪に処すべきである、②興福寺僧実覚は流罪を免ぜられるべきである、③祇園はもともと興福寺の末寺であったから御正体を興福寺に移すべきである、の三項目からなっていた。別当宗忠は、蔵人弁雅兼から「清水寺房舎切破事張本慥可二尋得一、忽難レ仰二左右一、実覚僧都免給畢、祇園正体輙難レ奉レ動」という対処方法を聞き、賛同の意を表している。これに従って、実覚の流罪は免除された。しかし、南北大衆の合戦の動きはやまなかった。一二日には、南北大衆の乱発を止めるため興福寺・延暦寺に宣旨が下された。そして、一二日から一八日までの間、院のもとから連日職事や別当宗忠、民部卿俊明などが院使として摂政忠実のもとを訪れており、氏の長者でもある忠実は、興福寺別当覚信に書状を送ったり、家

司を興福寺に派遣したりして、事態収拾のために努力している。二一日、再度院殿上定が行われた。参会者は、摂政・左大臣俊房・内大臣雅実・民部卿俊明・源中納言能俊・大蔵卿為房・検非違使別当宗忠の七人である。院は職事を通さず直接「南京大衆参上、与レ山欲レ企二合戦一、度々雖レ被二制止一已不二承引一、又申請之旨可レ被二裁許一歟否之間可二定申一」と諮問し、大蔵卿為房が山門と興福寺双方の奏状を読み上げた後、定が始まった。双方が求めている流罪には応じられないこと、重ねて両寺に制止を命じること、裁許すべきかどうかについて御卜を行うこと、などのことが諸卿によって答申された。その後二四日には、南都の七大寺に合戦に与力しないようにとの宣旨が下され、南京大衆が数万の兵士を率いて上洛するとの風聞を聞いた院が、軍兵を宇治南坂と叡山西坂下に派遣して興福寺・比叡山双方の軍勢を阻止する準備をはじめる。三〇日、遂に派遣された検非違使・兵士と南都側の大衆・兵士の間に衝突が起こった。宇治一坂辺には、南京大衆を防ぐため、検非違使正盛、重時、忠盛さらには源氏・平氏の武士たちが院の直接の命令によって動員され、叡山西坂下には出羽守光国と検非違使盛重が派遣されていた。

以上が、興福寺・延暦寺の抗争と軍事衝突にいたるまでの経過である。この全過程において、主導的な役割をはたしたのは、白河上皇その人であった。院は、二度にわたって院殿上定を召集し、諸卿の意見を参考にしながら決裁を下し、摂政、検非違使別当宗忠とも緊密に連絡をとりながら、回避のための対策を練り上げていた。そして、いよいよ合戦不可避という段階に至ると、検非違使や武士たちに直接命令をくだして、南都・叡山双方を制止し、特に興福寺側に対しては僧徒三〇人、俗兵士九〇人を射殺して[28]、騒動を収めたのである。両寺の自専にまかせず、混乱を一定のところで抑えたという点で、白河院の主導権は十分に発揮された、ということができよう。

保安元年（一一二〇）四月には、延暦寺と園城寺の間で大きな騒動が起こった。二八日、院御所で議定が行われ、対策が話し合われる。参会者は、関白忠実、治部卿能俊、検非違使別当忠教、右大弁顕隆、権中納言宗忠と僧綱を統べる権僧正行尊であった。

近日山・三井寺大衆競発也、元者三井寺大津浜相二分山・寺分一也、而山之分方彼住人窃立二鳥居一、是不レ触二本山一、本社一盗立也、然間三井寺僧侶被レ棄二鳥居一了、山僧衆徒咎二此事一乱発之間、寺衆徒追下却切二鳥居一僧上了、然而山衆徒不レ止、従レ院召二各長吏一被二制止一也、

三井寺大津浜は山門分と三井寺分に分かれていたが、山門方の住人が鳥居を立てたのがきっかけになり、紛争が起こった。議定では、まず行尊に諮問があった。行尊が山中文によって三井寺衆徒に問い合わせた内容を述べると、行尊と僧綱を三井寺に派遣して衆徒に元通り鳥居を立てるように言い聞かせ、衆徒の言い分も聞いてくるようにと、諸卿の衆議が一決した。翌二九日、帰参した行尊が院御所で諸卿の前で報告する。三井寺衆徒は、鳥居を立てることには従うが、新路ではなく旧路側に立てるべきである、と要請した。これをめぐって諸卿が意見を述べ、宗忠は新旧路の判別が難しいので官使を遣わして調査した後鳥居を立てるのが良い、と言上した。白河院の決裁は、①元通り新路に鳥居を立てるように三井寺長吏に仰下す、②鳥居を立てた者が本山（比叡山）・本社（日吉社）に触れなかったのが騒動のもとだから、その者を召し進めるようにと延暦寺に仰下す、というものであった。宗忠は「今度仰旨尤可レ然」と、裁断が妥当であることを述べている。この鳥居騒動に際しても、白河院の指導力は際立っている。行尊を含めた連日の院御所定の開催、行尊の三井寺派遣、諸卿の意見を勘案しながらも独自の決裁を行うなど、がそうである。

鳥羽院政期・後白河院政期の事例も一つずつ検討してみよう。久安三年（一一四七）六月、いわゆる祇園闘乱事件が起こった。清盛の郎等の放った矢が社僧や神人、宝殿に当たったため、六月二八日、叡山衆徒と日吉・祇園両社神人が神輿を担いで入洛を企て、忠盛・清盛父子の流罪を院に要請するという騒ぎに発展した。鳥羽院は、検非違使光保・親康・季頼・為義・家弘等を派遣して防御し、また平正弘、河内守源季範も軍兵を率いて発向させた。そして衆

徒には、訴えは道理に任せて裁許するとの院宣を与え、衆徒は帰山した（『本朝世紀』同日条）。六月三〇日、院御所で議定が行われ、摂政忠通以下九人の公卿が参会した。院宣の奉者であった顕頼も前中納言であるが参加した。延暦寺・祇園社の解を読み上げて始まった議定では、官使を遣わして実検すべしという点で諸卿の意見が一致し、当日夜に実検使が派遣された。その実検状には祇園社家と官使の双方が署名している（『本朝世紀』）。七月二四日、再度院御所で議定が行われ、摂政忠通、右大臣頼長以下が参会した。そして、鳥羽院は「清盛朝臣、可レ贖二銅一」との決裁を下したのである（『台記』同日条）。この祇園騒乱の全過程を通じても、鳥羽院が主導権を握り続けていたことは、白河院の場合と同じである。白河院の場合の行尊と同様に、議政官でない顕頼を議定に参加させたのも、事情をよく知るものだったからである。また、防御のために検非違使・武士を動員したのも、白河院の場合と同じであった。

次に、後白河院政期の事例をみていこう。承安三年（一一七三）興福寺が多武峰廟を焼き払ったことに端を発した騒動は、延暦寺が興福寺のみならず南都七大寺の北国荘園を横領するという挙に出たため、激烈な抗争に発展した。七月七日、院御所で議定が行われたが、院の諸卿への諮問の言葉は「焼二失多武峰一之条、已大事也、山階寺之所為、罪科不レ軽、加之、別当僧正已下在京之時、可レ止二大衆之蜂起一、兼又不レ可レ令レ焼二失多武峰一之由申請下向、大略翌日炎上、已違二勅答一事、不実之罪也、罪科何様可レ被レ行哉否」と、興福寺に対して厳しいものであった。諸卿は、子細を調査した後罪科を決定すべし、と答申した（『玉葉』同日条）。七月一五日に興福寺に送られた院宣[29]は、もし張本人を進めなければ、興福寺僧の公請を停止し、法師の所領は没収するという内容であった（『玉葉』七月一七日条）。興福寺大衆はこの措置の不当性を指摘して、以後も訴訟・蜂起を繰り返すが、遂に一一月、興福寺と南都諸大寺による強訴の後、興福寺以下南都一五大寺と諸国末寺荘園を悉く没官するという、官宣旨が発布されるに至ったのである[30]（『玉葉』一一月一二日条）。この後白河院の措置は、延暦寺側に甘く南都側に厳しいもので、公平さを欠く[31]が、院の主導下に裁定が行われた点は、白河院・鳥羽院の場合と同様であった。

以上、初期中世国家期の白河・鳥羽・後白河三代において国家中枢と権門寺院がはげしくぶつかった事例を見てきた。いずれの場合も、治天は、全過程を掌握して諸方へ指令を出し、また頻繁に公卿議定を開催してその意見も参考にしながら、決裁をくだしている。そして、権門同士の武力衝突や強訴にそなえて、院みずからが検非違使や武士に命令を下して防御させていた。治天を中心とする権力中枢は、強大な勢力を有する権門寺院を支配・統制していたのである。

次に、初期中世国家のそれ以外の面に目をむけてみよう。一国平均役の免否は、権門諸家と国衙双方にとって極めて微妙な事柄であったが、その裁定はもちろん治天によって行われた。承安二年（一一七二）一二月二九日、右大臣兼実は蔵人弁兼光の訪問をうけ文書の沙汰を行うが、その際に先に申し入れた姉の皇嘉門院所領の一国平均役を減ずるという後白河院の裁定を聞いている（『玉葉』同日条）。皇嘉門院の代理人(32)と言ってもよい兼実は、承安五年（一一七五）五月一二日条でも、「当院御領、惣可レ停二院事、勅事、諸使等乱入一之由、宣下先了、彼位田、即其内也、而今依二国司申一、相二転他所一、雖レ不レ可レ有レ疑、殆当時已新立之所也、不レ帯二宣旨一者、向後如何、仍所レ被二申請一也」と、皇嘉門院領が院事・勅事免除で諸使不入であることを確認したうえで、国司が新たに立てた荘園四至内に含まれる皇嘉門院の位田が他所に移転したあとの領有の保証を求めている。女院領荘園の一国平均役免除などの保証もすべて治天の決裁するところだったのである。女院だけでなく、治天自身の御願寺領荘役の免否も治天の決裁によった。『吉記』承安三年六月九日条によると、院司で権右中弁である源経房が奏上を行ったが「参レ院、奏云、新御堂立石料人夫、御願寺庄々已役了、然者被レ付レ庁之御領等可レ被二宛催一歟、仰云、早可二宛催一」とあるように、御願寺の荘園に人夫役を宛てることを後白河院が認可している。同じく『吉記』承安四年（一一七四）二月一一日条によると、経房は法勝寺（白河院御願）が最勝光院（建春門院御願）荘のことで訴えを起こしたことを、後白河院に奏上している。翌々日の一三日、経房は、最勝光院が建立からあまり日が経っておらず荘園も定まっていないとして、下総国が別進した白布を最勝光院用途に充てるべしとの院宣を、寺家へ送った。この時代、代々の治天や女院御願の御願寺が多く存在したが、それらの御願寺の荘園、一国平均役の課否、用途の確保なども、治天が心を配るべきことであった。

このような治天の下す命令を執行するうえで核心的な位置を占めるのが諸国である。第一章でくわしく論じたように、中央―国郡の中央集権体制のもとにあった一一世紀末までとは異なり、一二世紀には受領監察は事実上放棄され、受領の在京が進み、白河院に近侍する者も多く現れるに至っていた。しかし、それは国家体制内での受領の位置づけが変わったことを意味するのであって、決してその役割が消滅したのではなかったのである。受領は治天と直接結びつき、その命令を執行して、新しい初期中世国家体制の中で、重要な働きをしていた。その様相を瞥見しよう。

一二世紀になっても、以前と同様に、国司は国内の治安維持を担う存在として位置づけられていた。『長秋記』永久元年三月四日条によると、横山党二〇余人の追討を命じる宣旨が、常陸・相模・上野・下総・上総の五ヶ国に下っている。また、同年九月三〇日には、山大衆が祇園の神輿を担いで陣頭に参ったため、白河院が盛重・重時・忠盛・宗実の四人の検非違使を遣わして衆徒を追却したのであるが、このとき、「山悪僧、於㆓山上㆒者、所司可㆓捕進㆒、於㆓在京㆒者、検非違使等可㆓追捕㆒、於㆓諸国㆒、各国司可㆓追捕進㆒者」という宣旨が下された。ここで国司に期待されている役割は、第一章第二節で考察した宗忠検非違使別当時の状況と同じである。国内の治安維持は、まず国司の責任とされていたのである。また、第一章第三節で見たように、国内の新立荘園の停止も国司の役割であった。だからこそ、『玉葉』安元三年五月二九日条に、「又台嶽末寺庄園、仰㆓諸国司㆒、被㆓注進㆒之、是為㆓停廃㆒歟、又近江、美乃、越前三ヶ国、各可㆑注㆓申国内武士㆒之由、被㆑仰㆓国司㆒云々」とみえるように、国司に国内の荘園と国内武士の注進が命じられているのである。国司は、中央の治天―職事枢軸と密接につながっていた。元永二年（一一一九）五月二日、宗忠は伊賀国司の申請により春日御領の新立荘園が停廃されたことについて、頭弁顕隆に問い合わせた。これは停廃された中で壬生野荘は根拠があるという関白忠実の意向を宗忠が受けて頭弁に糺したものである。結果は、壬生野荘を除いて停止するという新たな宣旨が下された（『中右記』同日条）。治天―職事と国司が直結して荘園停止を実行していることがうかがえる。

このように、治天・摂関―職事枢軸体制によって、初期中世国家が運営されていたことは間違いがない。しかし、重要なのは、それがすべてではないということである。治天から職事を経由しないもう一つの国政執行のルートがあった。

午時許従レ院有レ召、則参上、以二但馬守一被二仰下一云、今年御熊野詣事等、皆任二去年例一内々沙汰了、此中摂津和泉両国司等粮料伝馬、宛二諸庄一之間、申旨不二一決一、早任二去年例一可二沙汰一者、申云、只平均令二国司支配一、若有レ所レ渋者、従二院庁一可レ被レ催也、（中略）人数注文幷両国所二注進一庄々注文等、但馬守所レ下也、又召二国行一重令レ注二申伝馬数一、任二件注文一、支配庄々可二注進一由御教書、下二知両国司一了、人数八百十四人、一日粮料十六石二斗八升、（人別二升定）、伝馬百八十五疋、

元永元年（一一一八）九月二二日、宗忠は白河院の召しにより参上すると、側近の但馬守藤原家保を通して院の仰せがあった。それによると、今年の熊野詣の費用を醵出する諸国の中で、摂津・和泉の両国が粮料と伝馬の国内諸荘園賦課の方法が決まっていない、ということであった。宗忠は、一国平均に割り当て、もし渋る荘園があれば院庁から催促すればよい、と答えた。そして、人夫の人数注文と両国から注進されていた荘園の注文をふまえ、また検非違使行重に命じて伝馬数を注進させ、人夫人数・粮料・伝馬を記した注文を載せた御教書を両国司に下し、国内荘園へ割

り当てをして報告するように命じたのである。

この件の処理に関して、職事は関与していない。御教書（院宣）を発して院の命令を両国に伝えているのは権中納言宗忠である。しかも、この御教書が指示している内容は、両国司が国内の荘園に人夫・粮料・伝馬を平均に課すことである。そして、もし従わない荘園があれば、院庁より催促するという手順になっていた。このような一国平均の国内荘園への賦課に関することが、職事を経ないで、院宣あるいは院庁からの通達によって執行されていた、ということに注意しなければならない。

元永二年（一一一九）五月二日、中宮璋子の出産に先立ち、産養の諸国召物が決められた。「如㆓此間㆒諸国召物巨多也、仍従㆑院被㆑宛㆓国々㆒也」とあるように、召物は白河院から諸国に割り当てられた。そして、諸国司に命令を伝える院宣を書いたのは、治部卿権中納言能俊であった（『中右記』同日条）。保安五年（一一二四）三月にも、璋子が出産した通仁親王の産養が行われた。五夜は白河院分で、十八ヶ国と大宰府の所課があった（『御産部類記』）。これだけ多くの国々への賦課が、摂関時代のように単なる受領の奉仕[33]で行われるはずはない。しかも公卿の奉じる院宣によって、諸国司は命令を受けているのである。これらを院の私的な賦課とすることは、とうていできない。国家の最高権力者である白河院が、直接地方行政の責任者である国司に執行を命じているからである。職事を経ない国政執行の広範な広がりを、確認することができる。

知行国制の精密な分析を行った上島享氏は、それが受領制から発展したものであることを明らかにした[34]。そのことは、白河院から尾張国を知行国として賜った関白忠実が「関白太政大臣兼㆓受領㆒、実無極奇怪事也」と言っていることからわかる（『殿暦』永久四年一一月一六日条）。知行国主はその国を領有するわけではなく、国家のもとで指示された役割を果たすという一面を持っていた。承安四年一一月一〇日、五位蔵人左少弁兼光が摂津国の知行国主となったが、「前司有光朝臣、住吉遷宮懈怠、仍召㆓辞書㆒、給㆓兼光㆒、可㆑被㆑遂㆓其遷宮㆒云々」(35)というように、この人事は住吉社の遷宮を遂行するためであった（『玉葉』同日条）。知行国主は公卿・院近臣も多く、治天の意思を忠実に履行するという点では、第一章第二節で挙げた白河院近侍の受領たちと大きく変わるところはなかったのである。

以上のように、本節では、初期中世国家の構造について検討を加えてきた。治天・摂関―職事中軸の基本構造は貫徹していたが、その中にあって、権門間の相論や権門と国司の争いなど、様々な局面で、治天がその中核にあって、それを動かす主導権を握っていたことが、明らかになったと考える。そして治天は、この中軸体制以外のもう一つの国政運用のルートも掌握していた。それは院宣あるいは院庁下文によって、諸国・諸権門を動かすルートである。これは決して院の私的な目的を達成するために発動されるものではなく、王朝国家体制とは異なる初期中世国家体制を運用するために編み出された国政運用のためのもう一つのルートだったのである。

おわりに

本章では、まず、後白河院政期が治天・摂関―職事枢軸体制で運用されていたことを論じ、続いてそのような基本構造が堀河天皇死後の一一一〇年代始めには成立していたことを、明らかにした。そして、それを受けた第三節では、国家支配の構造に視野を広げて、最高権力者たる治天の主導権下に権門統制や国事執行が行われていた様相を論じた。一見高麗前期の政治構造と類似しているかに見えるこの初期中世国家の政治構造は、大きく変化した初期中世国家の国制に立脚していたのである。職事を駆使するだけでなく、治天が院宣などによって直接諸国や権門に意思を伝える方式が定着したのは、そのためであった。

となると、次に問題となるのは、権門についてである。中世国家において占めた権門の大きな役割については疑問の余地はないが、中世が「権門体制」の時代であったかどうかは、それとはまったく異なる問題である。国家概念として提示する以上は、そのことは実証される必要がある。次章では、初期中世国家と権門について、その成立期に重点をおいて論じ、それを基礎に初期中世国家体制の全体像に迫りたいと考えている。

注

（1）井原今朝男「中世の天皇・摂関・院」（『史学雑誌』一〇〇ノ八、一九九一年）。後に『日本中世の国政と家政』（校倉書房、一九九五年）に収録。

（2）曽我良成「王朝国家期政務研究の現状と課題」（『歴史評論』五二五、一九九四年）。美川圭「平安時代の政務とその変遷」（『古代文化』四六ノ一、一九九四年）。

（3）佐々木宗雄「治天・摂関—職事枢軸体制の構造」（『平安時代国制史研究』校倉書房、二〇〇一年）。ここで論じたことのポイントは二つあり、一つは天皇・院・摂関の持ち回り合議なるものは存在せず決裁権は治天にあるということ、もう一つは治天のもとで枢軸体制を担うのは、職事弁官ではなく、職事であるということである。

（4）堀河天皇死後の摂政と関白の同質化について筆者は、注（3）の著書の第二章「院政成立と摂関制」で実証した。

（5）筆者は、注（3）の著書で治天・摂関—職事枢軸体制という用語を用いたが、まだ一二世紀の政治構造を解明するところまでには、至っていなかった。

（6）富田正弘「口宣・口宣案の成立と変遷」（『古文書研究』一四・一五、一九七九・八〇年）

（7）注（6）に同じ。

（8）摂政御教書を「綸言」と呼んでいる例は、『兵範記』仁安三年正月一一日条にもある。

（9）井原氏の言う「職事弁官」は、両職を兼ねている人物、具体的には頭弁や蔵人弁をさす。そして井原氏は、『兵範記』仁安二年夏巻裏文書にみえる長寛二年（一一六四）一二月二二日の二条天皇綸旨を、蔵人でない弁官の藤原朝方が奉じていることをもって、「院政期には、弁官も職事と同様に綸旨の発行に関与できた（広義の職事弁官の成立）」と論じた（前掲書一五九頁）。頭弁・蔵人弁だけでなく、職事弁官をより広くとらえたのである。しかし、綸旨と同様に御教書である院宣が、蔵人でない弁官によって奉じられている例は、『玉葉』安元三年正月一三日条、六月四日条の権左中弁親宗など、ほかにもいくつか存在する。そもそも院宣・綸旨は、職事が奉じる口宣と異なり、弁官や蔵人ばかりか（蔵人が奉じる場合、「蔵人」は記さず本官のみを書く）公卿や他の近臣が奉じることも多いものである（富田正弘「中世公家文書の再検討②御教書―院宣・綸旨など」『歴史公論』第四巻一一号、一九七八年）。したがって、この朝方の例に特別な意味を見出すことはできず、まして「職事弁官政治」が存在したことの証明には、全くならないのである。

(10)　富田正弘注（6）論文。及び古瀬奈津子「行事蔵人について」（『日本古代王権と儀式』吉川弘文館、一九九八年、初出一九八九年）。

(11)　従来の公事については、一二世紀以降も上卿・行事弁がおかれ、蔵人方の担当者を決められることはあった。『兵範記』仁安二年九月二一日条を見ると、初斎宮の担当者として、上卿右衛門督実国、行事弁が左中弁俊経、蔵人方の沙汰は五位蔵人左衛門権佐経房の名があげられている。

(12)　美川圭「公卿議定制から見る院政の成立」（『史林』六九ノ四、一九八六年）。

(13)　下郡剛『後白河院政の研究』吉川弘文館、一九九九年。

(14)　下郡剛氏は、前掲書で、後白河院政期の陣定・院御所議定・在宅諮問の厖大な表を作成している。

(15)　筆者は、主としてこの記事を根拠として、陣定・陣申文以外の陣座で行われる公事を「陣公事」と概念化した（佐々木宗雄「内裏・太政官一体型政務の成立」『史学雑誌』一〇八ノ一〇、一九九九年。後に『平安時代国制史研究』に収録）。

(16)　『中右記』天仁元年（一一〇八）九月五日条に「左中弁長忠於二陣頭一談云、近日上野国司進解状云、国中有二高山一称二麻間峯一、（中略）従二今年七月廿一日一猛火焼二山嶺一」とみえ、浅間山噴火を知らせる上野国解は弁官が受理していることがわかる。しかし、その後弁官が受理する事例は見えなくなる。

(17)　従来は、信範が蔵人頭であった仁安年間の口宣がよく引用されてきた。

(18)　藤田英孝「『院宣』と『宣旨』について」（『皇学館論叢』一〇ノ六、一九七七年）、および富田注（6）論文。

(19)　『中右記』元永三年正月一六日条に見える顕仁親王巡給の宣旨も、口宣の例として挙げることができる。なお、為房・実行・顕隆の三人の蔵人頭の役割を強調したが、もちろん蔵人頭は二人制であるから、為房には実隆、実行には通季、顕隆には宗輔という同僚の蔵人頭がいた。この三者はもちろん活動はしているが、為房・実行・顕隆の三者に比べると、影が薄い。体制転換期であるこの時期、この三人の実力派蔵人頭の存在感は際立っていた。

（20）古瀬注（10）論文。

（21）御斎会内論義は、主な儀式書にはすべて記載されている。その中の一つである『北山抄』巻一、年中要抄、正月、を見ると、上卿を軸にして行事の進行が記述されている。蔵人についての記述は「蔵人向㆓右近陣㆒召㆓王卿㆒」とある程度であり、行事蔵人についての言及もない。

（22）美川注（12）論文。

（23）院御所議定に公卿以外の者が呼ばれた例は、ほかに永久元年閏三月二一日に摂政・民部卿俊明・別当宗忠以外に興福寺の僧綱・已講が召された例（『殿暦』同日条）、天永三年（一一一二）六月一〇日、新皇居造営のことで、摂政・宗忠・為房のほかに、三人の陰陽師が呼ばれた例（『殿暦』『中右記』同日条）などがある。

（24）『中右記』永久元年四月三〇日条。このとき白河院は、別当の宗忠を経由せず、直接検非違使を動員している。

（25）為房が蔵人頭だった時代も、天仁二年一〇月二二日は一代一度大神宝使派遣のことで左大臣俊房と民部卿俊明に、天永元年一〇月二日には、豊受太神宮仮殿遷宮のことで左大臣・民部卿・大江中納言匡房に、それぞれ在宅諮問がなされている（共に『殿暦』同日条）。

（26）井原前掲書四八頁。

（27）宗忠は摂政忠実の使として来た蔵人弁雅兼から、三箇条の内容とそれに対する対処方法を聞いている（『中右記』四月六日条）。そして、忠実は、「仰詞如㆑此如何、且又可㆓量申㆒」と、宗忠の意見を求め、宗忠は賛同している。

（28）『中右記』四月三〇日条。

（29）『玉葉』七月一四日条に「家司光長為㆓摂政使㆒、向㆓南都㆒、被㆑副㆓下院宣㆒云々」とある。

（30）二ヶ月後、南都一五大寺領は、悪僧等の個人所有を認めないという条件で、すべて返還された（『平』三六五二）。

（31）興福寺が主張するように、延暦寺側に全く制裁がない、というのは明らかにバランスを欠いている。治天三代目である後白河院は初代白河院・二代目鳥羽院と比べると、統治能力・調整能力において劣っていたと言ってよいかもしれない。

（32）皇嘉門院は、弟兼実の長子良通を猶子とし、最勝金剛院以下の所領を譲与した。これが後の九条家領の中核となる。

(33)　遠藤基郎氏は、摂関時代にみられる「非公家沙汰諸国所課」が贈与行為を本質とする、と論じた（遠藤基郎『中世王権と王朝儀礼』東京大学出版会、二〇〇八年、第一部第一章「摂関家・上皇・皇族による諸国所課」）。

(34)　上島享『日本中世社会の形成と王権』名古屋大学出版会、二〇一〇年、第三部第二節「国司制度の変質と知行国制の展開」、初出一九九七年）。

(35)　知行国制は基本的には給与制度であるが、院・女院・摂関のみならず、公卿や蔵人・弁官などにも広がっていく。したがって、給与制の視点のみから見るのではなくて、中世国家の諸国統制という視点も導入して考察しなければならない、と筆者は考えている。

第四章　初期中世国家と諸権門・諸国

はじめに

第三章において明らかにしたように、初期中世国家の政治構造の核心は、治天・摂関―職事枢軸体制にあり、それは堀河天皇死後の一一一〇年代始めにはすでに成立していた。治天が、軍事・検断権も含めてすべての決裁権を握るこの形態は、第二章で述べたところの上卿・弁官以下の太政官組織の役割が大きかった一一世紀末までの政治構造からは、大きく変化したものである。この体制のもとでは、公卿の役割も日常の儀式遂行以外は治天の諮問に対して答申することが主となるに至っており、かつてのように、太政官が受理した諸司・諸国・院宮王臣家・寺社などの申請に公卿が直接関与することはほとんどなくなっていた。このような院政期の王権は、従来と比べて専制化しているという面があり、王権と政治構造だけを取りだしてみれば、第二章第二節で分析した高麗前期のそれらと類似しているようにも見える。しかし、政治構造だけでなく国家体制全体に目を向けた場合、堀河天皇死後の国家体制は、高麗前期とは全く異なっている。何よりも、この国家体制は中央集権国家体制ではないのである。第一章で詳述したように、堀河天皇死後の国家体制は、一一世紀末〜一二世紀初頭に進行した大寺社の末寺・末社も含めた荘園とそこに居住する住民の支配権掌握を目指す動きをうけて、彼らの管轄権を認定したうえで、新たな統治体制を構築することを目指したものだったのである。

新しく成立した国家体制の基本構造は、治天たる院が諸権門・諸国の上に立って国政を決裁する、というものである。さて、この時代（院政期）の国家構造を総体的にとらえたものとしては、約半世紀前に黒田俊雄氏によって提唱された権門体制論があるのみである。この権門体制論についての最終的なコメントは院政期の国制を論じた本章第一・第二節の考察を終えた後、第三節において行うこととする。ただ、ここで確認しておかなければならないのは、権門体制論は、その体制成立の前提となる体制として、律令体制しか想定していなかった、ということである。筆者は、権門体制論の研究史的意義については、いくら強調してもしすぎることはない、と考えているが、この律令体制から権門体制という図式が現在ではとうてい成立しえないのは自明のことであろう。一〇・一一世紀における律令国家体制にあらざる後期古代国家（王朝国家）体制という中央集権国家体制の存在を明らかにした筆者は、本書第一〜第三章において、後期古代国家から初期中世国家への転換、すなわち日本における中世国家の成立を論じた。したがって、第三章までの論述をうけた本章は、権門体制論が浸透するなかで研究者間に常識として共有されてきた事柄とは、かなり乖離する記述が出てくるものと思われる。読者諸兄には、そのことをあらかじめお含みおきいただきたい。

一　治天決裁の二つのルート

治天・摂関―職事枢軸体制は、成立した初期中世国家の核心であり、これに沿って情報収集・決裁が行われる。これは、従来の体制と比較すると、はるかに簡略化され専制力の強まった形態である。しかし、この新しいしくみは、大寺社等の土地・人に対する管轄権を認定したうえで成り立っているのであるから、これだけで国家機能が果たせるわけではない。ここで、前章第三節で述べた政務遂行のもう一つのルートについての考察をさらに深める必要が生じてくるのである。

先にみたように元永元年（一一一八）、権中納言宗忠は、白河院の仰せを受けて院宣を作成し、和泉・摂津両国に院熊野詣の人夫・粮料・伝馬の割り当てを行った。また、元永二年（一一一九）五月二日には、中宮璋子の産養にあてる召物を諸国に命じる院宣が、治部卿権中納言源能俊によって作成されている。元永元年・二年の宗忠・能俊は共に白河院の院司である。それでは、このとき彼らは、権門としての白河院の命令を諸国に伝えたのであろうか。答えはもちろん否である。賦課の内容がわかる熊野詣の場合、院宣は和泉・摂津両国に荘園を含む一国平均の人夫・粮料等の賦課を命じており（第三章第三節参照）、摂関時代の受領の奉仕(6)とは異なり、成立した新しい体制に基づく賦課であることがわかる。治天―職事ではなく、治天―院司公卿という命令系統で院宣が発布されているが、これらは権門とともに新しい体制の二本柱の一つである諸国に対して発せられた、まぎれもない国政執行に関わる文書なのである。

この二つの例(7)以外にも院宣発給の事例を見ていくことにしよう。元永元年九月一日、阿波国の仁和寺荘のことについて、宗忠は院の指示を受け、院宣を書いて仁和寺僧正寛助のもとに送っている。元永二年七月二一日には、やはり院司である治部卿権中納言源能俊と蔵人頭右大弁藤原顕隆が若宮（後の崇徳天皇）の五十日の賦課を諸国に命じる院宣を作成している（共に『中右記』同日条）。さらに次の史料を分析してみよう。

参㆑院、殿下、民部卿参給、付㆓宗実㆒奏事、座主中兵仗切㆓房舎㆒僧侶可㆑被㆓勘当㆒由、両度消息奏覧、仰云、然者早可㆓勘当㆒、重又奏云、依㆓院宣㆒可㆓勘当㆒也、座主威軽不㆑憚㆓制法㆒旨、申請候也、仰云、然者只院宣之由可㆓仰下㆒也、

（『中右記』永久二年七月六日条）

房舎を切った僧侶の勘当を行うことについて、院宣が座主に対して発せられている。宗忠が白河院の院司になったの

は、翌永久三年二月のこと(8)であるから、院宣を書いたのは宗忠以外の人物である可能性もある(9)が、有力権門たる延暦寺座主への命令が院宣で出されていることがわかる。

院宣そのものもここで掲示しておこう。

知信申者、彼殿御使来月二日可㆓下向㆒、然者早可㆑差㆓遣寺使㆒云々、其由可㆓告申㆒之由、御気色候、但寺使罷下者、可㆑告㆓兵部少輔㆒也、
御修法支度、早々被㆑申㆑可㆓令㆑献給㆒由、御気色候、某只今罷出候了、件支度自㆑其可㆑遣㆓紀伊守若伊予許㆒也、
謹言、

閏正月廿八日　　権中納言在判

権僧正御房

（『平』一八四五）

東寺百合文書に収録されたこの永久四年（一一一六）年の院宣案は、院司権中納言宗忠が、権僧正寛助(10)に宛てたものである。内容は、東寺と摂関家がともに権益を有する摂津国垂水荘についての調整であって、摂関家家司である知信が来月二日に現地に下向するので、東寺の方からも使いを遣わすようにと求めているものである。この院宣が東寺と摂関家の双方に指示をするために出されたものであることがわかる。以上の事例は、職事ではなく院司によって作成された院宣が、一一一〇年代においてすでに、諸国ばかりでなく、仁和寺・延暦寺・東寺のごとき権門寺院に対しても発給されていたことを示すものである。これらは、まぎれもなく、王権保持者である白河院が権門・諸国に対して発した命令であった。

このように、院宣が諸権門・諸国に対する院の命令を院司が伝達するものである、ということがわかってくると、もう一つのルートを担う職事の役割、及び職事が奉じる口宣の性格を明らかにし、それと院宣との違いをみることが

必要になってくる。第三章第二節で述べたように、職事が各所からの解を受理し、白河院に奏上するようになったのは、天仁元年（一一〇八）頃からである。永久二年（一一一四）六月二二日、検非違使別当宗忠は、「社解可㆑付㆓職事㆒」との白河院の指示で稲荷中御社の社解を頭弁実行に付している。また蔵人弁雅兼は、川合社解を受け奏院（『中右記』天永三年一一月一〇日条）し、延暦寺大衆申文を受理、奏院（『中右記』永久元年五月四日条）している。頭弁実行も、信濃国・伊豆国の解状を受け取っている（『殿暦』天永三年一一月一七日、二四日条）。諸国や寺社からの解や申文を受理するのが、職事の職務となっていたことがわかる。[11] かつて太政官が解を受理して処理し、必要に応じて内覧・奏聞していたのとは異なり、職事は受理した解・申文を直接院に奏上していたのである。

以上のことを念頭において、次に第三章第二節において検討を加えた職事が奉じる口宣の性格について、さらに考えてみよう。白河院政期に成立したこの制度の核心は、口宣で上卿に命令を伝える点にあった。元永二年（一一一九）五月一四日の口宣では、日吉社に濫行者の神人職を解くようにとの命令が左大臣源俊房に下っている（『長秋記』同日条）。俊房は、この口宣を受けて文書を日吉社に発布したものと考えられる。後白河院政期、頭弁であった平信範は、職責上特にこの口宣に関わることが多かった。「内々遣㆓御教書㆒了、諸司事宣㆓下新中納言忠親卿㆒、（中略）此口宣、副㆓書札㆒奉㆓上卿㆒了」（『兵範記』仁安二年四月二九日条）とあるように、上卿には口宣とその上卿を宛所とした書札が渡されていた。

　下官参㆑院、奏㆓最勝講僧名事㆒、為㆓御使㆒参㆓摂政殿㆒、（中略）今日仰㆓下日吉社別当注口宣㆒、便於㆓法勝寺㆒宣㆓下源大納言㆒、々々被㆑仰㆓下官㆒、下官下㆓知官㆒了、

（『兵範記』仁安二年五月八日条）

この史料からわかるように、頭弁信範は後白河院の命令を受けて源大納言に口宣を宣下し、上卿は権右中弁としての信範に仰下し、信範はさらに官に下知して日吉社に宛てた文書を作成させている。このように、口宣は、治天たる後

白河院の命令を上卿に伝え、上卿・弁・史による公式文書の作成・発布を行わせるためのものであった。

公文書には、官宣旨・宣旨、さらに本来太政官の正式文書であり、請印を経なければならない官符もあり、この請印は基本的には外記政を開催して行わなければならなかった。『中右記』寛治八年（一〇九四）九月二八日条には「可レ有レ政之由、外記所二申送一也、是近江国司申請条事、官符請印也」とあり、官符請印だけのために政が行われることがあったことがわかる。後白河院政期においても、それは基本的に変わってはいない。「日向重任宣旨一昨日已成二官符一、所レ相二待政一也」（『山槐記』嘉応二年九月二日条）とあるように、官符請印は政をもって行うという原則は維持されているのである。

今夕被レ仰二高野山僧徒配流事一、権中納言忠親参二仗座一、蔵人治部少輔兼光宣下、次上卿仰二左少弁為親一令レ作二官符一、次左少史中原季能向二結政座一請二印官符一、（『兵範記』仁安三年五月三日条）

この場合の官符請印は、政の開催されない時に従来から行われていた結政請印[12]という手続きを踏んでいる。ここでの職事兼光の宣は口宣ではなく、おそらくは口頭による陣座の上卿忠親への宣であって、上卿忠親は指示に従い、弁官には官符作成を、史には結政での請印を命じているのである。このように、官符作成の場合には、初期中世国家体制期に入っても政や陣座の上卿を経由しての結政所で請印を行うという形態が維持されていた。とすると、治天の命を受けた職事の口宣を受けて上卿以下が作成発布したのは、基本的には官符以外の官宣旨・宣旨だった、ということになるだろう。実際には官符よりもこれらの文書のほうがはるかに多用されていた[13]のであるが、太政官組織を経ずに治天―職事というトップダウンの形で文書が迅速に作成・発布が行われるようになった点が、従来とは異なっているのである。職事が口宣を下すのは、上卿を宣者として奉勅の文書を発給させるためである。形の上では天皇の意を受けた奉勅の文書は、天皇に直接仕えているはずの職事の宣下を受けて作成・発布される必要があったのである。

凡職事者可二近習一也、而近代全不レ然、今被レ復二旧儀一歟、日来参二御前一職事頭弁雅頼朝臣、蔵人治部大輔行隆等也、予、蔵人右少弁長方、宮内大輔重方等、疎遠之人也、（『山槐記』応保元年一一月一八日条）

この記事が書かれた応保元年（一一六一）一一月は、二条天皇が父後白河上皇を排斥した政変からまだ日の浅い頃であるが、頭中将忠親のこの言葉は非常に興味深い。すなわち、この段階の職事五人のうち、頭弁雅頼と行隆の二人は日頃から二条天皇の御前に参じているが、頭中将の自分と長方・重方の三人の職事は二条天皇とは「疎遠之人」である、と言っているのである。政変当日に職事に補任された重方は別にして、忠親と長方は職事といっても後白河院のもとで業務を行っており、すでに成人した二条天皇とは疎遠だったことがわかるのである。後白河天皇・二条天皇・高倉天皇の短い治世を除けば、院政期のほとんどは白河・鳥羽・後白河の三院が治天であり、職事は治天の意思を天皇の名において発布するというしかけを実践するための核心的役割を担っていたのである。

それに対して、院宣ルートはどうだったのだろうか。このルートの宛所は、諸権門・諸国が中心である。これらは、職事の口宣をうけての上卿の奉勅宣という形を取らず、直接院の意志を伝えることになる。これはどうしてなのだろうか。この問題を解くカギは、新しく成立した初期中世国家体制の仕組みにある、と私は考える。一一世紀末までとは異なり、荘園・末寺末社とそこに居住する住人の支配権（管轄権）を認められた大寺社などの権門は、従来通りの太政官組織を通したやり方では統制することができなくなっていた。彼らを統制できる唯一の存在こそ新しい国家体制において、全権を掌握した治天だったのである。

第一章第二節で分析したように、白河院は、多くの受領と検非違使を近侍させながら、国政全般に決裁を下していた。再度永久二年、検非違使別当であった宗忠の日記『中右記』からその様相を見ていくことにしよう。五月一六日、尊勝寺の信濃荘強盗が罪を認め入獄したのであるが、その仲間が「同類十八人、殿下、左大臣、祭主、熱田明神庄等住人也」とあるように、権門諸家の荘の住人であることが明らかになった。そのことを聞いた白河院は、「各付二本所一、可二召進一之由、可二下知一也」と宗忠に指示している。翌日宗忠は、検非違使の資清を召し「仰二各本所一、可レ令二召進一事」と命じた。この史料から、盗賊の疑いのある人物の所在が、各権門の所領単位で把握されていたことがわかる。体制転換の動因となった大寺社の荘園ばかりでなく、この永久二年の段階では、摂政忠実・左大臣俊房などの荘園においても、彼らの土地と住人に対する支配権（管轄権）の存在を前提にして、問題の処理が行われていたことがわかるのである。そして重要なのは、誰の所領の住人なのかを把握してうえで、嫌疑をかけられた人物を差し出すことが各本所に命じられている点である。ここに、新しい国家体制の首長たる白河院の各権門に対する強い指導力の存在をみてとることができる。また、実際に殿下の荘からは盗賊が進められており(14)、摂政の自らの所領とそこに居住する住民に対する支配権が機能していたことも、確認することができる。

新体制が権門に土地・人への支配権を認めたことにより、永久三年（一一一五）の伊賀国の例（『平』一八一九）で見たように、国衙に所属する土地・人も同時に確定した。『中右記』からこの面を見ていくことにしよう。

於二殿上一付二宗実一奏事、一夜強盗同類一両人搦取候了、令レ問之処、丹波、但馬、因幡、美作等国人卅人許同意所レ為也、入二大江山一取二分贓物一、各帰二本国一了、件交名奏覧之、仰云、早可レ尋二沙汰一、

九月三日、強盗を捕えたところ、丹波・但馬・因幡・美作四ヶ国の住人がその仲間であることが判明した。訊問した検非違使庁は、彼らが贓物を分け合った後にそれぞれの本国に帰ったことを把握し、彼らの氏名を白河院に奏上した。白河院は彼らの捜索を命じている。九月二六日、検非違使の明兼がこの中の但馬国の強盗三人を連行してきた。しかし、取り分けたとされる贓物は出てきたが、彼らは罪を認めなかったので、宗忠は贓物を本主に返させるように明兼

に指示している。この盗賊容疑者の場合、国司が彼らを送ってきたのか、検非違使明兼が現地に出向いて逮捕したのかは、わからない。しかし、どちらにしても、但馬国の住人であることを特定して、捕えたことは間違いない。彼らは荘園ではなく但馬国の国衙領の住人として把握されていたのである。また、二月二五日条によると、常陸からの運上物が参河国で盗み取られた件について、白河院は「先件嫌疑人可二尋進一由可レ仰二参河国司一也、若不レ進時可レ遣二使庁使一也」と宗忠に命じている。犯罪の行われた参河の国司に嫌疑人の特定、身柄の送付が指示され、それが行われない場合は検非違使を派遣することが付言されているのである。管轄国内とその住民に関することは国司が責任を負うという原則にそって、処置がなされていたことがわかる。

この永久二年の『中右記』からは、検非違使別当宗忠を通して、白河院の諸権門・諸国に対する指揮権が発動されている様子が、生き生きと伝わってくる。そして、諸権門・諸国の上に立つ白河院の至高の権力は、院の意志を直接諸権門・諸国に伝える院宣によって、表されたのであった。

しかし、白河院の意志を伝える文書は、院司の奉じる院宣だけとは限らなかった。四月七日、宗忠は検非違使資清を呼び、問題を起こした人物の神人職を解くようにとの祇園別当への命令を「依二院宣一成二御教書一」よう指示しており、翌日には祇園別当からの請文が届いている。このとき作成された御教書は、おそらく院司の奉じた院宣ではないと思われるが、祇園別当は、白河院から直接命令を受けた、ととらえたことはたしかである。また、六月二一日には、殺人事件の下手人が祇園の所司であることを宗忠から奏状された白河院が、「仰云、早可レ尋二遣別当法橋行厳一者」と命じ、検非違使別当宗忠は祇園別当に消息を遣わしている。これも院宣ではないが、院の意志を直接別当に伝えるという点では、同一の機能を果たしていることは間違いない。さらに八月一六日条は、大変興味深い内容を含んでいる。

又南海道海賊、近日乱発、盗二取諸国運上物一也、而熊野別当、俗別当等、給二宣旨一可二尋進一由、申之旨風聞如何、

仰云、早給二使庁下文一、可二尋進一由可レ仰、則下‐知明兼一了、

跳梁する南海道の海賊によって、諸国からの運上物が奪取される事態が起こっていた当時、熊野別当等は宣旨を賜って鎮圧したいと希望しているらしいとの宗忠の奏上に対して、白河院は検非違使庁下文を発して状況を報告するようにとの指示を下し、宗忠は検非違使の明兼にそのように下知しているのである。白河院は宣旨ではなく、この場合は検非違使庁下文の発給を選んだのである。実は、この三年後の永久五年（一一一七）の検非違使庁下文が残存しているので、それを見てみることにしよう。

検非違使庁下　越後国住人平永基

応レ令下早附二使者一召進上称二前対馬守源義親一法師等事

右義親者、去嘉承年中、依二已叛科一追討早畢、而近来如二風聞一者、浮浪法師一人、自号二義親一、従二陸奥国一、越‐渡当境一之後、徘‐徊永基之所一、云々、因レ之可二召進一之由、先日附二国司一被二下知一之処、初申下可二召進一之状上、後称下不二搦得一之旨上、前後之詞、非レ無二相違一、奸計之甚、何以如レ之、早附二使者一可レ召‐進正身一之間、称二死殺由一、梟二其首一者、真偽難レ知歟、尚遁二事於左右一、致二遅引一者、永基参洛、使者共可レ言‐上子細一之状如レ件、依二別当宣一、仰如レ件、事出二於院宣一、不レ得二敢延怠一、故下、

永久五年五月五日

（『朝野群載』巻一一、廷尉）

越後国住人平永基に源義親と称する法師を召し進めるようにと命じたこの検非違使庁下文は、院宣（口頭による）を受けた検非違使別当宣（これも口頭とみられる）に基づき出されたものである。検非違使庁は、義親と称する法師が陸奥国から越後国に入り、永基の所領のあたりにいることを把握して、永基に命令を発している。この史料からわかることは次の三点である。①検非違使庁は遠国の陸奥・越後にいたるまでの情報を把握している、②某国住人という

形で人物の帰属を把握している、③院の意志を検非違使庁下文という形で住人に直接伝えている。まさに、この文書は、白河院の全権掌握後の新しい国制の要素すべてを示すものであった。すなわち、諸権門・諸国の土地・住人支配権（管轄権）の承認を前提にして、白河院が軍事検断権を含むすべての決裁権を行使する形態が存在したこと、そして、院の意志は院司が奉じて諸権門・諸国に伝える院宣ばかりでなく、その他の院の意思を受けた文書によっても伝えられたこと、である。

そのような院の意志を伝える文書の一つが院庁下文および院庁牒であった。『中右記』元永元年（一一一八）八月一一日条によると、仁和寺宮の阿波国の荘園は「去天永元年九月依㆓院庁下文㆒被㆑立之時」とあるように、天永元年（一一一〇）に院庁下文によって立荘されている。また同日条で美濃国弾正荘も院庁下文によって立荘されていたこともわかる。この阿波・美濃両国での立荘は、八月一二日条に「但彼時遣㆓阿波庁官㆒、相尋天、可㆑問㆓子細㆒也、又弾正庄ハ近日遣㆓庁官㆒了」とあるように、院庁から庁官を阿波・美濃に遣わして行われていた。白河院の命令を直接両国に伝え、立荘が行われたのである。

以上のように、一一一〇年代に確立した初期中世国家の国制は、全権を掌握した治天が、①本来天皇に近侍する職責を担っていた職事に、下から上がってくる情報を把握させ、命令を職事に下す、その職事が伝える口宣をうけて上卿が奉勅文書を発給する、②諸権門・諸国などに対しては、治天の意志を直接伝える院宣・院庁下文や検非違使庁下文・院旨を受けた書札・御教書などを発し、指令に従わせる、という二つの形態に整理することができる。②が新体制の特徴を最もよく示すものであるが、①も新体制と、天皇を頂点におく従来の体制とを接続したもので、この二つはともに日本の初期中世国家のあり方を特徴づけるものであった。

二　治天権力と諸権門・諸国

第一節の結論を受けて、本節では、文書を分析の中心にすえながら、治天と諸権門・諸国の関係を追求し、諸権門・諸国の体制内での位置づけを明らかにしていきたい、と考える。

天永二年（一一一一）八月一〇日、院司左中弁顕隆が奉じた院宣は、東大寺に玉滝杣内の鞆田湯船二村が寺領であることを示す証文の提出を求めるものであった（『平』一七五九）。また、永久二年九月二日の興福寺別当僧正覚信請文は、藤氏長者摂政忠実の発した長者宣に対する請文であるが、「事是院宣也、長者宣如㆑此者」とあるように、長者宣は院の命令を受けて出されたものであった（『平』一八一〇）。このような院宣は、東大寺・興福寺のような権門寺院に対してばかりでなく、諸国にも発せられていた。

跪請

質侶牧訴申収㆒㆑公大楊村㆒後重、又収㆒㆑公湯日谷㆒不当事、

右、今日仰云、且任㆓先例㆒令㆓裁定㆒、且可㆑令㆑申㆓子細㆒者、跪所㆑請如㆑件、抑件加納事、去年以㆓庁官守俊㆒遣仰之日、大楊村彼牧四至内外之条、国司未㆓知給㆒、只任㆓在庁官人注文㆒、致㆓沙汰㆒之由、副㆓子細解状㆒、言上先畢、賜㆓証文㆒、可㆑奉㆑免也、今重訴申湯日谷、又同四至内外之由雖㆑不㆓知給㆒、驚㆓仰旨㆒、国使不㆑可㆓入勘㆒之旨、可㆓下知㆒之状、跪所㆑請如㆑件、

永久元年十月十四日　　遠江守源基俊

（『平』一七九九）

この遠江守基俊の請文は、遠江国内にある質侶牧が牧内の大楊村と湯日谷が収公されたことを治天に訴えた後、治天

が国司に仰せ、その仰せ[15]をうけた国司が国使の入勘をとどめることを誓約しているものである。後に円勝寺領の広大な荘園となる質侶牧であるが、前年に院庁官の守俊が派遣されるなど、治天白河院はこの所領に積極的に関わっており、ここでも国司に直接指示を与えているのである。また、保安三年（一一二二）三月二五日近江国司庁宣写（『平』一九六二）によれば、国司は愛智郡追収納使に郡司成行の身を召し具して参上するように命じているが、「経二院奏一為レ随二裁報一、慥召二具成行一、可二参上一之状、所レ宣如レ件」と言っているように、ここでの国司庁宣発布は、院に奏上してその許可を得たうえでのことであった。

治天は、諸権門と諸国双方が関わる事柄についても、決裁を下していた。大治二年（一一二七）一一月一〇日筑前国牒案（『平』二二一〇）は、筑前国が観世音寺に宛てたものである。これによると、前々別当の時代に院宣によって寺領であることを認められたにもかかわらず、新立荘園停止の官符により官使が入勘したため、観世音寺から「且依二勅施入旨一、且任二院使勘文一、欲レ被レ免二除官使入勘一之状、帖送如レ件」との訴えがあり、それをうけて国衙は国牒で入勘停止を観世音寺に伝えているのである。かつての院宣や派遣された院使の勘文が国衙の判断の根拠になっていることがわかる。

法勝寺政所下　　丹波国御油御庄余田

可丁早任二新券幷院御使在庁官人等立券状一、令丙国領乙寄人等所レ進私領田畠甲事、

副下坪付

右、如二国解状一者、当庄寄人等、多出二作公田一、不レ随二国役一、依レ不レ弁二済官物一、下二遣院御使一、令二催徴一之間、件官物代各以二私領田畠一、相二副券契一、所レ進レ国也、随即院御使幷在庁官人等、立券又了者、今加二覆審一、有レ実者、早任二新券幷立券状一、可レ令二国領一之状、所レ仰如レ件、

上座法橋在判

天治二年二月　日　　公文散位中原朝臣在判

（『平』二〇三二）

法勝寺政所が御油荘に宛てたこの下文によると、荘寄人が公田を耕作しながら官物を弁済せず国役を勤仕しなかったため、国衙より訴えがあり、院庁からは使が派遣され官物が督促された。その結果、院使と在庁官人立会いのもとで現地調査が行われ、荘寄人が官物代として私領田畠を国に進めることで決着したのである。国領と荘領・国衙と荘園の住人を峻別するという国策に沿った決着がなされていることがわかる。治天白河院自身の御願寺である法勝寺の荘園であっても、それは例外ではなかったのである。このように、治天たる白河院は、諸権門・諸国に対してだけでなく、諸権門と国衙が対立する事柄においても、両者の上に立って決裁を行っていた。

以上は、院宣または院旨を受けて問題の解決がなされた例であるが、上卿が奉勅して院が表面に現れない官宣旨・宣旨も多い。

永久五年（一一一七）一二月二三日宣旨案（『平』一八八二）は、東大寺が茜部荘への源光国所領鶉郷住人の乱行を訴えたのに対し、光国の陳状も取ったうえで出されたものであり、鶉郷住人の乱行停止が命じられた。また、永久四年（一一一六）六月一八日、美濃国に宛てた官宣旨案（『平』一八五五）は、東大寺が豊受太神宮役夫工作料と役夫の未済分として過大な額を徴収したことを訴えたのに対して、国衙に返済を命じたものであった。

左弁官下山城国、大和・伊賀同之、

応㆕早令㆑免㆔除東大寺所領庄庄、宛㆓催伊勢初斎宮野宮雑事等㆒事、

右、権大納言源朝臣能俊宣、奉㆑勅、件寺領庄庄所当、宜㆘仰㆓彼国㆒、早令㆖㆑免㆓除野宮課役㆒者、国宜承知、依㆑宣
行㆑之、

天治元年八月十一日　　　大史豊原在判奉時

中弁藤原朝臣在判実光　　　（『平』二〇一九）

新体制のもとでは、このように、権門の荘園の一国平均役が国単位でまとめて免除されることがあった。官宣旨であるから、治天白河院の名前は出ていないが、上卿の権大納言能俊(16)は代表的な白河院司であり、この時代の官宣旨・宣旨が治天—職事枢軸の口宣をうけて発給されたことは前節で明らかにした通りであるから、この命令も実質的には白河院のもとから出たものと思われる。

二代目の治天鳥羽院の時代に入ると、立荘や一国平均役の免除をはじめとした事柄の処理が、完全に制度化されてくる。白河院死去の年である大治四年（一一二九）一一月三日、鳥羽院庁は紀伊国衙に伝法院領石手荘の立券を命じる牒を発し（『平』二一四五）、「依二去三日院庁御牒幷同十日国司庁宣等一、御使国使相共、堺二四至一打二牓示一、検二注田畠一」とあるように、それに基づいて国司庁宣が出され、院使・国使・在庁官人立会いでの田畠・在家(17)などの検注、そして報告がなされているのである（『平』二一四六）。治天鳥羽院が国司に命令を下し、国司が国司庁宣を発して現地を動かし、院使・国使・現地の代表者によって検注と結果の報告が行われるのは、立荘が土地・住人の支配権を移行させる極めて重要な手続きだったからにほかならない。

この伝法院は、鳥羽院の御願寺であった。

下賜御願寺庄薗末寺文書事

伝法院庄五箇所末寺一箇所

一処石手　一処山崎　一処岡田　一処山東　一処弘田

末寺一所豊福寺

密厳院庄一ヶ処相賀

右、件庄薗末寺等、門跡相伝可レ令二沙汰一者、依二院宣一、執達如レ件、

長承元年十二月九日　参議顕頼奉

奉　正覚房聖人御房

進上

（『平』二二五三）

長承元年（一一三二）の一〇月三〇日、鳥羽院は石手・山崎・山東・岡田・弘田等五箇荘の立券を紀伊国に命じ（『平』二二四三―五）、国司庁宣の発布後、院使・国使・在庁官人立会いのもとで田畠・在家などの検注がなされ、立券を報告する文書が作成されている（『平』二二四八―五〇）。一二月九日付けのこの院宣は、これらの荘園と末寺を伝法院が一括して領有することを承認する、治天鳥羽院からの証験となったのである。このような、院庁牒（または院庁下文）―国司庁宣の指示によって、院使・国使・現地司の三者立会いのもとでの田畠・在家検注がなされるという立券の手続きは、鳥羽院政期・後白河院政期には、多くの荘園の立荘作業においてみることができる。(18)

やはり御願寺である醍醐寺円光院(19)は、牛原荘が長承元年八月に国衙から一任一度の引出物を賦課されたため訴えを起こし、免除を認める院宣が出され（『平』二二三六）、同時に留守所に引出物免除を命じる国司庁宣が遣わされている（『平』二二三五）。そればかりか、翌九月には円光院の申請で権大納言能俊の奉勅による官宣旨も発給された（『平』二二四一）。これは「而今国司、依二院宣一、雖レ進二免除庁宣一、施行以前、使者徴取畢」とあるように、引出物が院宣・国司庁宣の発布以前にすでに徴収されていたので、その返還を指示するためであった。このように、官宣旨は、院宣など治天の意を受けた文書を補う働きもしていた。

この時期の官宣旨・宣旨の発給に関しては、次の史料が大変興味深い。

宣旨
　越後国司弁申東大寺訴申寺領字石井・土井両庄事副二調度文書等案一
　　仰宣下任二国司弁申旨幷立券状一令中寺家領掌上、
右宣旨、可下令二下知一給上候、抑件事本左兵衛督奉行也、而猶如レ此大事、上臈令二宣下一給能候、仍所二進上候一也、
為二中使一参二鳥羽一候之間、不レ能二持参一、且所二進上候一也、恐々謹言、
　「保延二年」正月十四日　　右少弁資信
　進上　内大臣殿
（『平』二三三七）

東大寺が訴えた寺領越後国石井・土井荘のことに関して越後国司が弁申を行い、寺家に領掌を認める文書が下されたのであるが、この件は権中納言左兵衛督宗輔が担当者であった。しかし職事弁資信は、大事であるためもっと上位の公卿が宣下すべきであるとして、内大臣宗忠に文書（宣旨か官宣旨）の宣者となることを求めているのである[20]。職事の口宣（文書によらない口頭の場合も含めて）を受けた官宣旨・宣旨の発給は、重要なものについては、熟練のそして上位の公卿によって作成される傾向があったことがうかがえる。

一一一〇年代に成立した新しい体制は、諸権門にそして諸国に、土地・住人の支配権を与えそれを基礎にして構成されていた、と筆者は述べたが、そのことを史料によって確認していこう。永久三年（一一一五）四月二五日、東寺政所は大山荘住人に宛てて年貢の勤めを致すようにとの下文を発しているが（『平』一八二二）、それに対して大山荘住人も「為レ令二寺領一、御年貢幷臨時雑役、可レ令二勤仕一状、如レ件」との請文を提出している（『平』一八二五）。一〇世紀はじめ以来の大山荘関係の史料の中で、東寺が「住人」に宛てた文書も、住人が年貢勤仕を誓約している文書も、これまでは存在しなかった[21]。ところがこれらの史料では、東寺領の住人、すなわち東寺の管轄下にあることを、東寺、

大山荘住人の双方ともが前提として文書を作成しているのである。また、東大寺領山城国玉井荘住人も、永久三年五月七日、住人九名と下司、職事各一名の都合一一名の連名で、本寺政所に対して分水をめぐっての井手寺別当の所行の不当性を訴えている（『平』一八二七）。玉井荘関係の史料も、大山荘と同様に以前から存在するが、従来の荘司や田堵の解(22)ではなく、「玉井御庄住人田堵等解」とはじめて住人の語を事書に入れ、しかも九人の住人が「住人某」として署名しているこの文書は、東大寺管轄下の住人であることをことさら明示しているようにみえる。

さて、このような「住人」解の例は、『平安遺文』を繰ると、この永久三年の大山・玉井荘以前に六例ある。表1はそれらを表示したものである。これらのなかで、明らかに「住人解」の性格が変わるのは⑤からである。「湯船御杣在家住人解　申請御杣預所裁事」の事書を持つ長治二年（一一〇五）のこの文書からは、東大寺が在家を含んで住人を把握していたことと、預所を設置しての杣支配が進展していたこと、がわかる。天永二年（一一一〇）の⑥も、二五人の住人の署名があり、かれらは、自分たちが六条院領鞆田荘に帰属していることを明示したうえで、本家六条院(23)に解を奉っている。

表1　12世紀初頭までの住人解

番号	年月日	文書名	平安遺文番号
①	天喜元年(1053) 7月　日	美濃国茜部庄司住人等解	702
②	天喜3年(1055)11月26日	美濃国大井庄住人等解案	748
③	天喜4年(1056) 7月 2日	山城国石垣庄住人等解案	805
④	康和3年(1101) 7月23日	大和国石和庄住人等解	1445
⑤	長治2年(1105)閏 2月22日	伊賀国湯船杣住人等解	1637
⑥	天永2年(1111)12月24日	伊賀国鞆田庄住人解	1757

権門の所領が公認され、さらにその管轄下にある住人が確定すると、権門内での所職の補任が史料上に現れるようになる。

　　散位大中臣清則

右、如㆑本補㆓任大井御庄下司職㆒者、随㆓彼所勘㆒、可㆑致㆓年貢之勤㆒、住人等宜承知、依㆑件行㆑之、故符、

保安元年八月卅日

大法師（花押）

（『平』一九一一）

これは、保安元年（一一二〇）、おそらくは預所であろうと思われる大法師が、大中臣清則を下司職に補任した文書である。ここで重要なのは、大法師が、大井荘住人に対して、清則に従い年貢の沙汰するようにと命じている部分である。このように、新体制においては、権門が自らの所領とそこに居住する住人に対する管轄権を持つことを、中央政府・権門・住人すべてが認め、それを前提にして支配体制が構築されていたのである。

国衙領においても、それと類似した状況が生み出されていた。「権大掾建部親助解　申請　国裁事　言上薩摩国住人平行道、依レ為二妹夫一、禰寝院南俣令二譲渡一由、無実子細状」とあるように、保安二年（一一二一）正月十日、大隅国の在庁官人である権大掾建部親助は、大隅国に対して、所領禰寝院南俣は伯父頼清に売渡したものであり、薩摩国住人平行道が所領を譲渡されたと言っているのは無実であると、訴えている（『平』一九一六）。大隅国住人である親助は、国衙に所領売却の正当性の認定を求めているが、彼は、対立する平行道を「薩摩国住人」と呼んでいる。荘民でない親助は自らと行道を「某国住人」と呼ぶことで、その帰属を明示しながら訴えを起こしているのである。同年一〇月一一日、大隅国司は禰寝院に宛てて「可レ令下早任二府宣旨幷公験理一、以二権大掾建部頼清一、無二他妨一領掌上、禰寝院南俣内田畠事」と国司庁宣を発している（『平』一九二四）。このように、大隅国衙が在庁官人頼清の禰寝院南俣への領有権を認めたのは、新体制によって国領とそこに居住する住人の管轄権が国衙に帰属したため、言い換えれば親助・頼清が大隅国人であったから、である。それとともに重要なのは、先の解の中で親助が「年々官物旁負物、蒙二其責一之日、無二術計一、相二副本公験於新券一、沽二渡於伯父掾頼清一畢」と言うように、所領領掌が官物の進納を条件に認められるものであったという点である。下総国の在庁官人である平常重が、保延二年（一一三六）七月一五日、所領の公田官物が未進であるとして、召し籠められた（『平』二五八六）のも、同様に考えることができる。先述の東大寺領大井荘で保安元年に下司職に補任された大中臣清則もまた、年貢の勤めを果たすことが補任の条件であった。一一一〇年代に成立した初期中世国家体制において、権門領と国領は、それぞれの所領と住人に対する支配権（管轄権）だけでなく、官物・年貢を請け負わせる所領支配のあり方、すなわち権利と義務が背中合わせになったそのあり方や、補任・改替の権限も含めて、きわめて類似した性格をもつに至っていたことがわかるのである。千葉氏の例などでよく知られる国領と荘領の所職の互換性[24]と権門と国衙への両属性は、このような点から生じたものであった。

治天の握る国家権力は、このように同質化した諸権門・諸国の上に発動されていた。その代表的なものは、院事・勅事と総称される一国平均役や国役の賦課・免除に関する治天の判断である。

牛原御庄住人等解　申請　本家政所　裁事

請レ被丁殊任二年来例一、停丙止当国司俄切二宛人夫弐佰人一責乙勘任甲、子細等状、

副進　前々司等庁宣案

右、謹検二案内一、於レ状者略了、件人夫之役、永被レ令二停止一者、弥仰二御勢貴一、謹解、

永治二年三月十四日　丹波有末等十八人各連署

（『平』二四六一）

永治二年（一一四二）、醍醐寺円光院領牛原荘住人一八人は、越前国司によって課された二百人の人夫役が不当であることを、本家に訴えた。醍醐寺からはすぐに鳥羽院に上奏がなされ、三月二六日には停止を保証する鳥羽院宣が民部卿顕頼を奉者として大僧正御房に出され（『平』二四六二）、越前国司も留守所に免除を指示している（『平』二四六三）。同じ醍醐寺円光院領柏原荘も、造伊勢太神宮役夫三五人と作料一三石五斗を課されたことを訴え、長承二年（一一三三）三月一日の官宣旨案（『平』二二六六）では、国司が子細を弁じるように命じられている。その結果は、同

年四月二三日の醍醐寺宛ての鳥羽院宣（『平』二二六八）と四月二一日付けの国司庁宣（『平』二二六七）によって、役夫工使停止の治天の決裁と国司の現地への連絡が行われたのである。ここでも、決定的な働きをしたのは、院宣とそれを受けた国司庁宣であった。

以上のように、土地・住人の支配権（管轄権）を与えられた諸権門・諸国の上に立って決裁権を行使する治天は、①権門・諸国に院宣を直接下す、②権門と諸国が関わる場合は院宣—国司庁宣または院庁牒（院庁下文）—国司庁宣のルート、でその命令を伝達していた。この形態の原型は、堀河天皇の死去からまだ日の浅い一一一〇年代はじめには、ほぼ出来上がっていたが、白河治天の晩年から鳥羽治天の初めにかけて、完全に制度化されていったのである。

三　初期中世国家と諸権門・諸国

黒田俊雄氏の権門体制論は、本来、鎌倉時代において、公家・寺家・武家それぞれが、国家的な見地からの職能的な役割を帯び、相互補完的に国家を構成していることを論じるのに、その主眼があった。そして、このような権門が併存する権門体制が、院政の成立を画期として、一二世紀には誕生したとするのである。[25]鎌倉期については、次章で考えることにするが、この一二世紀の権門体制成立説は、はたして妥当なのだろうか。「権門体制」という以上は、院・摂関家もすべて権門ということになる。しかし、黒田説が提起された後、半世紀以上を経過しているが、摂関家はともかくとして、院政期の国政を領導した院が権門であると証明した研究が、はたしてこれまであっただろうか。そもそも「権門体制」論は、いわば仮説として提示されたもので、黒田氏自身もその存在を実証したわけではない[26]のだが、黒田氏以後も実証が行なわれないまま、その語が一人歩きしてしまったのである。特に、この論が提起された段階での平安時代研究の水準に規定された院＝私的権門論が、その後の研究の進展を阻む壁になってきたのではないか、と筆者は考えている。

ところで、筆者はこれまで本章第一節・第二節で、「権門」の語をしきりに用いてきた。ここで、黒田氏の用いる権門とは異なる筆者の「権門」の定義をしておこう。「権門」とは土地・住人を支配することが国家によって認められた存在、これが筆者の定義である。すなわち、これは、荘園史研究で言うところの本家にあたるものである。中央集権国家であった一一世紀末までの後期古代国家（王朝国家）体制のもとでは、いわゆる院宮王臣家は、中央―国郡の支配体制下にあり、免田・寄人は認定されるものの、基本的に土地・住人の支配権を与えられてはいなかった。[27]この一一世紀末までの院宮王臣家とは全く異なった性格を帯びる一二世紀以後の本家を、筆者は「権門」と規定するのである。したがって、権門は、治天が決裁権を持つ国家の指揮下にある存在であって、決して院と同じ性格を持つものではない。

院が権門であるとみなされてきたのは、厖大な院領（王家領）を所有していたということが大きかったであろう。しかし、ヨーロッパで最も典型的な封建制が展開したとされる中世フランスにおいて、厖大な王領や親王領が存在し、しかもそれらが相互に変換可能であった[28]ことを考えれば、院領の存在が院＝私的権門であることの証拠には全くならないことが明らかである。治天たる院は、国家権力を発動しながら、一方では厖大な王家領を保持していたのである。[29]また、王家領自体も、多くは御願寺領の形をとり、治天が実質的な本家であることをあからさまにしないしかけがなされていた。

また、権門も、従来の研究ではあまりに確固としたもの、自己完結性の強いものとみなされてきたのではないだろうか。摂関家、権門寺社などは、一応一つのまとまりをもつ結合体と見ることができるが、その内部に複数の本家を生み出す[30]契機を常に内蔵しており、固定的に一つの権門として扱い続けると、その実体から乖離する面が出てくる恐れがある。権門内部に複数の本家の存在を認める方が、実相を明らかにするうえでは、有効な場合もあるのではなかろうか。国家権力を握る治天と、その統制下にある諸権門は、明確に峻別して論を進めるべきである、と筆者は考える。

以上のことを念頭に置いて、成立した初期中世国家の内実を明らかにするために、様々な面から検討を加えていくことにしよう。すでに述べたように、治天の命令は、①職事の口宣（口頭の場合も含む）を受け上卿が文書を発する、②院司など[31]が奉じる院宣や院庁牒、院庁下文などを直接諸権門・諸国に伝える、の二つの方式で下達されていた。これまで取り上げてきたものに加えて、若干補足を行っておきたい。まず①から。『中右記』大治四年（一一二九）一一月二五日条によると、権大納言宗忠は、頭中将忠宗から「宜レ令レ停二興福寺別当法印権大僧都玄覚所帯興福寺別当幷職位等一」という口宣を受け取り、上卿として文書の発布を左中弁実光に命じている。興福寺別当職の停止という人事に関わる場合である。後白河院政期でも承安三年（一一七三）六月二九日、衆徒のことで興福寺別当尋範の別当職を停止する口宣が頭弁長方から中納言資長に下されている（『吉記』同日条）。このほか、人事に関する例は多い[32]が、このルートは宣旨・官宣旨の発布をうながすものであるから、もちろんそれだけではない。

今日依二院宣一、仰二海賊追討事一、先注二仰詞一、内二覧殿下一、次院奏、次詣二左府亭一奉レ下之、即被レ返二給下官一、々々下二知大夫史一了、

仁安二年五月十日　宣旨、

如レ聞、近日東山駅路、緑林之景競起、西海洲渚、白波之声不レ静、或奪二取運漕之租税一、或殺二害往来之人民一、論二之朝章一、如レ無二皇化一、宜下仰二権大納言平卿一、令上レ追二討東山東海山陽南海道賊徒一、

蔵人頭権右中弁平信範奉

（『兵範記』仁安二年五月一〇日条）

平重盛に四道の海賊追討を命じたこの有名な口宣は、頭弁信範が院の仰せの言葉を書いて、摂政基房の内覧を得、その後再び院奏して、左大臣に宣下したものである。左大臣は弁官としての信範に下し、信範は大夫史に下知して下達文書を作成させている。この史料は、院の命令から文書の作成に至るまでのまでの過程がよくわかる稀有な例である。四道の海賊追討宣旨[33]を作成させるという重大な事柄であるため、口宣と上卿宣下という形態をとり、しかも一上である左大臣経宗に宣下させたのである。また、同年五月二四日には、皇嘉門院の封戸辞状と所領荘園に関する宣旨が頭弁信範から大納言公保に下されている（『兵範記』同日条）。口宣による宣下は、人事や国家重大事を中心に比較的重要であると認識された場合に行われた、と見てよいだろう。

②についても、もう少し例をあげて、分析してみよう。元永元年正月九日、権中納言宗忠が参院したところ、院より院司但馬守家保を通じて「院行幸二月十日也、可レ催二諸国所課一」との指示があった。職事を通じてではないから、この指令は上卿宗忠に宣旨か官宣旨を発給させるためのものではない。おそらく宗忠はこの命令をうけて院宣を作成したのではないか、と思われる。『吉記』承安四年（一一七四）二月一三日条によると、後白河院司権右中弁経房は、下総国別進の白布を最勝光院用途に充てるべしとの治天後白河の仰せをうけて、院宣を最勝光院の静賢法印のもとに送っている。次に、院庁下文の発給例をみていこう。保延元年（一一三五）九月二九日、相命僧都が所領の紀伊国妙香院荘について「以二庄民一可レ令レ掘之由、給二庁下文一可レ令レ勤二其役一者」と申請し、治天鳥羽院は申請を認め、院庁下文を下賜するよう命じている（『長秋記』同日条）。同年六月二四日条からは、讃岐国司が御堂建設のための石を調達せよとの院庁下文を受けて、在庁に指示を下していることがわかる（『長秋記』同日条）。また、承安四年一二月一三日後白河院庁下文案（『平』三六六六）は、伊賀国在庁と東大寺の間に繰り広げられた黒田荘出作と新荘を巡っての

長年の抗争に、終止符を打ったものとして、あまりに有名であるが、「院庁下　伊賀国在庁官人幷東大寺所司等　可㆘且依㆓文書理㆒、且任㆓国司庁宣㆒、永為㆗当寺領㆖、同所司等訴申当国名張郡黒田庄出作幷同郡内新庄事、副下国司庁宣」とあるように、治天後白河は東大寺の要求を認め、国司庁宣も出させて、伊賀国在庁官人に黒田出作と新荘の東大寺領有確定を通達している。このとき権右中弁経房も、院司の一人として署名していた。黒田荘の領有問題はこれで決着し、以後そのことで官符や官宣旨が発布されることはなかったのである。

　口宣・院宣や院庁下文（及び院庁牒）さらには口頭の命令も含めて、治天は実に幅広い事柄に決裁を下し、また諸権門・諸国等に指示を与えていた。さきに検非違使別当宗忠の日記で、治天白河院が別当を通さずに直接検非違使に命令している事例をみたが、検非違使とは無関係の源師時の日記『長秋記』にも、比叡山の大衆が祇園の神輿を担いで陣頭に押し寄せようとしているとの報をうけて、白河院が盛重・重時・忠盛・宗実の四人の検非違使に命じて大衆等を追却させているとの記事がある（天永四年九月三〇日条）。このとき出された宣旨は「山悪僧、於㆓山上㆒者、所司可㆓捕進㆒、於㆓在京㆒者、検非違使等可㆓追捕㆒、於㆓諸国㆒者、各国司可㆓追捕進㆒者」という内容であり、権門・京内・諸国の検断権を治天が掌握・行使していたことを示している。師時は、保延元年（一一三五）六月二六日、鳥羽御堂供養に関して「自㆓院庁㆒任㆓支配旨㆒可㆑被㆑催㆓九国㆒者」と鳥羽院に要請し、「高座礼盤経机可㆑充㆓諸国㆒歟」と鳥羽院は返答している（『長秋記』同日条）。治天鳥羽院が諸国に賦課すべきか否かの判断をしているのがわかる。また、天永元年（一一一〇）三月二七日、出羽守源光国が摂政忠実の出羽国寒河江荘に乱入したため、治天白河院は摂家使を派遣するように忠実に命じている（『殿暦』同日条）。この件がどう処理されたのかはわからないが、白河院は、出羽守側と摂政家側の両方の言い分を聞こうとしたものと思われる。

　初期中世国家体制が成立して以後、治天は摂関家に関わる事柄に、頻繁に関与するようになる。永久五年（一一一七）四月五日には関白賀茂詣の所課国が白河院によって改定され（『殿暦』同日条）、大治五年（一一三〇）四月一九日の忠実の子頼長の元服に際しては、治天鳥羽院より諸国・公卿に賦課がなされている（『中右記』同日条）。新しい国制の頂点に立つ治天に、それを補佐する摂関との緊密な関係を維持したいという意向があったためと思われる。永久四年（一一一六）年に、治天白河が関白忠実に尾張国を知行国として授与したことも、同一線上で考えることができよう。忠実は困惑しながらも「雖レ然世間体、如レ此事敢無レ憚、然者付レ吏所レ令二沙汰一也、尋常代不レ可レ然事歟」とこの措置を受け入れて代官を派遣している（『殿暦』同年一一月一六日条）。後にこの関白知行国については重任の話が出たが、百体御仏相具堂造営をその条件とされたため（『中右記』元永二年五月一二日条）重任は辞退され、忠実の知行国は越後に移った。「尾張守師俊辞二退任国一之替、以二越後守敦兼一被レ任二尾張一、又以二源国能一任二越後一、是両国相博之体也、此外京官両三人被レ成云々、国能者故源中納言卿之子、年十四、殿下令二申成一給也」（『中右記』元永二年一二月一五日条）の部分から、知行国主忠実のもとで尾張守を勤めた師俊は辞任し、越後守敦兼が尾張守となり、国能が新たに国主忠実のもとで越後守となったことがわかる。知行国主の申任で国守が任命されるという後の知行国制の原型が、すでに成立(34)していたのである。この知行国制が以後拡大していくことは、周知の通りであるが、その任免権はすべて治天が掌握(35)していた。

治天が全権を掌握する新体制の成立によって、政務のあり方は一一世紀末までとは変化せざるを得なかった。宗忠は元永二年九月一七日「依レ催参レ政、但宰相故障之間上卿二人可二着行一由依二指院宣一也、治部卿能俊卿同参仕」とあるように、同じく院の信任の厚い能俊とともに、政に参仕した。本来、政には上卿一人・参議一人が参仕することになっていたが、この時は参議故障のため、白河院の命令で上卿二人が参仕して政が実施されたのである。院が熊野に寄進した封戸の官符請印のためであった。また、宗忠は、天永二年一二月二五日、陣座に参じ内文を行っているが、これも院の指示で内印の官符請印を実施するためであった[36]。数は少なくとも、官符の発行は必ず行わなければならないものであったが、これらは治天の指示によって請印が迅速に行われた例である。

治天の全権掌握下で、大きな役割を果たしたのは、新体制でほぼ在京が義務づけられた[37]国司である。長承二年（一一三三）八月二七日、越後守清隆は、内大臣宗忠に所領小泉荘三〇町の免田を認可する国司庁宣を送った。在京の清隆は、当然留守所にも同内容の国司庁宣（案文か）を送ったはずであるが、宗忠にはその権利を保証するための国司庁宣を進めたのである。また、『長秋記』大治五年四月二六日条を見ると「前年侍従中納言申ニ請上毛国所領免判一、内々以ニ彼妹女房一所レ召也、而国司敦政以ニ顕盛一申ニ故院一、令レ随ニ停廃一」とあるように、白河院の在世中に侍従中納言が上野国所領の免判を申請したが、国司が院司顕盛を通じて院に申して停廃されたことがわかる。公卿所領の認定・停廃が、治天—国司のルートで院司が仲介して行われたことを明確に示すものである。また、仁平元年（一一五一）二月二五日、越前国知行国主である美福門院のもとから醍醐寺座主に牛原荘役夫工作料免除の国司庁宣（『平』二七二二）が送られていることからわかるように、知行国主も、この体制においては国司と同様の位置づけであった。

白河院全権掌握後の初期中世国家体制においては、従来と比べ、公卿以下が日常の政務に参与する機会が大幅に減少した。鳥羽院政期初期、権大納言宗忠が、近代の大納言は召しによって参仕していると述べたり[38]（『中右記』大治五年九月九日条）、後白河院政期に右大臣兼実が「又無ニ陣中文一云々、希代事、上卿職事弁官、各以有若亡云々」（『玉葉』仁安三年二月一九日条）と述べたりするなど、従来型の公事は公卿以下の参仕が得にくいため、実施が難しい状況が生まれていた。治天の信頼をかちえた公卿は、院御所議定へ召集されたり在宅諮問をうけたりしたが、公卿全部がそうであったわけではない。一一世紀末まで中央集権体制の核である太政官組織のなかで果たしていた公卿の役割は、ここにおいて、大幅に減退したのである。

ところが、この公卿が、新体制下では、国司とともに大量に治天の院司となっていた。表2は、白河院死去（大治四年七月七日）時点でどのような人物が院司を勤めていたのかを示したものである。大納言はこの段階の全員である五人、中納言は四人中の二人、それに参議長実を加えて現職公卿八人が、院司として名を連ねている。特に大納言全員を網羅しているのは驚くべきことである。晩年の白河院のもとで大きな権限を持ったことで名高い藤原顕隆は、権中納言在職のまま、大治四年正月一五日に死去していたが、彼は「本院女院執行別当」（『中右記』同日条）とあるように、白河院と待賢門院の院司を兼任していた。顕隆のように、白河院と待賢門院の院司を兼ねていた人物はほかにもいる。表3は、白河院死去の約半年前、待賢門院庁牒案（『平』二一二二）に署名している院司を書きだしたものである。顕隆を含め能俊・実行・基隆・家保・敦兼・顕頼・顕能の実に八名が白河院・待賢門院の院司を兼ねていたことがわかる。待賢門院だけではない。白河院の死後、新たに二代目の治天となった鳥羽院の院庁が白河院の死後約四ケ月後に発した院庁牒に署名している院司の名前を見てみよう（表4）。白河院・待賢門院・鳥羽院の三院の院司を兼ねているものが、能俊・実行・基隆・家保・顕頼・顕能の六人、白河院・鳥羽院の二院院司を兼ねている者が、経実・忠教・雅定・長実・顕盛・経忠・忠隆の七人である。また、実能は待賢門院と鳥羽院の二院院司を兼ねていた。三院司兼任者の一人能俊は、白河院死去時点では鳥羽院司ではなく、同年九月一六日に鳥羽院司に就任したものであるが（『中右記』同日条）、他の三院司兼帯者はおそらくそうではあるまい。三院司兼帯者の一人である実行は、もともと幼少の鳥羽天皇に近侍していたが故に白河院が頭弁に起用したもので（「除目部類記」天永二年正月二三日条）、白河院政期を通じて鳥羽との関わりは強かった。白河院没時に「崩後之沙汰、実行可執申之由」（『長秋記』大治四年七月七日条）と鳥羽院が命じているように、鳥羽院の実行に対する信頼は、きわめて厚いものがあったのである。実行に限らず、大量の三院院司、白河・鳥羽の二院院司がみられるということは、初代治天白河院と二代目治天鳥羽院の政治の連続性をうかがわせるものである。かつて槇道雄氏が通説に抗して主張したこの見方(41)をさらに推し進めてみよう。そもそも、三院院司・二院院司の兼帯がこれほど多かった一番の理由は、白河院政末期、三院が同じ御所に居住していたことにあった。「則殿下出御、令㆑参㆓三院御所㆒給、三条烏丸亭」(『中右記』大治二年正月一日条)、「殿下参㆓三院御所三条烏丸第㆒給」(同大治四年正月三日条)とあるように、大治二年(一一二七)から大治四年(一一二九)に

表2　白河院死去時の白河院司

大納言　能実	中納言　雅定	但馬守　敦兼	顕重
大納言　経実	参議　長実	越前守　顕能	頼輔
権大納言宗忠	大宰大弐経忠	備中守　忠隆	公教
権大納言能俊	伊予守　基隆	権右中弁顕頼	
権大納言忠教	播磨守　家保	有賢	
権中納言実行	尾張守　顕盛	成通	

表3　大治3年12月の待賢門院司

権大納言能俊	伊予守　基隆	権右中弁顕頼	散位　藤原朝臣
権中納言実行	播磨守　家保	越前守　顕能	蔭孫　源
権中納言顕隆	但馬守　敦兼	淡路守　実親	
権中納言実能	遠江守　宗章	大学頭藤原朝臣	

表4　大治4年11月の鳥羽院司

大納言　経実	伊予守　基隆	判官代蔭子藤原
権大納言能俊	播磨守　家保	刑部大輔藤原朝臣
権大納言忠教	但馬守　敦兼	右兵衛佐藤原朝臣
権中納言実行	尾張守　顕盛	民部大輔藤原朝臣
権中納言雅定	駿河守　忠能	前美作守藤原朝臣
権中納言実能	越前守　顕能	右近衛権中将藤原朝臣
参議　長実	讃岐守　清隆	右近衛権少将藤原朝臣
大宰大弐経忠	備後守　忠隆	
権右中弁顕頼	出雲守　経隆	
右大弁　雅兼		

かけて、三院は三条烏丸御所に同居していたことが確認できる。院司等は、同一御所の別殿にいる両院または三院に仕えていたわけである。白河院政と初期の鳥羽院政が特に連続性が強い大きな要因がここにあった。

候㆓本院北面㆒人々、今日可㆑候㆓院幷女院北面㆒由、被㆓仰下㆒云々、備前守忠盛朝臣、駿河守為俊、安芸守資盛、大夫尉佐遠、盛道、検非違使盛兼、季範、左衛門尉親安、已上八人云々、

(『中右記』大治四年閏七月二五日条)

このように、白河院没後まだ日の浅いうちに、平忠盛以下の八人の白河院北面に仕えた面々が、鳥羽院と待賢門院の北面に移動する

ことを命じられている。新治天鳥羽院が旧治天白河院の路線を継承していくことを示した措置の一つであった。三院同居自体、自らの方針に鳥羽院・待賢門院を従わせ、さらに継承させようとする白河院の強い意志を感じさせるが、後継者鳥羽院もそれに異は唱えていないからこそ、継続して白河院と同居し、その死後も白河院とほぼ同じ院司を維持し、北面もそっくり受け継ぐという行為に至ったものであろう。[42]

ひるがえって、大治四年の鳥羽院司を見ると、大納言五人中の三人、中納言は四人中の三人と相変わらず三分の二強の大中納言が鳥羽院司であり、その公卿中での占有状態は、白河院の場合とほとんど変わってはいないし、受領の多くを網羅している点も同様である。このように多くの公卿院司と受領院司を擁した新治天鳥羽院の政治が、白河院が打ち立てた路線を踏襲するものとなったのは当然の事であろう。公卿も国司（受領）も、治天と直結してその命令を伝達した職事とは違う形で、治天とのつながりを持ち、それぞれの形で国政に参与したのである。ここに成立した初期中世国家体制の特徴がここによく現れている。一方、この変化によって、従来の中央集権国家が持つ行政体系は儀式的なものを除いては削除され大きく簡略化された。これは新しい国制を推進していけば、必然的に起こってくる変化であった。

さて、前節で述べたように、新体制は諸権門・諸国に土地・住人の支配権（管轄権）を認めた後、諸権門・諸国はそれぞれが年貢・官物の請負と引き換えに荘園・所領の管理者に所職を授与する状況が生まれた。諸権門・諸国それぞれが本家・国司を頂点にして一つの体系を持つようになったのである。したがって、所職を持つ者は、本家と国司のどちらに従っても大きな違いはない、[43]ということになる。そして国家は、「某庄」「某庄住人」「某国住人」「某国領」という形で土地・住人を把握し、管轄権を与えた諸権門・諸国を統制したのであるが、ここに新たな問題が生じてきた。その一つは諸権門・諸国の管轄権のもとで所職（知行権と言ってもよい）を与えられた者同士の競争が激しくなるのに対して、その紛争を抑えるための軍事・検断機能が中央集権国家の時代に比べると弱まった点、いま一つは、治天の強力な権力を規制する機能が体制内で働きにくいため、治天の恣意が体制のゆがみを助長する恐れが強かった点である。後白河院政期後半に起こった治承・寿永の内乱は、このような体制の欠陥を露呈するものであった。

おわりに

以上のように、本章では、前章での初期中世国家の政治構造及び支配構造の分析を踏まえて、初期中世国家全体の構造、特に諸権門・諸国との関係を解明することを目指した。全権を掌握した治天が命令を下達する職事と院司を経由する二つのルートが、成立した中世王権の発現形態であった。しかしながら、このような治天権力の基盤は、従来の中央集権国家体制にではなく、土地・住人の支配権を得た諸権門・諸国の上に置かれていた。治天の統制下にあった諸権門は、決して排他的・固定的な存在ではなく、内部に複数の中心が生まれる契機を有しており、彼らは、荘園制で言うところの本家の概念でとらえるのが妥当な存在である。この体制は三代目治天後白河院の時代に至って、土地・住人を管轄する諸権門・諸国の内部で生まれた所職保持者同士の対立や治天の恣意を抑制する仕組みの欠如などから、危機を迎えるのである。

鎌倉幕府の成立以後、中世国家は第二段階に突入する。内乱を経て、初期中世国家体制はどうなるのか。崩壊するのか、それとも変容するのか、次章は、鎌倉幕府成立後、承久の乱以後の状況も見据えながら、国家体制の変化を見ていくことにしたい。

注

(1) 白河院の軍事・検断権掌握については、第一章第二節参照。

(2) 公卿の働きが大きかった一一世紀の状況については、第二章第三節参照。

(3) 井原今朝男『日本中世の国政と家政』(校倉書房、一九九五年) 第一章「中世の天皇・摂関・院」。

(4) 黒田俊雄「中世の国家と天皇」(『岩波講座日本歴史』六、岩波書店、一九六三年)。

(5) 一〇・一一世紀の国制が中央集権国家体制であったことは、『平安時代国制史研究』(校倉書房、二〇〇一年) および『日本古代国制史論』(吉川弘文館、二〇一一年) において論証した。

(6) 遠藤基郎氏は、摂関期から院政期にわたる公家沙汰・非公家沙汰の諸国所課について論じたが、摂関期における非公家沙汰の諸国賦課は、基本的に受領による奉仕であると述べる(『中世王権と王朝儀礼』東京大学出版会、二〇〇八年、第一章「摂関家・上皇・皇族による諸国所課」)。この理解に従いたい。

(7) この二つの例は、第三章第三節で取り上げた。

(8) 宗忠は、『殿暦』永久三年二月二日条に「別当被レ補二院司一」とあり、この時白河院司に補されたことがわかる。

(9) 宗忠は、天仁二年(一一〇九)一二月二二日白河院庁牒案(『平』一七一四)には、院司の一人として署名しているから、元来は白河院司だったのである。したがって、この永久二年の場合、元院司でもあった宗忠が院宣を書いたか、または他の院司が書いたか、の二つの可能性がある。この場にいた民部卿源俊明は、宗忠も署名している院庁牒に筆頭院司として署名しているから、院宣を書くとしたら最も適任であろう。

(10) 実は、先の仁和寺への院宣とこの東寺への院宣を受けているのは、同一人物の寛助である。寛助は、永久四年(一一一六)五月二三日に権僧正から僧正に昇進していた(「僧綱補任」永久四年)。したがって、寛助は、前者では座主、後者では権僧正と呼ばれているのである。彼は、それぞれの時期、仁和寺・東寺の責任者の位置にあったものと思われる。

(11) 初期中世国家体制に入ってからの職事のこのような職責については、第三章第二節で詳述した。

(12) 結政請印が、政を行えない時の措置であったことは、『西宮記』巻七、結政請印事、からわかる。また、記録でも、『中右記』永久二年一一月三〇日条に「従レ内有レ召、則参二仗座一、頭弁来云、白河新御願御封官符有レ政、須二請印一也、而従二明日一依二神今食一不レ可レ成二仏事之文一、仍今夜可レ有二結政請印一也」とあることから、そのことを確認できる。

(13) 宣旨・官宣旨の多用は、従来いわれていたよりもずっと早く、九世紀ころには始まっていたことが、早川庄八氏によって明らかにされた（『宣旨試論』岩波書店、一九九〇年）。したがって、一〇・一一世紀においても、厳重な手続きを要する官符よりはこれらの方がはるかによく使用されていたはずである。ただし、一〇・一一世紀においては、もちろん治天—職事ルートではなく、太政官を中心とする政治運営方式の中で、これらは作成・下達されていたものと考えられる。

(14) 六月一三日条と一八日条から、殿下御荘から、捕えた強盗が送られたことがわかる。

(15) 「驚二仰旨一」は、白河院の仰を受けて驚いたということである。

(16) 能俊は代表的な白河院司として活躍し、一方宗忠・為房などとともに、指名されて院御所議定によく召集されていた。白河院の信任がきわめて厚かったことがわかる。

(17) 院庁牒案を受けての検注帳案（『平』二一四六）には、田畠とともに在家も記載されている。

(18) 周知の史料であるが、後白河院政期の立荘の典型として備後国大田荘の立荘の際の後白河院庁下文・備後国司庁宣・備後国留守所下文（『平』三三七五・三三七八・三三八〇）をあげておく。

(19) 円光院は、白河院の故中宮賢子（堀河天皇と郁芳門院の生母）の菩提をとむらうために建立された寺である。したがって、白河院自身が、実質的には本家に当たる位置にいた、と考えてよかろう。

(20) 職事弁資信は、このとき崇徳天皇の使いで鳥羽院のもとにいるため、宗忠のもとに宣旨を持参することができない、という内容の書札を宗忠のもとに送っているのである。

(21) 大山荘関係の史料は一〇世紀はじめからみられるが、免除領田関係の史料が多く、荘園領主と荘民の関係をうかがわせる史料はない。

(22) 玉井荘関係の史料は、一一世紀半ばからみられるが「玉井御庄下司田堵等解」（『平』八一二）、「東大寺玉井御庄田堵等解」（『平』八一三）などのように田堵の解という形態をとっており、永久時の解で多くの住人が「住人某」と署名し押印しているのとは大きく異なっている。

(23) 六条院は、白河院の鍾愛した娘郁芳門院の菩提をとむらうために建立された寺院である。先に見た円光院と同様に、白河院が事実上の本家であった、とみてよかろう。

(24) 下総権介平経繁は、所領相馬郡布施郷を伊勢神宮内宮に寄進し（『平』二一六一）、それは国司庁宣で認められている（『平』二一七六）。しかし、常重（経繁）の息子常胤の寄進状（『平』二五八六）に寄進の後地主職を伝領したが、公田官物未進とされ、父親の常重の身が召籠られたとあることから考えると、常重・常胤父子の所領は、国衙と伊勢内宮に両属している状態だったことがわかる。

(25) 黒田前掲論文。

(26) 権門体制論が一つの仮説であり、実証されたものではないことは、井原今朝男『日本中世の国政と家政』四六頁に指摘がある。

(27) これについては、佐々木宗雄『平安時代国制史研究』第七章「中央政府—国郡支配と院宮王臣家・寺社」参照。

(28) 佐藤猛『百年戦争期フランス国制史研究』（北海道大学出版会、二〇一二年）序章「百年戦争期王国の多元的構造と国家生成」。

(29) 法勝寺以下の六勝寺をはじめとして治天の御願寺およびそれに準じる寺院は数多い。さらに（大）伝法院のように、権門寺院内部に御願寺が設立される例もある。それとともに、八条院のように、独身の女院が王家の荘園を本家として維持し続けるという場合も、中世では多くみられた。

(30) 摂関家では、鳥羽院政期の大殿忠実と摂関忠通にその例があり、後の摂関家の分立に続いてゆく。寺家権門でも、安田次郎氏が興福寺の研究で解明した（『中世の興福寺と大和』山川出版社、二〇〇一年）ように、寺家と院家の分立がみられ、それぞれを一つの自己完結的な権門とみて論を進めるには難しい面がある。

(31) 院宣を奉じるのは、原則として院司であることは間違いないが、院司でない院近臣が奉じる可能性を排除するものではない。

(32) 口宣で人事を申し下した例として、『兵範記』仁安二年五月八日条をあげておく。

(33) 『兵範記』同日条に「参㆓摂政殿㆒、内㆑覧海賊追討宣旨㆓事㆒」とあることから、このとき口宣を受けて宣下されたのが宣旨であったことがわかる。

(34) 知行国制研究の現段階については、上島享『日本中世社会の形成と王権』（名古屋大学出版会、二〇一〇年）第三部第四章参照。

(35) 忠実の尾張知行国主就任と越後への遷任の経緯をみれば、知行国主の選任権が治天白河院一人の手中にあったことが明らかである。

(36) 官符には、天皇御璽が押される内印官符と太政官印が押される外印官符があったが、内印は陣座で処理を行ったあと、請印がなされた（『西宮記』巻七、内印）。

(37) 国司が在京することが原則となったのは、第一章第二節で述べたように、堀河天皇死後のことである。

(38) この日、「平座」という公事が行われるはずであったが、上卿の参仕がなかったため、宗忠は頭弁から参仕するようにとの書札を受け取った。このとき宗忠は「近代大納言強不㆓参勤㆒也、然而依㆓事闕㆒有㆓別召㆒、仍参仕也」と言っており、大納言が召しを受けて参仕するのが通例となっていたことがわかる。

(39) 『公卿補任』の大治四年条を見ると、中納言・権中納言は五名である。顕隆が死去する以前は、その五人中三人が白河院司だったことになる。

(40) 実行は権大納言公実の子、待賢門院の異母兄である。鳥羽院の信任はきわめて厚く、久安五年（一一四九）には右大臣、翌六年（一一五〇）には遂に太政大臣に昇進した。

(41) 槇道雄『院政時代史論集』（続群書類従完成会、一九九三年）第六章「鳥羽院政論」（初出一九八三年）。

(42) 顕盛は、白河院の近臣だった人物が鳥羽院によって排斥された数少ない例として知られている。しかし、大治五年四月一二日に陪従辞退の咎でいったん修理大夫を解官された（『長秋記』同日条）顕盛は、二ヶ月後の六月二〇日には「顕盛朝臣修理大夫被㆑任云々」（『長秋記』同日条）とあるように、修理大夫に復任している。顕盛の件は、鳥羽院による白河院の路線継承説にとって何の支障もない事柄であると、筆者は考える。

(43) 注（24）の平常重・常胤父子の例でみたように、かれらの所領は下総国相馬郡にあったが、その所職は伊勢内宮領の下司職にも下総国相馬郡の郡司職にもなりうるものであった。

第五章　鎌倉前期の国制

はじめに

筆者は、第四章において、初期中世国家（院政期の国家）の基本構造を論じた。それは、治天たる院が〝諸権門・諸国の上に立って、国政を領導するという形態であった。本章では、治承・寿永の内乱を経て、鎌倉幕府が成立した後の第二段階の中世国家の国制を、鎌倉前期（一三世紀半ばまで）にしぼって、考察していくことにしたい。

この時期の国制については、周知のごとく、黒田俊雄氏の権門体制論[1]と、佐藤進一氏の鎌倉幕府・公家政権（王朝国家）双方を国家とみなす見方[2]が、二大潮流を形成してきた。しかし、筆者は、大寺社の土地・人民支配権（管轄権）を承認したことを契機に、一二世紀初頭に、中央政府が従来の中央集権国家体制を一擲し、治天・摂関—職事を中軸とする政治構造と、院司である公卿や在京を義務づけられた国司、諮問にあずかる前官を含む少数の有力公卿による国政運営を、堀河天皇の死後かなり早い段階に成立させていたことを明らかにした[3]。

このような視点に立って二大学説を眺望すると、違和感を禁じ得ない。まず佐藤説に対しては、鎌倉幕府と公家政権が自立した二つの国家であるという見方に対しての違和感、黒田説については、院・幕府もが権門であるという理解に対しての違和感、である。前章でも述べたように[4]、王家領が厖大であることは、その権力の性格が私的であることの証拠には全然ならない。権門体制論は、本来鎌倉期の状況から提起された学説であるが、その中で院権力が私的であることは全く実証されてはおらず、一つの仮説にとどまっている、と言わざるをえない。また、権門体制論登場以前に、鎌倉幕府論でもって中世前期国家論を代置させていた学説を手直し(5)した鎌倉幕府・公家政権並立論も、史料によって実証されたわけではなく、やはり仮説である、と言わなければならないだろう。鎌倉前期は、中世初期である院政期とは異なり、軍事検断権を管掌する幕府が成立し、承久の乱後さらにその存在が大きくなるのはたしかであるが、そのことは決して鎌倉幕府が公家政権を制圧していったことを意味しないのである。中世史の他の分野の研究が長足の進歩を遂げつつあるにもかかわらず、中世の国制に関しては、事実上半世紀以上前の平安時代研究のレベルに依拠して立てられた両説が、いまだに乗り越えられていないのである。筆者が、自らが行ってきた一〇～一二世紀の平安時代史研究の到達点を踏まえ、鎌倉前期の国制のあり方を追求するのは、このような理由による。

本章では、まず鎌倉初期の国家と諸権門・諸国の関係についての考察から始めたい。院政期においては治天が一括してこれらの統制を行っていたのであるから、幕府成立による影響はこの面にこそ最も大きく現れるものと思われるからである。単に朝廷側と幕府側との管轄の問題として考察するのではなく、国家全体の業務執行のあり方を見るなかで解明していきたい。そして、幕府の関与は、軍事検断権以外の国政全般にも及ぶ可能性も考慮して、第二節では従来国政の重要部分の多くを担っていた朝廷側の残した史料である古記録類を十分に活用して、検討を進めていきたい。そして、第三節では、承久の乱以降、国制がどのような形態のものに決着したのかを追っていくことにしたい。ここで中心にすえられるべきは、やはり治天（ほとんどは院、天皇・摂関の場合もあり）と、必要に迫られて国政への関与を増大させていく幕府である。鎌倉初期よりさらに詳細に文書・記録を分析しながら、この両者と諸権門・諸国との関わりが初期と比べて変わるのか否か、を含めて検討を加え、中世の古典的体制とも言いうる鎌倉前期の国制の全体像を明らかにしていきたい、と考えている。

一　治天・鎌倉殿と諸権門・諸国

院政期において、治天が独占的に掌握していた軍事検断にかかわる権能は、治承・寿永の内乱後のいわゆる「文治勅許」(6)によって、大幅に頼朝に割譲された。

諸国庄公、被レ補二平氏追伐跡一之地頭等、称二勲功之賞一、非レ指二謀叛跡一之処、宛二行加徴課役一、張二行検断一、妨二惣領之地本一、責二煩在庁官人郡司公文以下公官一之間、依二国司領家之訴訟一、所レ成二官符一也、然者、現在謀叛人之外者、早可レ被レ停二止地頭等綺一之由、院宣候也、仍執啓如レ件、

文治二年十月九日　　左少弁定長

進上　源二位殿

この院宣とともに官符が、治天後白河院のもとから頼朝にもたらされ、頼朝は「現在謀反人跡之外者、可レ令レ停二止地頭綺一之旨、面々加二下知一候者也、早仰二国司領家一、可レ有二御禁断一候歟、此上致二張行一之輩候者、注二給交名一、可レ加二炳誡一候」との請文を京都に送っている（ともに『吾妻鏡』文治二年一一月二四日条）。謀叛人跡に地頭を置くことは、すでに認められていることであるが、地頭が謀叛人跡以外のところに課役を課すなどの行為を行っていることを国司領家が訴え、それを受けて治天が頼朝に申し入れを行い、頼朝がその停止を言上しているものである。実際に地頭の侵略を受けているのは、「在庁官人郡司公文以下公官」であり当該国衙・荘園の責任者である国司と領家が治天に訴え、治天が頼朝に申し入れを行ったという構図が読み取れる。

蓮花王院領広・由良庄妨事、領家範季朝臣所レ進折紙証文案等如レ此、可レ被レ尋二子細一之由、内々御気色候也、仍

執啓如レ件、

後七月廿九日　　　　大宰権帥経房奉

ここでは、蓮華王院を本家とする広・由良荘領家範季朝臣の折紙をつけて、院宣が頼朝のもとに送られ、頼朝はその仰せに従って下知している。これも領家木工頭範季が治天に訴えたものが、頼朝に転送されたものであった（『吾妻鏡』文治二年八月二六日条）。範季は、その折紙の中で、七条紀太丸が平基親朝臣（この時権右中弁）を領家と称していると言うが、地頭や御家人はこれらの史料には現れず、後白河院が頼朝に付した理由は不明である(7)。ところで、建久元年（一一九〇）年の上洛後、頼朝は日本国総追捕使・総地頭として諸国守護権を付与された(8)とされる。このことは、頼朝が日本国の軍事検断権を委任されたことを明確に示している。それでは、著名な『吾妻鏡』文治三年九月一三日条所収の「惣諸国在庁庄園下司惣押領使可レ為二御進退一之由、被レ下二宣旨一畢者、縦領主雖レ為二権門一、於二庄公下職等国在庁一者、一向可レ為二御進退一也、速就二在庁官人一、被レ召二国中庄公下司押領使之注文一、可レ被レ宛二催内裏守護以下関東御役一」という北条時政奉書は、どのように位置づけられるのだろうか。進退の主体は、もちろん頼朝であるから(9)、国衙・権門領を問わず、在庁官人や庄公の下職に指示を出し、報告させることのできる権限を、頼朝は付与されていた、ということになる。その主要な目的は内裏守護のためであり、このような在庁官人への命令は、建久年間から史料に頻出する大田(10)文作成につながっていくのであるが、頼朝が地頭や守護人への指揮権を持つだけでなく、在庁官人や国衙領・庄園所職の所持者に対しても、指揮(11)を行うことができた、ということは、しっかりと押えておく必要がある。

もちろん、地頭・御家人への指揮権が鎌倉幕府の権限の中核であったことは、いうまでもない。東大寺造営料国と

なった周防国で地頭御家人の横暴を在庁が国主東大寺に訴え、東大寺は治天に解状を提出したのであるが、その解状は関東に送られている（『吾妻鏡』文治三年四月二三日条）。その中で、得善末武地頭筑前太郎家重について、「謂二得善末武一者、非二指庄号之地一、又無二国免別納御下文一、只為二地頭職一可レ致二沙汰一之由、鎌倉殿賜二御下文一許云々」と言われていることから、得善末武は荘園ではなく国衙領であることがわかる。[12]家重は、国衙から領知を認める下文を得たのではなく、頼朝から地頭に補任された人物だったのである。国衙領であれば、国主東大寺と国衙在庁によって問題が解決しなければ、治天に解状が奉られて決着するのが本来の形であるが、ここではその後さらに鎌倉に付託されたのであり、それは鎌倉殿指揮下の地頭・御家人が関わっていたからであった。

また、次の史料によって、事情は、国衙領の場合だけでなく権門の所領でも同じだったことがわかる。

（花押）

下　嶋津御庄

可レ令下早停二止旁濫行一、従二地頭惟宗忠久下知一、安二堵庄民一、致中御年貢已下沙汰上事、

右、諸国諸庄地頭成敗之条者、鎌倉進止也、仍件職先日以二彼忠久一令二補任一畢、而今殿下依下令二相替一給上、雖レ無二領家之定一、至二于忠久地頭之職一者、全不レ可レ有二相違一、慥令レ安二堵土民一、無二懈怠一可レ令レ致二御年貢之沙汰一也、兼又、為二武士幷国人等一、恣致二自由之濫行一、或打二妨御年貢物一、或背二忠久之下知一、毎レ事令二対捍一之由、有二其聞一、所行之旨、尤以不当也、自今以後、停二止彼等之濫行一、令レ安二堵住人一、不レ可レ違二背忠久沙汰一之状如レ件、以下、

文治二年四月三日

（『鎌倉遺文』八二）

島津荘は、摂関家領の大荘園であるが、頼朝が花押を据えたこの下文から、本家が交替し領家がまだ決定していない

この段階で、惟宗忠久の地頭職が安堵されたことが知られる。頼朝のこのような権限は「諸国諸庄地頭成敗之条者、鎌倉進止也」とあるように、前年一二月に決着した「文治勅許」に基づいていた。実に、この権限は、島津荘が最高権門と言ってよい摂関家の荘園であるにもかかわらず、その意向とは関係なしに、頼朝が行使できるものだったのである。

かつて、上横手雅敬氏は、このような頼朝の立場を公家政権下の軍事権門・侍大将ととらえた(13)。しかし、鎌倉殿頼朝は、はたして権門なのだろうか。筆者の答えは否である。周防国の国主であり権門でもある東大寺、権門中の権門摂関家の所領の内部に、頼朝が権限を行使するのは、鎌倉殿頼朝が権門を超える存在であったからである。そのような権限を保持するのは、本来治天のみであったはずである。であれば、鎌倉殿頼朝は、治天後白河とともに、権門の上に立つ存在、すなわち中世国家を指揮する存在ということになる。治天と鎌倉殿は、国家秩序の頂点に立ち、諸権門・諸国を指揮する存在だったのである。それでは、最近言われているように、治天と鎌倉殿は二つ(14)の王権ととらえられるべきなのだろうか。筆者は、そのようには考えない。その理由は、両者が領域・権限を分割しているのではなく、一つの国家内で協力して国政運営にあたっているからである。先に治天から鎌倉殿への要請の例をいくつか見たが、今度は鎌倉殿から治天への連絡が行われている例に検討を加えてみよう。文治二年（一一八六）二月二八日源頼朝奏状は「仰二五畿七道諸国庄園一免‐除兵粮米未進二可レ令レ安‐堵土民一事」と、諸国荘園の未進兵粮米の免除を、帥中納言経房を通じて治天に約束しているが、「頻有二領家訴一之間」と述べているように、多くの領家は鎌倉にそのことを訴えていた（『吾妻鏡』文治二年二月二八日条）。権門は、治天を通じてではなく、直接鎌倉またはこのとき在京していた北条時政に訴えて(15)いたのである。

日吉塔下彼岸衆申文一通、謹以進‐上之一候、為二法性寺領一小橋庄被レ押‐領三ケ村一候云々、而重家、自二近衛殿一賜二小橋庄預所職一候畢、仍衆徒可レ停二止重家結構一之旨、雖二触遣候一、云レ彼云レ是、共以庄領候、依下不レ能二私成敗一候上、所下令二執申一候上也、任二道理一、可レ被二計仰下一候歟、頼朝恐々謹言、

正月廿四日　　頼朝裏御判

進上　帥中納言殿

（『吾妻鏡』文治二年正月二四日条）

次に、この頼朝書状を分析してみよう。彼岸衆が頼朝に提出した申文は、摂政近衛基通によって法性寺領小橋庄の預所職に補任された重家が三ケ村を横領した、と訴えているものである。ところが頼朝は、「不レ能二私成敗一」と治天の処置に任せることを申し出ているのである。摂関家と日吉社が関わる事柄で、しかも地頭・御家人が関与していないのであるから、この処理は当然のことではある。しかし、逆に言えば、この時点では、そのようなことまでが鎌倉に提訴されていたのである。このような状況下で、鎌倉殿成敗の範囲を明確に設定することが、治天・鎌倉殿両者にとってきわめて重要な課題となってきたのではないか、と推測される。文治勅許の直後であるこの文治二年正月の段階では、まだ鎌倉殿への提訴の頻発という事態を防げなかったのであるが、徐々に治天・鎌倉殿両者の間で、訴訟の提訴を含む成敗権の管轄について、一定の線が引かれることになる。同年閏七月二日、筑後国住人草野大夫永平が筑後国在国司・押領使両職の知行安堵を頼朝に求めてきたのに対して、頼朝は「如レ此事、非二頼朝成敗一候」として、院のはからいで永平に知行を保証するように帥中納言に要請している（『吾妻鏡』文治二年閏七月二日条）。国衙の職である在国司・押領使職は、成敗の範囲外であると、頼朝は認定しているのである。このように、鎌倉殿頼朝の成敗の範囲を、地頭・御家人・惣追捕使（後の守護人）の関係するところに限定するという合意が、このころまでには治天と鎌倉殿の間に出来上がり、それ以外は受けつけないという形で実行に移されるようになっていったことがうかがえる。

内乱終結後の新しい秩序の形成を目的としたと思われるこの合意は、具体的には、初期中世国家成立時からの国家

の基本的な体制である荘園公領制を、再編した形で維持、発展させることに重きを置いていた。幕府と本家や国衙などとの関係にさらに検討を加えてみよう。

備後国大田庄自二国衙一可レ被二顚倒一之由、依レ有二披露一、地頭代驚申由事、申上候之処、於二顚倒之条一者、自二本所一定有二沙汰一歟、至二于地頭職一者、不レ可レ依二庄号顚倒一、早可レ成二安堵思一之由、可下令レ下二知代官一給上者、依二鎌倉殿仰一、執啓如レ件、

　建永元六月廿八日　　民部丞中原在判奉

大夫属入道殿御返事　　（『鎌倉遺文』一六二五）

建永元年（一二〇六）は、鎌倉殿実朝の時代である。高野山領備後国大田荘が国衙から顚倒され国衙領とされたとして、地頭代が驚いて鎌倉に報告したのを受けて、この関東御教書案は、顚倒のことに関しては本所（この場合高野山）から訴えがあると思われるが、地頭職については荘園であろうと、国衙領になろうと維持されるので心配はいらない、と述べている。[16] 関東進止の地頭職が、本家（本所）や国衙の動向には全く左右されないものだったことは、この文書からも確認できる。このように、地頭職は鎌倉殿の強固な権能によって支えられていたが、それを維持するためには条件があった。文治二年六月二一日奏状で頼朝は、謀叛人・凶徒所帯跡に補任した地頭について「庄園者本家・領家所役、国衙者国役雑事、任二先例一可レ令二勤仕一之由、所下令二下知一候上也」（『吾妻鏡』同日条）と治天後白河に誓約している。荘園・国衙の年貢雑事を地頭に進済させると言っているのである。同年九月五日「諸国庄公地頭等忽二緒領家所務一之由、依レ有二其聞一、有レ限地頭地利之外不レ可二相交一、乃貢以下不レ可レ存二懈緩一、於二違越輩一者可レ有二殊罪科一之由、被レ定云々」との記事もそのことを周知させたことを示し、事実この日、賀茂別雷社領近江国安曇河御厨の地頭佐々木定綱は、神役を闕怠しているとの社家の申状と院宣を受け取った鎌倉殿頼朝によって、地頭職を停止されている。

同じく、賀茂別雷社領備後国有福荘の土肥実平の狼藉も停止された（『吾妻鏡』同日条）。『吾妻鏡』所収文書以外にも、賀茂社領や院領の地頭職停止を命じる九月五日付けの頼朝下文が『鎌倉遺文』に五通収録されている。(17)荘園・国衙の年貢雑事の対捍は、実際に地頭職の停廃に直結したのである。定綱の地頭職停止を指示する文書で頼朝は「武士之妨之外者、直経二奏聞一、可レ令レ蒙二御裁定一状如レ件」と付け加えている。自らの管轄下にない者については治天の裁許を受けるべし、ということである。このように、地頭が年貢等の未進により地頭職を停廃された例は、文治二年の大神宮領林崎御厨地頭宇佐美実正（『吾妻鏡』同年六月二九日条）、文治三年の越中国吉岡荘地頭成佐（『吾妻鏡』同年三月二日条）、建久元年（一一九〇）の美濃国犬丸・菊松・高田郷地頭（『吾妻鏡』同年四月一八日条）などをあげることができる。いずれも荘園領主・国衙が院に訴え、院からの要請を受けた鎌倉殿頼朝が地頭停止を決定したものであった。そのほか、停廃には至らなかったが、地頭を譴責し、(18)あるいは信濃国伴野荘地頭小笠原次郎のように、調査をしたうえで弁償を約束させている例もある（『吾妻鏡』文治四年九月二二日条）。このように、新しいシステムが成立した文治二年以後、関東進止の地頭が、荘園公領制のもとで荘園領主・国衙への年貢を進納することが義務付けられ、それが遂行されることによって、社会は一応の安定を得ることができたのであった。

しかしながら、この体制を制度通りに運用することは、なかなか難しいことであった。

下　神崎御庄官等

可下早且依二院宣大符宣理一、且任二鎌倉殿折紙旨一、永停二止高木大夫宗家虚誕一、以二□□庄官僧春勝一、如レ元補中河上社座主職上事

右、件職者、去年宗家背二院宣・次第証文等一、自二鎌倉殿一号二賜之由一、暗致レ妨之間、春勝今年令レ言二上子細於鎌倉殿一之処、不レ被レ成二宗家一之由、且見二折紙一、仍停二止宗家虚誕一、以二春勝一如レ元令レ補二彼職一、可レ致二沙汰一之状、

所レ仰如レ件、御庄官等宜承知、勿レ令二違失一、以下、

文治三年五月二日

太皇太后宮権大進源朝臣（花押）

（『鎌倉遺文』二三一）

肥前国神崎荘は、勅旨田に起源をもつ王家領荘園である。後白河院司源某が下したこの文書は、僧春勝に河上社座主職を安堵したものである。文書発給の経緯を整理すると、高木大夫宗家が鎌倉殿からその職を賜ったと称して、押妨したため、春勝が鎌倉殿に子細を言上し、権利を保証する折紙を獲得し、それに基づいて申請、文書下行に至った、というものである。宗家が鎌倉殿の認可を得たという虚偽の申し立てをしたことに対して、春勝が鎌倉殿の折紙を取得し、それが決定的な要因となって春勝の所職補任が実現したことがわかる。次に、『吾妻鏡』文治四年（一一八八）七月一三日条には「又帥中納言経房卿、奉書到来、隠岐守仲国申宮内権大夫重頼称二地頭一、押二領所々一之由云々、仍今日被レ申二御請一、隠岐守仲国申重頼押領事、尤以不便、仍以二消息一令レ下二知重頼一候畢者」という地の文に続いて重頼宛の頼朝御教書が収録されている。(19) それは、治天後白河から下された隠岐国司の申状を示し、押領の停止を命じる内容のものである。このように、地頭でなくても、地頭と称したり、鎌倉殿から所職を賜ったと称したりして係争となった場合は、鎌倉殿に訴えがなされ、軍事検断権を握る鎌倉殿の命令によって紛争が決着したのであった。鎌倉殿の存在が、国家の秩序安定を根底から支えていたことがわかる。もうひとつ、鎌倉殿が進止権を持っていないとされるところで、鎌倉殿の関与が要請されている例をみよう。

正八幡神官等解　申請　本家政所裁事

請殊且依二度度大府宣・府国施行一、且任二先祖相伝所帯公験理一、言二上鎌倉二位家裁下一、為二謀叛人菱苅郡重弘・舎弟重信一、以二無道一申二賜御下文一、令レ押二領御神領禰寝院南俣田畠山野等一子細状、

副進　地頭等解状幷公験調度証文等

右、謹検二案内一、件南俣地頭職者、大隅国在庁頼清先祖相伝所帯也、彼頼清死去之刻、処二分数子一領掌之間、敢無二他妨一、而以二先年之比一、寄二進当宮一畢、随則勒二子細一、言二上大府一之日、任二寄文状一、所レ被レ成二進宮大府宣幷府国施行等一也、爰重信伯父高平去承安三年之比、構二諸謀計一、賜二大府宣一、依レ欲レ令二押領一、重言上之日、可レ停二止高平濫妨一之由、又大府宣顕然也、於二巨細一者、見二于度度大府宣・府国施行幷地頭等解状一、望請本家政所裁、且依二先判等状一、且任二相伝調度文書理一、言二上鎌倉二位家一、停二止彼重信非職一、以二本地頭一為レ令レ勤二行仏神事一、勒レ状言上如レ件、以解、

文治三年十一月　日

（署判略）　（『鎌倉遺文』二八六）

これは、大隅正八幡宮神官等が、押領されている神領禰寝院南俣の保全を本家石清水八幡宮寺に求めている文書である。この南俣地頭職は、大隅国在庁官人であった頼清が保持し、その死後八幡宮に寄進されたものであった。ここでの正八幡宮の権益は半不輸で、南俣は国衙と正八幡宮に両属していた。[20]承安三年（一一七三）頃に押領された際には、大宰府の大府宣によって権利を認定されたが、今また重信等に押領されたことを訴えているのである。正八幡宮神官が本家に訴えているのは、本家が事態を打開する力を持っていると考えていたからでなく、荘園公領制下では自らが所属している本家八幡宮寺から、鎌倉殿に言上するのが正規のルートだったからだと思われる。寄進以前頼清が持っていた「南俣地頭職」なるものは、承安三年以前のことであるから、当然国衙から得た職であり、鎌倉殿とは何の関係もない。したがって、ここでの鎌倉殿への言上は、南俣地頭職が鎌倉殿進止の職だったからではなく、その力によって自らの要求をかなえたかったからにほかならない。治天と鎌倉殿の間で、国家内の業務・職の管轄についての合

意が成立し、それが遵守されていたのはたしかであるが、このように、在地での状況によっては鎌倉殿の関与が要請される事態が発生することがあったのである。鎌倉殿が国家の軍事検断権を任されている以上、それは避けられないことであった。

ただし、これらのことは、全くの制度外というよりは、鎌倉殿の地頭成敗権を超えた鎌倉殿の掌握する諸国守護権に帰す事柄である、と考えたほうが良いかもしれない。鎌倉殿の持つ諸国守護権に基づいて、国別に業務を行うのが守護人である。その最も重要な業務は、国内の御家人を動員して行う内裏大番役の勤仕である。建久七年（一一九六）一一月七日、守護人佐原義連の催促に従って内裏大番役を勤仕するようにとの、前右大将家政所下文が和泉国御家人に発せられている（『鎌倉遺文』八八二）。そして、翌建久八年（一一九七）一二月には、薩摩大隅両国の守護人惟宗忠久に、両国御家人を催促して内裏大番役を勤仕することが命じられ（『鎌倉遺文』九五〇）、さらに勤仕のための上洛期日と勤仕者の名前を明記した支配注文が作成された（『鎌倉遺文』九五四―五六）。守護人を介した内裏大番役の勤仕とともに、守護人は後に「大犯三箇条」と概念化される業務を行うようになる。建仁三年（一二〇三）五月一七日将軍家政所下文案（『鎌倉遺文』一三五八）は、犯人を荘家側から差し出すことを決めて、播磨国大部荘と魚住泊への守護使の侵入停止を命じている。鎌倉殿頼朝の末期から頼家の時代にかけて、鎌倉殿―守護人の内裏大番役や諸国の検断体制が形成されていったことを、うかがうことができるのである。

「文治勅許」を契機に形成された新しい国家体制は、治天が支配権を独占していた従来とは異なり、鎌倉殿が地頭輩の進止権と諸国の守護権を掌握するという形態を取った。これによって、内乱期の治安の乱れはほぼ解消され、社会は一定の安定を取り戻すことができた。この新しい体制のもとで、白河院政期に成立した荘園公領制は安定した基盤を得たのである。治天と鎌倉殿の役割分担は、基本的に遵守されたが、それを超える事態が発生した場合は、軍事検断権を任せられた鎌倉殿が処理にあたることによって、秩序が維持されていたのであった。

二　鎌倉初期の政治構造

本書第三章で、筆者は、後白河院政期において治天・摂関—職事枢軸体制が存在したこと、その原型が白河院政期に形成されていたことを論じた。また、その中の表1で、叙位、除目、行幸や内裏内での仏事、石清水臨時祭や賀茂臨時祭のような公事にいたるまでのあらゆる行事に職事が奉行に任命され、執行の中心となっていたことを示した。本節では、鎌倉殿が国制上確固とした地位を得た文治元年一二月以降、奉行職事による執行体制に変化はあったのかどうかを、まず見ていくことにしたい。表1は、文治四年正月から七月までの『玉葉』に見える公事と奉行職事を書きだしたものである。平安末と同様に、あらゆる公事に奉行職事が任命され、行事を執行していたことがわかる。蔵人頭二名、五位蔵人三名の計五名の職事は、国家の中枢にあって、日常業務を遂行していたのである。「今冬明春等公事皆悉可㆑分㆓-配職事等㆒之由仰之」（『玉葉』文治三年九月二七日条）、と摂政兼実が言っているように、公事は職事にあらかじめ分配されていたが、それに加えて臨時に奉行職事が任命されることも多く、職事はきわめて多忙であった。

右大将参㆓八省㆒、欲㆓早参㆒之処、昨日親経云、最勝光院御国忌同以奉行、其事了後可㆑参㆓八省㆒、仍申刻可㆑参之由示㆓大将㆒云々、今朝自㆓蔵人業長許㆒、示㆓-送光長之許㆒云、奉行職事闕如了、頭右中弁兼忠先可㆑奉㆓-行神事㆒云々、右少弁親経八省事兼行、難㆓早参㆒不㆑可㆑叶云々、定経所労、親雅同前、光長未㆑従㆑事、已上散状如㆑此、親経、定経等、光長可㆓遣催㆒之由仰了、晩頭両人請文到来、定経近日奉㆓-行万事㆒奔営之間、所労更発、今日惣不㆑能㆓出仕㆒云々、親経法勝寺已下諸寺修正兼行之間、一切不㆑可㆑叶云々、仍以㆓別御教書㆒遣㆓親雅定経等許㆒、又以㆓余書札㆒兼忠事示㆓父納言

許二了、戌剋返事到来、兼忠只今可二参勤一云々、

（『玉葉』文治二年正月一四日条）

この文治二年正月時点で、記主兼実は内覧であり、基通に代わって摂政の職務を遂行していた。職事団は蔵人頭が光長と兼忠の二人、五位蔵人が親雅・親経・定経の三人である。この日、兼実の息子右大将良通が八省に参じたところ、奉行職事がいなかった。本来は親経が八省事を奉行することになっていたのであるが、親経は当日最勝光院国忌の奉行も勤めることになっているため、そちらの終了後でないと八省に参仕できない、と前日に良通に言っていた。他の職事は、頭弁兼忠が神事を奉行し、定経・親雅は「所労」、もう一人の職事光長は年末の一二月二九日に蔵人頭に補任されたばかりで、まだ職事としての業務を行ったことがない。結局兼実は、兼忠の父である前権中納言源雅頼に直接書状を送って兼忠の勤仕を要請してその承諾を得、ようやく奉行職事を確保できたのであった。親経は、最勝光院国忌のほかに法勝寺以下の諸寺修正会の奉行を兼ね、所労とある定経は、「奉二行万事一」に疲れ果て「今日惣不レ能二出仕一」という状態であった。国政運営の中核である五人の職事は、日常的に複数の奉行を兼ねるという過酷な状況のもとで、活動していたことがわかる。

以上は主として公事の執行に関してのことであるが、日常の政務運営においても、職事は治天・摂関の指示のもとに、業務執行の中枢を担っていた。『玉葉』を見ると、文治二年以降、摂政兼実のもとには、毎日のように職事が参上し、兼実の指示を仰いでいる。文治二年六月一日、三人の職事が兼実のもとに参会し、親雅は明日祈雨奉幣間事を、兼忠は祇園御霊会

表1　文治4年正月～7月の公事と奉行職事

月　日	公事名	職事の名前
正月 6日	叙位儀	五位蔵人右衛門権佐定経
7日	白馬節会	〃
21日	除　目	五位蔵人左衛門権佐平棟範
2月 1日	釈　奠	〃
15日	円宗寺最勝会	蔵人頭左中弁源兼忠
16日	祈年穀奉幣	五位蔵人左衛門権佐平棟範
3月22日	臨時除目	蔵人頭右中将藤原実教
5月21日	十二社奉幣	五位蔵人勘解由次官藤原宗隆
6月10日	宇佐使	五位蔵人右衛門権佐藤原定経
13日	行　幸	五位蔵人左衛門権佐平棟範
30日	一代一度大仁王会	五位蔵人勘解由次官藤原宗隆
7月 5日	太神宮禰宜等位記	五位蔵人右衛門権佐藤原定経

の日の臨幸のことを、親経は数ヶ条の雑事を申し、指示を仰いでいる。また、同年七月一九日には「此日光長、親雅、親経、定経来、申二数ケ条事一」とあるように、四人の職事が摂政兼実に報告をし、指示を受けた。さて、第三章第二節ですでに明らかにしたように、堀河天皇の死後の政治構造の転換によって、従来太政官が受理していた諸国・諸司・諸家の申請は、職事が受理するようになっていた。

今日参内以前、大理隆房卿来、申二使庁之間条々事一、余謁レ之、付二職事一可レ被レ申之由答了、是先内々所二来触一云々、　（『玉葉』文治三年一〇月二八日条）

この日、検非違使庁のことで報告に来た別当隆房に対して、兼実は職事に付すようにと言い、隆房はそのことは承知しているがこれは内々のことだ、と言っている。基本的には、すべての申状を職事が受理して治天・摂関に報告することが、揺るがぬ原則として定着していたことが、この史料からうかがえる。

次に、職事の報告(21)を受けて、治天後白河と摂政兼実が行う政務処理、決裁のあり方を見ていくことにしよう。文治二年正月二〇日、職事親経から「内膳司申網曳御厨訴事」等の六ヶ条の報告を受けた兼実は、治天への奏上を指示している。同年四月一六日には、蔵人頭兼忠から報告のあった大和国での堺相論についても、兼実は、後白河院への奏聞を命じている。後白河・兼実の両者は、職事を介して密接な連絡を取り合い、政務を処理していたのである。表2は、文治二年二月四日の職事定経の報告と、兼実の指示を書きだしたものである。すべてで六項目が報告されているが、そのうち四項目は院に先に奏聞されその指示を受けた上で摂政に報告した分、二項目が兼実のもとに最初にもたらされた分である。兼実は、前者については院の指示通りに下知するようにとの命令を職事に下し、後者は院奏を指示している。ここに、治天後白河が決裁者、兼実がその補佐を行う者という構図が、鮮明に浮かび上がってくる。五月六日、摂政兼実は、蔵人頭光長を以て、「世上物騒事」を院に奏したが、院のもとから帰参した光長は、「京中山々寺々、仰二使庁一可レ被二尋捜一、又可レ仰二遣関東一者」との院旨を兼実に伝えている。また、七月一一日には、人々申状を院奏するよう、職事定経に命じている。

決裁権を持つ治天後白河は、自らが決定したことを摂政に通告することも多かった。文治二年四月一三日、職事親雅が院の使いとして、丹波国を知行国として右中将実教に与えることを伝えた。実教は周防国の知行国主であったが、周防国を東大寺に付することになったために、とられた措置であった。九月三日、職事定経を通じて頼朝が申請している知行国での成功についての諮問がなされたのに対して、兼実は大内裏、帥中納言は尊勝寺・最勝寺等を提案した。しかし、五日に定経が伝えた院の決裁は、「東寺已下可レ然寺々」であった。また、文治三年九月七日、職事親雅が摂政兼実のところに来て、群行駅家雑事を「定二別所課一、被レ宛二本所一云々」との院の命令を伝えている。もちろん、院がただちに決裁することは難しいと感じた場合、摂政に処理を相談することはあった。文治三年五月七日、職事親経は、阿倍野領をめぐる天王寺と住吉社の相論で天王寺が対問の場に出ることを渋っている件で「可二計沙汰一」との院の指示を伝えている。このとき兼実は「申下可レ在二御定一由上了」と自らの意見は言わなかった。このように、初期中世国家体制の成立後、決裁権を独占する治天白河のもとで同質化した摂政関白が補佐を務めるようになった形態をそのまま受け継ぎ、鎌倉初期においても摂政兼実は治天後白河の補佐役であり、決裁を行うのは後白河院であった。

次に、このシステムのもとでの命令下達・文書作成のあり方について、見ていくことにしよう。文治三年四月一七日、職事親経が、雅縁僧都を薬師寺検校に補任するようにとの

表2　文治2年2月4日の職事から兼実への報告

報告の内容	報告前の院の指示の有無	兼実の指示
春日社司申武士妨事	奏聞之処早可問武士	早可問之
日吉社司申為国司被妨事	奏聞之処可問国司	早可問之
宇佐和気使自路帰洛之事	奏聞之処可令相計	可被下文書於左大臣歟
内蔵寮訴申供神物対捍事	院奏以前	早可奏聞
王氏等訴申為伯被横領事	可問伯之由有勅定	相計可問之
法勝寺修二月会上卿事	院奏以前	奏聞可随御定

院の命令を伝えてきた。兼実は「早任二院宣一可二下知一」と親経に指示している。職事が奉じる御教書の作成を命じたものと思われる。五月二三日に、蔵人頭兼忠が山悪僧のことで増暹・慶算等を召すようにとの院旨を伝えた時も、兼実はそのことの下知を兼忠に命じている。これらは、いずれも職事が治天の意をうけて御教書を発している例であると考えられる。以上は『玉葉』からの引用であるが、摂政である兼実とは異なった視点から書かれた他の史料を分析することも、必要であろう。後鳥羽親政・院政期に五位蔵人・蔵人頭を勤めた藤原長兼の日記『三長記』からも、職事の諸活動、文書作成への関わりなどを、見ていくことにしよう。長兼は、建久六年（一一九五）一一月一二日に五位蔵人に就任した。後鳥羽天皇一六歳、関白は兼実である。一二月二日、長兼は、勅旨を受けて安楽寺修造功事を権中納言平親宗に宣下している。これは、職事平親国が奏聞し、申し定められていた事柄であったが、親国が五位蔵人を退任して宣下されていなかったため、長兼に付せられたものであった（同一二月一日条）。長兼自身が、上卿に宣下した口宣の実例も挙げておこう。

元久三年二月卅日　宣旨、

沙門行空忽立二一念往生之義一、故勧二十戒教化之業一、恣謗二余仏一、願レ進二其念仏行一、沙門遵西稔専修毀二破余教一、任二雅執一過二妨衆善一、宜レ令三明法博士勘二申件二人罪名一、

蔵人頭左中弁藤原長兼奉

このとき、蔵人頭に昇任していた長兼が、中宮権大夫師経に口宣を宣下しているものである。また同年（一二〇六）には、もう一人の蔵人頭である皇后宮亮平親国が、参議藤原公定の佐渡国配流を行うようにと上卿に命令しているが、この時は官符発布の手続きが取られ、式部省・刑部省・左京職・佐渡国司に宛てた四通の太政官符が発布された（『三長記』建永元年九月一八日条）。元久三年（改元後は建永元年）二月の念仏宗に対して出された口宣は、作成に際し

て慎重を期しており、発布までの間に、長兼が摂政良経に見せて、添削をうけていたのであるが（二月一八日条）、内容が知れると興福寺衆徒の間に轟轟たる非難が巻き起こった。長兼は「職事下二宣旨一之習、一言一字非二御定一不レ載之、而加二私詞一之由衆徒成二邪推一、補二蔵人頭一已五代継レ踵、重代奉公之家、争不レ弁二此程事一哉」と日記に記している（二月二一日条）。このときは、治天後鳥羽院・摂政良経の時代であるが、職事の下す宣旨「口宣」が一字一句治天・摂政の定めた通りに書き記すものであることを、歴代蔵人頭に任用されてきた家柄の誇りとともに、長兼は述べているのである。

次に、口宣発給以外の職事としての長兼の活動を、たどっていくことにしよう。建久七年一一月二九日、職事長兼は発遣宇佐使の奉行を勤めていた。この日以前に長兼は、摂津と山陽道諸国七ケ国、九州五ケ国の計一三ケ国に駅家雑事を申しつけていた。「兼数日仰二国司一、庄々勤否依二先例一可レ宛之由仰二国司一」とある通りである。職事が公事運営の中枢を担っていたことがわかる。

晴、参二殿下一、申二別当書状一、中宮権大夫依二行幸賞一叙二二位一者、可レ被二超越一也、其事被二訴申一也、仰曰、都行幸賞事、奏二事由一可二申定一、参内奏二子細一、仰曰、可下令二計申一給上之由、可レ触二関白一、又参二殿下一、申二勅定趣一、明日可レ参、可レ被レ奏二子細一也、

（『三長記』建久七年一一月三日条）

この日、職事長兼は関白兼実のもとに参じ、中宮権大夫公継が行幸賞で従二位に叙せられたのは超越にあたるという正三位検非違使別当光雅の訴えを取り次いだ。兼実は奏聞を指示し、後鳥羽天皇は関白が計らうようにと命じたため、長兼は再び関白のもとに参じて、天皇の言葉を伝えた。このときの治天は、後鳥羽天皇であるが、政務決裁の手順において、院が治天の時代と大きな違いは認められない。建久七年一一月二五日、兼実が関白を退任し、基通が関白となった。長兼は引き続き五位蔵人を勤める。同年一一月二八日、長兼は「閑院修造成功輩事」を後鳥羽天皇に奏上し、

勅許を得ている。一二月六日には、長兼は関白基通のもとに参じた。大中臣頼清が宮司を望んでいるが、ほかに希望者が七・八人いるため、どのように決めるべきかを後鳥羽が思案し、長兼も意見を具申したのである。後鳥羽天皇が、「可レ然、件条令レ申二殿下一也」と命じたため、長兼が関白の意見を聞くために使者に立ったのであった。やはり、後鳥羽天皇が治天としての役割を果たしていたことがわかる。

後鳥羽が土御門天皇に譲位した後も、長兼は五位蔵人、元久元年（一二〇四）四月以降は蔵人頭として引き続き職事の重責を担い、治天後鳥羽と摂政のもとに参仕していた。建仁元年（一二〇一）七月二五日から二九日までには、二八日を除いて毎日、職事長兼の奏事内容と治天後鳥羽院の決裁が書き留められている。表3は、その中の二五日の分を書きだしたものである。職事は、自らが受理した公事執行関係、権門・国衙の紛争、官庁造営などの多様な事柄を、治天に奏聞しその決裁をうけていたことがわかる。治天の裁許も、職事に具体的な指示を与えるものであった。この奏聞の後、長兼は「次参二殿下一、以二親輔一申二条々一、群行文治次第可二尋進一由、被二仰下一者」とあるように、摂政基通に条々を申し上げたが、基通は文治の時の群行次第を調べるようにとの指示を与えただけであった。

後鳥羽親政・院政期における治天後鳥羽中心の政治運営のあり方を確認した後は、実際の国政運営にさらに検討を加えてみよう。元久三年二月一四日、蔵人頭長兼は新宰相から御教書（院宣）を受け取った。その内容は、法然の弟子である法々と安楽を召しだすようにというものであった。この命令を受けて長兼は、検非違使別当の職務を代行していた左衛門佐親房に両者を召しだすように、との指示を出している。長兼が出したのも新宰相が奉じたものと同じく御教書であるが、外部（この場合検非違使庁）には職事が奉じる御教書が下されている点が注目される。

頻発する相論に際しては、記録所に下されてその勘申が重視されることが多かった。建永元年六月二九日、蔵人頭長兼は、江嶋・河南両御厨相論と神宮寺と園城寺の相論について、摂政家実は勘申に従うのが良いとの意見であると奏上したが、後鳥羽院はさらに東宮傅前太政大臣家実にも諮問するようにと、長兼に命じている。家実は『猪隈関白記』という記録を残している人物である。その『猪隈関白記』の正治二年（一二〇〇）二月一一日条を見ると、治天後鳥羽院は職事親経を派遣して、安芸守と法勝寺の相論についての記録所勘状を右大臣家実やその他の人々に示し、意見を徴している。決裁権を専有する後鳥羽院が人を選んで諮問していたことがわかる。これは、本書第四章で述べた白河・鳥羽・後白河の三院が、決裁の前に行っていた在宅諮問と同様な性格のもの、と見ることができよう。建仁元年（一二〇一）八月二九日には「参二左相府一、禰宜所望輩、幷群行路可レ憚二閑院北陣一哉否事、申二勅問之趣一」とあるように、職事長兼は左大臣良経のもとに参り、院の諮問内容を伝えている。

表3　建仁元年7月25日の長兼の奏聞と院の決裁

奏聞の内容	後鳥羽院の決裁
豊受宮槻枝折事	例を調べて御卜を行うべし
群行定間装束次第司事	外記に仰せて勤仕輩と先例を注すべし
官庁修造事	成功の輩を尋ね付すべし
六条中納言長奉送使辞退事	辞退を許さず，なお催促すべし
日吉神人訴申，能登目代濫行事	能登国司に問うべし
長経申，春宮御季御服所御封事	御服所に例を問うべし
近江国司申，同御封事	催促すべし

以上の治天後鳥羽時代の記録を見ると、白河から後白河の時代と比べて、治天が会議を召集することが少なかった傾向がうかがえる。建永元年五月二七日、「上皇出御、有二御評定等一」とあり、人々が一か所に集って諮問に答えたことがわかるが、これも院御所での議定と言うより、むしろ在宅諮問の変形と言ったほうがよいものである。第四代の治天である後鳥羽院は、初代白河、二代目鳥羽、三代目後白河の時と比べると、公卿等を召集しての会議を行うことは比較的少なく、在宅諮問[22]を活用しながら、自らの意志で決裁を行うことが多かったのではないかと思われる。

さて、これまで鎌倉初期、すなわち後白河院政末期および後鳥羽親政期・院政期初期の国政運営の状況を見てきた。ここで見た限りでは、白河・鳥羽・後白河三代と比べて、大きな変化はみられない。すでに成立している中世国家体制に基づいているのであるから、これは当然のことである、と言えよう。しかし、すでに鎌倉殿が成立しており、本章第一節で確かめたような転換が起こっているのであるから、鎌倉殿が国制のなかでどう位置づけられ、どのような役割をはたしているのか、ということが問われなければならない。

よく知られているように、文治元年一二月のいわゆる「文治勅許」の際、①右大臣兼実に内覧宣旨を下すこと、②蔵人頭二人を解任し、光長・兼忠を後任に据えること、③兼実の伊予、新蔵人頭光長の和泉、兼忠の陸奥、頼朝自身の豊後など、計一〇ケ国の知行国主の任用、④議奏公卿一〇人を頼朝が選定して通知、⑤参議親宗、大蔵卿泰経以下の解官、など実に様々なことを頼朝は後白河に要請し、そのすべてを実現させた。後白河が義経の請いを受けて頼朝追討の宣旨を発したという弱みがあったとはいえ、ここで頼朝が獲得した権限の大きさがわかる（『玉葉』文治元年一二月二七日条）。それ以後も、鎌倉殿頼朝の申し入れは折に触れてなされた。文治二年二月二四日には、左馬頭能保を兵衛督に任じるようにとの鎌倉からの要請が帥中納言経房を通じて院にもたらされた。摂政兼実も院から相談をうけたが、この時には左右兵衛督は空いていなかったために実現せず、同年一二月一五日になってやっと、能保は右兵衛督に就任した。また、頼朝は、安楽寺別当のことでも全珍を補任するように申し入れを行っている（同五月二一日条、九月一日条）。

頼朝が申し入れをおこなったのは、人事ばかりではない。文治二年八月一九日、職事定経が院の使いとして鎌倉からの書札を持って摂政兼実のもとに現れた。その骨子は、諸寺・大内等の修造は頼朝知行国に宛てられるべきこと、記録所を置かれるべきこと、などであった。前者については、東寺以下の寺院修造に宛てるべし、と後白河院が決裁したことは、先に見た通りである。後者の記録所については、引き続き頼朝が設立を要請し、文治三年二月には正式に発足、以後とぎれなく継続していくことになる。国政の重要部分を担う部署の設立に、鎌倉殿頼朝が大きな役割を果たしたのである。また、頼朝は閑院修造の功によって、知行国の重任を得ている（同文治三年一〇月一二日条）。

このように、鎌倉殿頼朝は、人事や国政の重要な点について、いくつかの提言を行い、その多くを実現させた。第一節でみた諸権門・諸国の上に立つ頼朝の地位からすれば、それは当然のことではある。治天後白河、その補佐をする摂政兼実とともに、鎌倉殿頼朝は国政の中核を担う存在だったのである。しかしながら、日常の国政運用は、あくまで治天・摂関―職事の中軸体制によってなされ、鎌倉殿は、京都から離れた鎌倉にありながら、諸国守護権と庄郷地頭の成敗権を握って、国政にとって重要な発言をしていたのであった。鎌倉殿は自らの力で勝ち取った固有の役割を果たしながら、国政運営にも関わっていた。しかし、職事長兼が為定朝臣の申す伊勢国住人季廉等狼藉事を奏聞したとき、治天後鳥羽天皇が「可㆑仰㆓守護人経俊㆒」と命じているように(23)（『三長記』建久六年一二月三日条）、鎌倉殿の諸国守護権を分有しているはずの守護人ですら、鎌倉殿の独占的な支配のもとにあるとは必ずしも言えない状況が、一方ではあったのである。

三　鎌倉前期の国制

承久の乱後、国制はどのように変化するのであろうか。乱後の状況を見ていく時まず目に付くのは、鎌倉・六波羅と諸権門が直接接触することが多くなった点である。

播磨国這田庄幷石作庄、任㆓先例㆒、停㆓止守護所使入部㆒、可㆑為㆓領家進退㆒也、兵粮米同任㆓率徴之符㆒、為㆓領家使之沙汰㆒、可㆓弁済㆒之状、依㆑仰下知如㆑件、

承久三年八月廿四日　陸奥守平（花押）

（『鎌倉遺文』二八〇九）

這田・石作両荘は、鳥羽院の御願寺得長寿院が本家で、平頼盛の子従三位光盛が領家であった。(24) この関東下知状は、光盛に守護所使の入部停止を伝えたものであり、約二ヶ月後には、六波羅の施行が行われた（『鎌倉遺文』二八六六）。また、同年一二月には、祇園社領丹波国波々伯部保の社家進止を認める六波羅下知状が、関東下知状を施行して出されている（『鎌倉遺文』二九〇四）。六波羅の施行を伴わない、関東下知状だけの発布の例もある。貞応元年（一二二二）五月六日関東下知状は、石清水八幡宮寺の訴えをうけて、寺領河内国甲斐荘地頭為綱の仏神事米押し取りの停止を指示している（『鎌倉遺文』二九五六）。同年七月七日には、御室仁和寺領但馬国新井荘への傍郷地頭等の濫妨停止が命じられている（『鎌倉遺文』二九七三）。このように、承久の乱後、鎌倉は、諸権門からの直接の訴えを受けて、関東下知状単独か、関東下知状と六波羅施行状がセットになる形での命令を発しているのである。承久以前にこのような例がないわけではないが、(25) 基本的には権門の要請を治天が鎌倉に伝える場合がほとんどであったから、この点は承久以後で大きく変わったことである。

権門が、六波羅に訴える場合も多かった。承久三年九月一二日の六波羅御教書案（『鎌倉遺文』二八三〇）は、高野山本寺が寺領を守護所使のために押領されたことを訴えたものである。また、嘉禄三年（一二二七）二月一四日六波羅下知状（『鎌倉遺文』三五七四）を見ると、御室仁和寺が要請した河内国金剛寺の守護所の沙汰停止を求める訴えを受けて、六波羅は守護代に寺家四至内は寺家進退であることを通告している。

　　在判

当寺訴申守護所狼藉事、被㆑触㆓申六波羅㆒之処、下知状如㆑件、早糺㆓返件輩㆒、雖㆓自今以後㆒、可㆑停㆓止乱入㆒之由、
依㆓大蔵卿法印御房御奉行㆒、執達如㆑件、

嘉禄三年十一月九日　　兼快判奉

金剛寺三綱御中
（『鎌倉遺文』三六八六）

この史料は、本家御室仁和寺が、寺内への守護所使乱入停止を命じる六波羅の下知状が出されたことを、金剛寺に伝えたものである。文面から仁和寺は関東ではなく六波羅に訴えたこと、仁和寺は六波羅下知状だけで十分効力があると考えていたことがわかる。

六波羅は、宣旨や院宣を伝えることもあった。承久三年九月一七日、六波羅は正八幡宮領大隅国桑原郡と弥勒寺領の武士狼藉を「任二宣旨一状」停止するように命じている（『鎌倉遺文』二八三五）。

周防国玉祖社領敷地堺事、任二旧跡一可レ打二定牓示一由、所レ被レ成二下院宣一也、早任二宣下状一、可レ令二糺定一状、下知如レ件、

承久三年十月十八日

武蔵守在判

相模守在判

（『鎌倉遺文』二八五〇）

玉祖社領の敷地堺に牓示を打つことを命じるこの六波羅下知状は、院宣を受けての下知であると述べているが、実際に治天後高倉院の院宣案が残っており（『鎌倉遺文』二八四八）、六波羅下知状は、この院宣を実効あらしめるために出されたものであることが確認できる。承久四年（一二二二）四月一〇日六波羅下知状案（『鎌倉遺文』二九四六）は、高野山伝法院領の諸荘園への地頭代の濫妨停止を命じたものであるが、地頭代が「院宣幷御室御下文」に背いたため、六波羅に訴えがなされたものであった。治天後高倉院宣・本家御室下文をもってしても濫行が止められなかったためにとられた措置であった。

本章第一節において、鎌倉初期においてすでに、治天と鎌倉殿は諸権門・諸国の上に立つ存在であったことを論じ

たが、承久の乱後は、軍事力を独占する鎌倉と六波羅にかなりの部分の成敗がゆだねられ、秩序維持がはかられていたことがわかる。それは治天・権門・諸国が関係することすべてにわたっていた。嘉禄二年（一二二六）八月一五日、治天である後堀河天皇は、高野山衆徒に帰住を命じ、違勅の場合は「仰二京畿七道一、可レ召二進其身一之由、被レ宣下一候也」と綸旨を高野山へ書き送っているが（『鎌倉遺文』三五一二）、これと同じ内容の御教書を受け取った鎌倉は、このうえなお御下知に背く行為があれば武士に仰せ付ける、と返答している（『鎌倉遺文』三五二〇）。治天の京畿七道への支配権は、実際には、鎌倉と六波羅の軍事力によって実効性を保っていたのである。

軍事面に直接は関わらない場合でも、鎌倉発布の文書が効力を発揮することがあった。寛喜元年（一二二九）一二月日の近衛家政所下文（『鎌倉遺文』三九一九）は、宇佐嗣輔に江嶋小犬丸名等の領有を認めた本家としての文書であるが、その根拠として「先度政所下文并関東下知状」があげられている。貞応三年（一二二四）の宇佐宮造替遷宮が難航した際にも、神官等は鎌倉に訴えており（『鎌倉遺文』三三〇〇）、宇佐宮は決して本家近衛家のみに属して行動していたのではなかったのである。八条院を本家とする筑前国宗像社の場合も同様であった（『鎌倉遺文』三四三七、関東御教書）。

諸権門とともに、諸国の場合も鎌倉発布の文書が命令執行の根拠とされることがあった。嘉禎二年（一二三六）一〇月日尾張国国司庁宣案（『鎌倉遺文』五〇七五）は、「可下早任二宣旨・院庁御下文并関東下知一、致中其沙汰上、国免外承久三年以後新免田畠顛倒分諸社上分事」と、神領を与える根拠の一つとして、関東下知状を挙げている。同じ尾張国司が暦仁元年（一二三八）一二月日に発した庁宣（『鎌倉遺文』五三六六）でも、「去天福之比、申二下綸旨并将軍家御使一、令二糺断一之刻、於二国免地一者、被レ免二顛倒一畢」と、綸旨・将軍家使が国内諸社への神田授与を正当化する根拠として挙げられている。尾張国に下された院庁下文と綸旨、関東下知と将軍家御使はそれぞれ別のものであるが、それぞれの庁宣で二つが合わせて神田授与の根拠とされている点が、注目される。両系統の文書が存在することが、国司の命令を権威づけていたのである。

以上の事から、何が明らかになるのであろうか。佐藤進一氏以来の鎌倉・南北朝時代研究は、幕府権力の不断の拡大と朝廷・国衙権力の接収が前提となっていた。しかし、この見方は果たして妥当なのだろうか。白河院政期に成立した荘園公領制は、六波羅探題が設置された承久以後、安定期を迎える。鎌倉・六波羅が治天・権門・国衙関係のことに文書を発し指示を行っているのは、決してこれらの権限を接収したことを意味してはいない。鎌倉・六波羅の軍事力に支えられながらも、治天・権門・国衙の発する文書自体は決して形骸化してはおらず、効力を持ち続けているのである。問題の核心は、諸系統の文書が何の違和感もなく共存しているという点にある。日本が中央集権国家であった一一世紀末までは、このようなことは決してなかったし、一二世紀初頭の国制転換後もそれは継続していたから、このような状況は治承寿永の内乱・承久の乱を経て産み出されたものであった。諸系統の文書が効力を持ちながら共存している、というこの形態こそ、鎌倉前期の国制の特徴を最もよく示しているということができるのである。

さらに詳しく、この時代の国制の特質を考察してみよう。嘉禄二年五月日関白家実家政所下文（『鎌倉遺文』三四九四）は、下総国在庁官人と香取社神官に宛てて、中臣助道を神主職とし、社領三ケ村の領有を認めたものである。もちろんこれは、香取社の本家[26]である摂関家の発布した文書であるが、その中で「具見二代々政所下文幷鎌倉右大将家御下知状等一」とあるように、頼朝の下知状を代々政所下文とともに領有認定の根拠に挙げているのが注目される。

筑前国御家人氏業申宗像大宮司社務事、石見前司友景朝臣奉書・雑掌申状副二年貢済物注文一令二披露一畢、氏業帯二関東代々御下知一、蒙二本所御裁許一歟、而年貢已下済物事、任二雑掌所レ進注文一、氏業進二請文一之上、勿論歟、早任二旧例一、可レ有二御成敗一之由、可レ被レ申之状、依レ仰執達如レ件、

建長二年八月三日　　　　　　　　　　相模守（花押）
　　　　　　　　　　　　　　　　　　陸奥守（花押）

陸奥左近大夫将監殿

（『鎌倉遺文』七二一八）

この関東御教書は、筑前国御家人で宗像社大宮司である氏業の申請をうけて六波羅に指示を下しているものである。氏業の持つ代々の関東下知、本所の裁許、さらに雑掌の注文も検討して成敗を下すように、との内容である。先にみたように、宗像社は八条院以来王家を本家（本所）と仰いでいるが、御家人であっても、その御家人の仕える本家の文書の検討が、成敗を下す際には必要だったことがわかる。(27)

国衙に対する指揮権についてもさらに検討を加える必要があろう。

二品為レ知二民庶憂喜一、去年合戦以後、新補守護地頭等所務之間、非違相交者、可三注申一之旨、被レ仰二畿内西国在庁等中一、奥州レ被下二御書一

（『吾妻鏡』貞応二年正月二三日条）

ここでの二品は政子、奥州は義時である。実質的には鎌倉殿である政子が、承久の乱後補任された守護や地頭の行為に問題があれば注進するようにとの指示を畿内西国在庁の国衙に出すようにと指令し、執権義時が文書を発した、ということがわかる。畿内西国在庁に対しても鎌倉の指揮権が存在したことを、明確に示す史料である。しかし、鎌倉殿が諸国在庁を指揮する一方で、諸国が治天の意思を表す院宣や宣旨を受けてその命令を執行するのは、これまでと何ら変わるところはない。また、承久の乱後、鎌倉・六波羅から守護へという命令系統が確立し、治天がこれに関わることはなくなったが、そのことは国衙在庁に対する守護の権限強化を意味しなかった。国衙在庁は治天・鎌倉双方の命令を受け、それを執行する存在であり続けたのである。(28)

国衙は、治天・鎌倉とは直接関わらない局面でも、独自の権限を行使することがあった。寛元元年（一二四三）一

一月日安芸国司庁宣（『鎌倉遺文』六二五五）は、厳島神社半輪地であった井原村を一円社領とし、舎屋造営に宛てるように指示しているが、この庁宣は上級権力の命令を施行したものではない。また、厳島社神官も、国衙にのみ解状を提出しており、国司の判断による決裁だったことがわかる。河内国金剛寺は、先にみたように、本家御室仁和寺に属し、六波羅からの下知も受けていたが、嘉禄三年（一二二七）七月日金剛寺住僧等解案（『鎌倉遺文』三六四一）では、造野宮作料米并縄人夫等の免除を河内国に求めている。金剛寺は、建久二年の宣旨案一通を挙げているが、「尤可㆑停㆓止其催㆒之由、欲㆑召㆓賜国司御庁宣㆒矣」と言うように、ここで金剛寺が求めているのは国司庁宣のみである。これは、国衙を通じて課せられる一国平均役の免除には国司庁宣が有効であると、金剛寺が考えていたからにほかならない。このように、国衙は治天や鎌倉の命令を執行する一方、国内では独自の判断による決裁を行うこともできたのであった。

一国平均役および日常的に賦課される国家的な課役は、国衙を通じて課される。それは、基本的には京都において治天・摂関―職事から国司への命令によって発動する。今度は、そちらの方面の史料を分析してみよう。『民経記』の記主藤原経光は、安貞二年（一二二八）五位蔵人となって以後、ずっと職事としての活動の記録を残している。寛喜三年（一二三一）五月一四日には惣在庁宛ての治天後堀河天皇の綸旨を書き、六月二〇日には尊勝寺・最勝寺の行事弁名を書いた口宣を上卿中納言家光に下すなど、経光の職事としての活動内容は、先に見た後鳥羽親政・院政期の長兼と同じである。ここでは、諸国及び諸国に課せられる公事にしぼって、その活動を追っていくことにしよう。

同年八月一日、北野祭御輿迎があった。経光は奉行職事である。率分所と大蔵省が奉行職事のもとで業務を行い、率分所は年預国兼が「納物国々以㆓切下文㆒申㆓御教書㆒、再三催促」と、諸国に催促していた。表4は、この時諸国に課せられた課役の内容と諸国の領状を書きだしたものである。一五ケ国に賦課され諸国がそれを了承して現物を納め

表4　北野祭御輿迎が課せられた諸国

国名	進　上　物
三　河	御料1前，率分所御料1前
阿　波	饗合2前，御輿長駕輿丁2前
上　野	饗合5前，率分所御料2前
下　野	饗合2前，御輿長駕輿丁2前
若　狭	饗合3前，師子禄2段
安　房	饗合5前，御輿長駕輿丁5前
伯　耆	白布5段，預1前
相　模	白布4段，省掌5段
武　蔵	白布4段，省掌5段
石　見	白布11段
美　作	白布20段，省掌16段，御輿長駕輿丁4前
丹　後	白布10段，省掌10段
信　濃	御輿長駕輿丁10前
加　賀	御輿長駕輿丁2前
能　登	大盤敷4段，唱人禄7段

ていたことがわかる。

ここで注目されるのは、一五ケ国の中身である。従来鎌倉幕府の強固な支配権のもとにあるとされてきた武蔵・相模をはじめ東国の信濃・安房・上野・下野の諸国も賦課を負担している。また、『民経記』紙背文書には、中央から賦課された料物について、国司から職事経光に宛てたと思われる書状が多く見られる。

　賀茂祭召物事、謹承候了、但子細先度令二言上一候了、当国延弱之間、近年如レ此事不二勤仕一候間、可レ然之様、可下令レ計二披露一給上候、恐々謹言、

　四月十日　　　遠江守資氏　（『鎌倉遺文』四三一五）

貞永元年（一二三二）四月に遠江守資氏が職事経光に送ったと思われるこの文書によって遠江国から職事経光のもとに、さらに経光職事の時ではないが、伊豆守が公事の請文を中央に提出している事例もあり[29]（『鎌倉遺文』六四七四）、治天・摂関―職事枢軸体制下の公事催促は、畿内西国に限らず、鎌倉の支配下にあったとされる東国にも及んでいたことがわかる。また、『民経記』貞永元年七月の紙背文書を見ると、信濃守・飛騨守・播磨守・淡路守が御更衣召物について、能登守と周防国雑掌が賀茂祭召物についての訴えを職事経光に行っており、奉行職事がこれらの行事を必要経費の調達も含めて統括していたことを裏づける。

公事用途の割り当ては、治天を中心に決められた。『平戸記』仁治三年（一二四二）四月一九日条を見ると、新治天後嵯峨天皇のもとに三人の前大臣、土御門大納言具実等が召集され、公事用途について議定を行っている。「公事

用途事、被レ勘二定年中員数一、被レ宛二召其用途於国司等一、或被レ相二尋国々所済一、可レ有二計沙汰一」と、経高が審議の内容を聞いて書き残していることから、公事用途の割り当て先は依然として諸国であり、その概要は治天のもとで決定されていたことがわかる。また、八幡清祓の祭物が民部省に課された際、民部卿経高は諸国の納物の中から納めるのが慣例であるとして、当該国に配符するよう民部省年預に下知している（『平戸記』寛元二年一〇月二四日条）。このように、諸司からの賦課も含めて、諸国は公事用途調達先の中心であり続け、その手配は治天・摂関を中心とする上層部で練られ、職事中心に実行されていたのであった。もちろん、公事用途の確保は難渋をきわめた。そのために知行国制度が使われることもあった。民部卿経高は加賀の知行国主であったが、一代一度大神宝使の用途を諸国とともに賦課されている。「加州雖レ為二造社之国一、譴責之間少々遣済畢」（『平戸記』寛元三年一一月一三日条）とあることから、経高への知行国給付は白山[30]社造営を遂行するためであったことがわかる。天福元年（一二三三）六月、職事兼高がにわかに豊後国を知行国として賜ったのも、内裏で行われる愛染王法の用途を捻出するためであった[31]（『民経記』天福元年六月二二日条）。また、頼朝時代と同様に、関東に出費を要請することも多かった。「公卿勅使神宝用途事、任官成功可レ被レ召二関東一事、奏二事由一候之処、雖二用途帳未定以前一、相計可レ被二仰遣一歟之由勅定候之由所レ申也」と見えるように、割り当てを決めた用途帳がまだ出来上がっていない段階で、治天後堀河天皇の判断で関東に用途を課すことが決められている（『民経記』寛喜三年八月五日条）。天福元年には、関東に課せられていた大嘗会用途の進済が遅れているため、河内国重任功として進上された二万疋の半分を当面それに宛てることが決定された（『民経記』同年四月二八日条）。

このように、鎌倉前期の公事執行のための料物調達は、すべては治天・摂関―職事枢軸体制でもって処理がなされ、諸国を中心に諸司[32]・知行国主・鎌倉などに賦課しながら料物調達がなされていた。鎌倉方は、この方面では主導的な役割を果たしてはいない。

ただし、これまで述べてきた通り、鎌倉と六波羅の役割は、単に軍事検断権の掌握というレベルにとどまってはいなかった。鎌倉は緊密に六波羅と連絡を取り、報告を受け、指示を下していた。寛元三年正月九日関東御教書は、本神人の外の新神人は本所に触れて停止するように六波羅に命じている（『鎌倉遺文』六四三二）。建長元年（一二四九）には、蓮華王院造営用途を六波羅に送ることを通知したり（『鎌倉遺文』七〇七六）、西国近国地頭御家人を召しだして在京させるように六波羅に指示したりしている（『鎌倉遺文』七一一一）。これらはいずれも国家の体制維持にとって重要な事柄であり、そのような指令が、頻繁に六波羅におくられ、六波羅はその指示を実行に移していたのであった。三浦合戦の報告を受けた際、治天後嵯峨院の最側近である葉室定嗣が、和田合戦の時と比べて「建保義盛之時、京都無二穢気之沙汰一、然而承久以後、関東与二洛中一異レ他、今度彼合戦之穢、可レ及二洛中一之条勿論云々」（『葉黄記』宝治元年六月一〇日条）と述べているように、関東と京都の一体感は乱後格段に深まっていた。ここに、中世前期の国制は、ほぼ完成された姿をみせるに至ったのである。

最後に、鎌倉前期の国制について、まとめを行っておきたい。その国制の基本構造は、一二世紀初頭の堀河天皇死去後の国制転換によって形成された初期中世国家の構造を継承したものである。すなわちそれは、土地・人民の支配権（管轄権）を認定された諸権門・諸国の上に立って、治天・摂関—職事という枢軸体制でもって国政を運営する基本形態を持っていた。権門に属する荘園、諸国の管轄下にある公領ということから、荘園公領制という用語を使用するのが適切であると考えるが、これは決して単なる土地[33]制度ではなく、国家体制そのものを意味する。

治承・寿永の内乱を経て鎌倉殿という存在が成立し、地頭輩進退権および諸国守護権を掌握することになるが、ここで最も重要なのは、鎌倉殿が治天とともに権門・諸国の上に立つ存在としての地位を確立したことであった。承久の乱後、六波羅探題が設置され、鎌倉と六波羅が緊密な連絡を取り合いながら施策を進めるようになると、一国の秩序安定をはじめとした国政運営のうえでの鎌倉の地位はさらに高まり、その力を背景にして、国家体制の一定の安定がもたらされたのであった。

しかしながらこの体制は、決して鎌倉・六波羅が朝廷側の権力を奪ったものでも、国衙の役割を形骸化させたものでもなかった。日本史上、最も典型的な荘園公領制の時代と言えるのは、まさにこの時代であった。初期中世国家体制を成立させた白河院の時代以降、すでに日本は中央集権国家体制の国ではなくなり、天皇・関白・太政官・諸司・諸国というそれまでの体制は、すでに治天・摂関―職事枢軸による執行体制に簡略化されていた。そして、このような体制の最大のアキレス腱である軍事検断体制の弱体化が、内乱発生の主因となったのであったが、最終的に承久の乱の結果完成した新しい国制によって、久しぶりに国政に安定がもたらされたのであった。このような国制を根本的なところで支えていたのは、鎌倉・六波羅であり、守護・地頭と権門・諸国をめぐる紛争は、この体制でもって解決が図られた。その点から見れば、鎌倉・六波羅も国家的機能を果たしていた、と言ってよいであろう。しかし、国家的公事の遂行、伊勢遷宮役夫工米の催徴などの運用を行っていたのは、治天・摂関―職事枢軸体制でもって動かされる中央官庁や諸国であった。鎌倉殿のもとにあった政所・侍所などは、どの権門にも存在したものであり、鎌倉殿が国家機能を担う存在になっていくにつれて肥大していったものの、それ自体を国家機構とみなすことはできない。京都の行政機構自体が、大きく形を変えていたことからわかるように、一種の封建体制ともいうべき中世国家体制は、もうすでに巨大な国家機構を必要としないものに変質していたのであった。

おわりに

本章は、治承・寿永の内乱終結後の国制の変化から、承久の乱後に新しい国制が形成されるまでを見てきた。この国家体制を、筆者は前期中世国家体制と呼ぶことにしたい。本章での考察によって、公家・武家・寺家等の権門が国家権力を分掌したとする黒田俊雄氏の権門体制論も、王朝国家と鎌倉幕府の二つの国家の並立を唱える佐藤進一氏の中世国家論も、ともに成立しないことが、明らかになったものと考える。次に追求すべきは、当然鎌倉末〜南北朝の変化ということになるであろう。しかし、筆者はその課題を次々回に持ち越したい。なぜならば、佐藤氏の二つの国家論が提起されて、実証されることもなくこれまで続いてきたのは、元々鎌倉時代以降は武家政権の時代であるという、強固な思い込みが存在したなかで、黒田説の提起に対抗するために打ち出された説であったから、と考えられるからである。隣国高麗の一二世紀末から一三世紀半ば過ぎまでは、かつて日本の武家政権との対比で武人政権と呼ばれ、盛んに比較が試みられた時代があった。最近では日麗両国の体制の違いが明らかになり、そのような視点からの研究は下火になってきているが、単なる比較研究ではなく日本・高麗の国家体制を明らかにするという視点からの研究は、まだ手を付けられておらず、分析を行う意味は十分にあるのではないか、と筆者は考えている。このような観点から、武家政権・武人政権と呼ばれることのあった一三世紀の両国の国制、さらには鎌倉後期の国制についての考察を行った後で、鎌倉末・南北朝期に進みたいと考えている。

注

（1）　黒田俊雄「中世の国家と天皇」（『岩波講座日本歴史』六、岩波書店、一九六三年）。

（2）佐藤進一『日本の中世国家』（岩波書店、一九八三年）。

（3）本書第一章・第三章・第四章。

（4）本書第四章第三節。

（5）佐藤進一『鎌倉幕府訴訟制度の研究』（畝傍書房、一九四三年）。

（6）『吾妻鏡』文治元年一二月六日条に表れる頼朝に授与された権限を指す。

（7）頼朝と親しい文覚の高尾山寺が関わっていたからかもしれないが、現状では不明とせざるをえない。

（8）上横手雅敬「建久元年の歴史的意義」（赤松俊秀教授退官記念事業会編『国史論集』一九七二年）。

（9）ここでの進退の主体が頼朝であることは、石井進氏が明らかにした（「いわゆる北条時政奉書の解釈をめぐる若干の問題」、『日本中世国家史の研究』岩波書店、一九七〇年）。

（10）石井進前掲書第一部第二章「幕府と国衙の一般的関係」。

（11）石井進氏は、注（10）の論文の中で、大田文の作成、提出の指示は、幕府の国衙在庁指揮権にもとづくものである、と明言している。

（12）一二世紀の国衙による領有認定の事例は、第四章第二節で挙げた。

（13）上横手雅敬「鎌倉幕府と公家政権」（『岩波講座日本歴史』五、岩波書店、一九七五年）。

（14）五味文彦「京・鎌倉の王権」（五味文彦編『京・鎌倉の王権』吉川弘文館、二〇〇三年）。

（15）一例として、『鎌倉遺文』七三、文治二年三月一七日北条時政下文案をあげておく。

（16）この文書は、地頭三善善信に所職改替の心配はないことを地頭代に伝えるように指示したものである。なお、本家＝本所であることは、建長二年（一二五〇）一一月日九条道家物処分状（『鎌倉遺文』七二五〇）に「以二小塩庄一、一向於二寺家一進止、不レ可レ有二本家之儀一、（中略）以二寺用一為レ先、於二本所年貢一者、可レ被二免除一之」とあることから、確認できる。

（17）『鎌倉遺文』一六七―一七一。

（18）『吾妻鏡』文治四年九月三日条に見える若狭国松永宮川保地頭重頼の例をあげておく。

（19）注（18）の史料では地頭として見える重頼は、こちらの隠岐国では地頭ではなかったことになる。

（20）義江彰夫『鎌倉幕府地頭職成立史の研究』（東京大学出版会、一九七八年）第一編第一章「地頭および地頭職の実態」。

(21)『玉葉』を見ると、摂政兼実が職事以外の人物から政務の報告を受け、指示を下している事例も見られる。その中で最も多いのは、行事所が置かれている公事の行事弁から報告を受ける場合である。一例として、「右中弁基親初斎宮行事弁来、申二行事所幷本宮用途不足之間事一」（『玉葉』文治二年四月三日条）をあげておく。

(22)『三長記』元久三年六月一九日条によると、治天後鳥羽は、専修念仏宣旨について、職事を遣わして五人の公卿に諮問している。

(23) 西田友広氏は、鎌倉時代のほぼ全時代にわたって朝廷による犯人追捕命令である衾宣旨が出され、承久の乱以前には、一定の効力を持っていたことを明らかにした（『鎌倉幕府の検断と国制』吉川弘文館、二〇一一年）。

(24) 這田・石作荘については、『講座日本荘園史』八（吉川弘文館、二〇〇一年）参照。

(25) 文治二年五月日高野山住僧等解（『鎌倉遺文』一〇八）は、「申請　鎌倉殿下　御裁定事」と鎌倉殿に申請し、頼朝も「早如レ元為二高野山領一、不レ可レ有二相違一之状如レ件」と応じている。

(26) 摂関家が本家として発給した文書の最初は、康治元年（一一四二）の中臣助重を社司職に任じた下文である（『平安遺文』二四八七）。ただし、摂関家が所領を宛行った例は平安期にはない。

(27) 宗像社の本家は、『講座日本荘園史』一〇（吉川弘文館、二〇〇五年）によると、八条院の後、春華門院・順徳天皇・修明門院・後嵯峨天皇・大宮院と受け継がれている。この建長二年（一二五〇）段階の本家は、後嵯峨天皇ではないかと思われる。

(28) 上横手注（13）論文。

(29) 佐藤進一氏以来不動の前提とされてきた鎌倉幕府の東国支配権についても、その中身を検討しなければならない段階に入ってきたのではないか、と筆者は考える。東国と西国に対する幕府の権限が異なっていることが、そのまま東国に対する幕府の排他的な権限を証明することにはならないはずである。

(30)「造社」が白山宮造営のためであったことは、『平戸記』寛元二年四月一二日条からわかる。

(31) 造営のための知行国・料国といえば文治の東大寺造営のための周防が大変有名であるが、鎌倉期にはほかにも多くの事例がある。

(32) 諸司からの料物調達のための配符は、ここでの民部省だけでなく、表4で示したように大蔵省も行っている。

(33) 荘園公領制という歴史用語を始めて使用したのは、網野善彦氏である（「荘園公領制の形成と構造」『体系日本史叢書』六、山川出版社、一九七三年）。しかし、網野氏の言説は、荘園と公領の同質性を指摘した点で画期的な意味を持つものであったが、まだ土地制度史からの言及にとどまっていた。

第六章　鎌倉後期の国制と高麗

はじめに

鎌倉前期の国制を論じた前章をうけて、本章では鎌倉後期の史料を中心にして、国制の内実をさぐっていくことにしたい。前章は、治天・幕府によって担われる国家機能の検証が中心であったが、本章は、まず土地・人民の支配権（管轄権）の考察から始めることにしたい。なぜなら、第一章で論じたように、一二世紀初頭に成立した中世国家は、権門・国衙に土地・人民の管轄権を認定し、その上に新たに国家機能を設定したものだったからである。したがって、中世国家体制下の土地・人民は、個別の荘園領主・国衙・地頭などの管轄下にありながら、それを超えた中世国家そのものにも帰属するという性格を必然的にもっている。個別の土地・人民が、どの領主の支配・管轄（当時の言葉で言う進止）下に属するのかを最終的に認定するのも、国家である。本章第一節では、このような荘園領主・国衙・地頭と、百姓との関係を基軸にして、その支配・管轄権すなわち進止権が国家レベルでどのように認定されていたのかを、見ていくことにしたい。

しかしながら、このような問題をとりあげようとすれば、式目第四二条の「住民居留の自由」(1)にも触れざるを得なくなる。研究史的にみれば、武家政権論と領主制論はセットであり、地頭領主の百姓支配が徐々に深まっていくという見通しがあったからこそ、居留の自由が式目で規定されていることが問題にされたのであった。第五章において筆者は、武家政権論・権門体制論・二つの中世国家並立論を否定し、鎌倉前期が単一の国家体制のもとにあったことを論じたが、幕府・地頭による公家の権限吸収一辺倒の研究状況であった時代以降、大きく取り上げられることがなくなった百姓支配権(2)の行方に焦点を合わせて、第一節の論述を進めていくことにしたい。

第二節は、少し視点を変えて、いわゆる「武人政権」期の高麗について考察していく。高麗史における武人政権論は、日本の武家政権とのアナロジーで日韓両国の研究者(3)によって論じられた歴史をもっている。最近は、当該期の日本と高麗の体制の違い(4)が明らかになり、両者の体制(5)を比較しての論述は影をひそめるようになってきたが、両者は具体的にどう違うのかを解明した研究は、いまだにない。最も近い隣国であり、一三世紀後半には元朝をめぐって相反する立場に立った両国の体制の内実と相違は、現在の研究レベルに立ってしっかりと解明されなければならない、と考える。

第三節は、再び日本にもどり、前章でみた鎌倉前期の国家運営がその後どうなったのかを、追っていくことにしたい。鎌倉後期に実務官人として活動した人物たちの日記を主たる素材とし、治天や他の院・女院、摂関や他の摂関家出身の有力公卿の動き、国家的行事の運営、六波羅や鎌倉への連絡や難事の解決方法などの問題についての考察を行う。そして、そのなかで、実務処理のあり方、院治天と天皇治天、摂関当人以外の公家権門の性質などについても、検討を加えていきたい。

一　鎌倉後期の領主・百姓と国家体制

まず領主（本家・領家・地頭）と百姓の関係から見ていくことにしよう。かつて大山喬平氏は、イエの自立性に基づく中世の百姓の自立的な性格を論じた(6)。基本的には、被支配身分に属し、領主に対して年貢・公事を負担する百姓は、荘園領主や地頭に対する訴訟の一方の当事者として現れることがあった。まず幕府関係の史料から、その様相を見ることにしよう。

一　雑人訴訟事（建長二年六月十日）

百姓等与二地頭一相論時、百姓有二其謂一者、於二妻子所従以下資財作毛等一者、可レ被二糺返一也、田地幷住屋令レ安二堵其身一事、可レ為二地頭進止一歟、（新編追加二六九）

建長二年（一二五〇）、幕府の評定において、このように地頭と百姓の相論が幕府に持ち込まれた場合の原則が立てられた。この事柄については、三年前の『吾妻鏡』宝治元年（一二四七）一一月一日条に「又今日評定、被二仰出一云、雖レ為二地頭一円之地一、名主申二子細一者、依二事之体一可レ有二其沙汰一云々」とあるように、以前から幕府の評定で審議され、定法として定められていた（『吾妻鏡』同年一一月一一日条）。建長二年のこの措置は、定法に則りながら、具体的な事例をあげて判断を示したものであった。『吾妻鏡』の翌建長三年（一二五一）六月一〇日条にも「百姓与二地頭一相論之事、別差二奉行人一、定委細尋可レ被二聞食一之由云々」とあり、百姓と地頭の相論には奉行人を遣わして事情を聴取したことがわかる。ところでこの定法は、地頭一円地すなわち本家・領家を介在させずに地頭が土地・人民の進止権を掌握している領域において適用されるものであった。したがって、地頭一円進止地においても、決して地頭が名主・百姓を排他的に支配していたのではなく、名主・百姓が地頭に対して訴訟を起こすことができ、その言い分が幕府に認定されることがあったという事実をまず確認しておきたい。

以上のように、一三世紀中葉には地頭一円領における地頭・百姓の相論についての定法ができ、それに基づいての幕府の判断が示されるようになっていたが、文永年間に入ると幕府は諸国守護人に対して次のような指令を発している。

一　農時不レ可レ使二百姓一事　文永元
夏三ヶ月間、私不レ可レ仕之、但、領主等作田畠蚕養事、為二先例之定役一者、今更不レ可レ有二相違一、
一　可レ止二百姓臨時所済一事
有レ限所当之外、臨時徴下事、永可二停止一之、
以前両条、存二此旨一、可レ令レ相二触其国御家人等一之状、依レ仰執達如レ件、
文永元年四月十二日　武蔵守　判
相模守　判
諸国守護人
（新編追加四二六・四二八）

ここにおいて幕府が守護に国内の御家人に通達するように指示しているのは、先例の定役以外は農事の三ヶ月間百姓を使役することを禁じること、定められた所当以外の臨時の所課を行わないことである。国内の御家人と言えば、地頭以外の領主及び一円領主でない地頭も当然含まれているはずである。したがって、先の宝治・建長年間の地頭一円領での地頭・百姓関係への定法と比較すると、この指令は、はるかに幅広く鎌倉指揮下にある領主と百姓について規定し、百姓の保護を謳っていることになる。同年四月二六日、備後・備前守護長井泰重に、百姓が稲を刈り取った後に植えた麦の所当の徴収を禁じるように両国御家人に指示するようにと命じたのも、同一の流れのものとみることができよう（『鎌倉遺文』九〇八〇）。

次に、地頭方と住人百姓の間に起こった紛争とそれへの対処の事例を見ていくことにしよう。

因幡国古海郷地頭代有尊申当郷内薬師寺村住人新河兵衛次郎・同家人六播磨房以下輩、刈二取作毛一、令レ刃二傷余三男一由事、申状如レ此、早任二関東御事書一、致二其沙汰一、載二起請詞一、可レ被レ申二請文一也、仍執達如レ件、

元応元年十月四日　　前越後守（花押）

陸奥守（花押）

保土原馬充殿

矢部七郎殿

（『鎌倉遺文』二七二六九）

この史料を見ると、息子が刃傷されたと訴えているのは地頭代の有尊であり、訴えをうけた六波羅は、「関東御事書」に沿って沙汰するようにと、二人の使節に命じている。このように、地頭や地頭代・それ以外の御家人等の領主に対して、百姓は年貢・公事等の課役を勤仕するかぎりはその権利は保証され、それが侵犯された場合は、鎌倉・六波羅に訴えることができたのである。弘長元年（一二六一）一二月二七日には、河内国橘嶋荘地頭代が名主百姓の荘田売却を訴え、執権政村は直ちに売却した土地を返却させ所当公事を弁済させるようにと、六波羅に指示している（『鎌倉遺文』八七五六）。荘田が売却されれば、当該田地は領主の支配下からはなれ年貢・公事も徴収できなくなるわけであるから、このようなことが許されないのは当然であるが、重要なのはそのようなことが地頭代の力では解決できず、鎌倉・六波羅に持ち込まれていたことである。この史料は、地頭等の領主に対する百姓の立場が決して弱いものではなかったことを示している。

次に、本所一円地での本所・領家と百姓の関係に目を向けてみよう。弘長元年（一二六一）六月三〇日、摂関家領大和国喜殿・田永荘百姓等が、住宅数十字を興福寺の中綱・仕丁等に焼き払われたとして、本家政所に訴えている（『鎌倉遺文』八六七四）。「若及二御沙汰遅引一者、一庄滅亡、百姓逃散、不レ可レ有レ疑者也」とあるように百姓は、今処

置しなければ荘経営が成り立たなくなると述べている。また、正安元年（一二九九）頃東寺領太良荘百姓は、東寺に「欲㆔早蒙㆓御成敗㆒、当預所殿新儀非法条々事」（『鎌倉遺文』二〇一一一）と訴えているが、その非法の内容は、色々雑事・毎日入木入草充行などであった。やはり、定められた年貢・公事等の定例の課役以外を預所が賦課したために、百姓が訴えを起こした事例である。さらに、正和三年（一三一四）九月日弓削嶋荘領家方百姓等申状（『鎌倉遺文』二五二三八）によると、預所承誉が先例にない色々臨時重役を課したため「百姓等打㆓捨重代相伝名主職幷住宅等㆒、已今月廿一日罷㆓出御領内㆒畢」とあるように、百姓が逃散したことがわかる(7)。そして百姓は、東寺に預所の改替を求め「被㆑補㆓穏便御代官㆒」によって新儀非法が停止されれば、本宅に戻り年貢・公事を弁済すると、申上しているのである。この文書の末尾で百姓が署名し略押を押しているが、その人数は二四人に上っていた。このように、百姓は、所定の年貢・公事等の負担を超える課役の賦課には激しく抵抗し、預所の改替などを本所に求めて実力行使に及ぶこともあったのである。丹波国大山荘の百姓右馬允家安は、東寺に提出した請文の中で「領家一円の百姓ニ候上者」（『鎌倉遺文』二五八三五）と言っているが、この大山荘一井谷においては、よく知られているように、文保二年（一三一八）東寺と百姓の間で上・中・下田の年貢斗代契約が行われた(8)（『鎌倉遺文』二六七〇八）。

以上、地頭一円地・本所領家一円地を中心にして領主と百姓の関係を見てきた。しかし実際には、一円地ではなく本所領家と地頭が並立している所領の方がはるかに多い。そればかりか、荘園公領制のもとでは、国衙領もかなりの比率を占め、国衙進止の所領、および国衙と本所領家・地頭のもとで百姓が年貢・公事を勤仕する所領も多く存在した。それらについても見ていくことにしよう。

一　地頭博多上時夫駄員数事

右、地頭則両名百姓数十人也、而参㆓上当津㆒之時、僅夫二人・馬一疋出之、其外不㆑可㆑立之由支申、無㆑謂之由訴之、郡司又両村御公事、勤仕百姓不レ幾之間、国司・領家・地頭・郡司四方公事繁多之処、不レ顧二土民煩一、如二地頭一円一可二召仕一之由及二濫訴一、頗非二正儀一之旨陳レ之者、当村国司・領家・地頭・郡司相交、各可レ済二年貢課役一之条、無二異論一、然者、如レ載二先段一、且存二土民之煩費一、且糺二公事巡役一、且任二先例之員数一、可二召仕一矣、

これは、正安二年（一三〇〇）七月二日、薩摩国谷山郡山田・上別符地頭と郡司の相論に対して、鎮西探題が下した下知状の一部である（『鎌倉遺文』二〇四七六）。この山田・上別符両村には、地頭・郡司に加えて国司・領家も領主権を保持していたため、百姓は「四方公事」を勤仕し、各年貢課役を弁済しなければならなかった。郡司は、地頭による百姓の使役を「如二地頭一円一可二召仕一」と訴えている。このように国衙を含めた多くの領主が百姓に対している場合だけでなく、土地・人民が国衙の進止下にある場合もあった。永仁五年（一二九七）四月一日常陸国留守所下文は、常陸国総社敷地内田畠が国衙一円進止であることを「関東度々御成敗」にそって認定している（『鎌倉遺文』一九三三一）。

（花押）

当国金山寺住僧等申寺免田百姓等、年々有レ限之所当未済云々、太無二其謂一、所詮、以二庁下部一、速可レ被レ責二渡寺家一之由、国宣所レ候也、仍執達如レ件、

七月廿四日　　大学助能重

謹上　備前国御目代殿

（『鎌倉遺文』一五二五六）

この文書の花押の主、備前国知行国主である関白鷹司兼平は、弘安七年（一二八四）、金山寺からの寺田百姓所当未済の訴えをうけて、備前国目代に処置するように命じている。金山寺と寺田百姓は、ともに国衙の進止下にあったの

である。また、正応五年（一二九二）五月九日厳島社神官が安芸国衙に提出した申状は「任二寛元庁宣旨一、以二当社半不輸領当国井原村一、如レ元為二一円神領一、令レ造下営未二造営一舎屋等上状」と、この時点では国衙と厳島に両属していた井原村を、一円神領とすることを申請している（『鎌倉遺文』一七八八九）。井原村の進止権が安芸国衙に属していたことがわかる。正安二年（一三〇〇）閏七月日に出雲国司が従来の乃白郷に代わって三刀屋郷を惣社用途に充てた（『鎌倉遺文』二〇五四一）のも、この地が国衙進止地であったからである。鎌倉後期において、国衙は依然として本所領家、地頭とともに土地・百姓を進止する主体であり続けたのである。

以上のことから明らかになってきた鎌倉後期の国制の特徴は、本所領家・地頭・国衙が、それぞれ土地・百姓の進止権を持つか、または共同で管轄しており、各領主と百姓の間には、年貢・公事を弁済していれば権利を奪われることはない、という原則が存した、という点にあった。この原則が侵犯された時、百姓は訴訟を起こすことができたのである。

次に、複数の領主が下地・百姓進止権をめぐって紛争を起こしている場合と、幕府・治天などのそれへの対応を考察していくことにしよう。正和三年（一三一四）六月八日豊後大野荘雑掌性法書下（『鎌倉遺文』二五一五三）によれば、「志賀村内南方事、就レ分二直下地一、日来進止之土民可レ相二分両方一領家・地頭、然者、於二去今弐箇年年貢以下済物等未進一者、相互領主加二催促一、任二員数一、以二年中一、可レ令二責渡一也矣」とあるように、住民は領家方と地頭方に分けられ、領主の催促にしたがって、それぞれ年貢・済物を納めていた。嘉暦三年（一三二八）八月二八日有範請文案（『鎌倉遺文』三〇三六三）によれば、豊後国一宮賀来社領阿南荘には地頭知行分があり、百姓も三人は「地頭分」であった。これらを見れば、本所領家と地頭は下地・百姓の進止ということに関しては、同質の権利を保持していたことがわかる。ただ、両者には違う点もある。嘉元二年（一三〇四）三月一二日関東下知状（『鎌倉遺文』二一七六八）

を見ると、鶴岡八幡宮供僧が、供米未進を訴えているのに対して、幕府は「下地為二地頭進止一之上者、為二地頭代之沙汰一、召二出百姓一、遂二結解一、於二未進一者、可二弁償一」と命じている。下地・百姓を進止している地頭方が鶴岡八幡宮への年貢弁済の義務を負っているのである。また、美濃国中村荘雑掌の訴えを受けて、幕府は「地頭知行分」一二町一段の年貢を弁済するように、地頭代に命じている（『鎌倉遺文』二六八八八）。土地・人民の進止権を分け合っているといっても、荘園公領制下で各単位所領には本所・領家がある以上、地頭には年貢納入の責任があったのである。

地頭が領域全体の下地・百姓進止権を持つことが明白な地頭請所においても、事情はさほど変わらない。文永三年（一二六六）一二月一四日、大山荘地頭源（中沢）基定は、東寺との間に請所契約を結んだ。その際基定は「遅々候者、可レ止二請所之儀一」と誓約している（『鎌倉遺文』九六一三）。永仁三年（一二九五）三月八日、東寺の六波羅・鎌倉への年貢未進の訴えによって、大山荘は下地中分がなされた（『鎌倉遺文』一八七七四）。「於三彼切二出下地一者、寺家一円有二沙汰一、年貢以下寺役等、自今以後、雖レ為二一塵一、地頭方不レ可二相懸一之状如レ件」と、地頭中沢基員が述べているように、地頭方となった下地には、ここではじめて年貢・寺役がかからないことになったのである。また、元徳元年（一三二九）一〇月一六日、備後国大田荘雑掌と同荘京丸郷地頭代との間に和与が結ばれた（『鎌倉遺文』三〇七五二）。

一　当郷平民名下地事

右、於二下地一者、可レ為二地頭進止一之由、徳治二年九月廿七日、被レ成二関東御下知一之間、地頭当知行也、爰自二文永二年一至二正応五年一、廿八箇年分地頭年貢未進事、遂二結解一可レ令二弁済一之旨、所レ被レ載二同御下知一也、而返抄紛失之間、依レ難レ遂二結解一、以二和与之儀一、於二平民名下地幷同名々内仏神田畠等一者、悉永代所レ避二進領家方一也、

この京丸郷は、関東下知状によって地頭進止であることが認められていた土地である。しかし高野山に納めるべき年貢は二八年分の未進があったので、地頭はその下知状によって弁済することに命じられていた。それでも結解が行われなかったため、平民名の下地を高野山側に渡すことを地頭側は申し入れ、和与が成立したのである。ここでも、下地進止者である地頭が、年貢弁済の責任を負っていたこと、ここで下地を渡すことによってその責任を免れたことがわかるのである。文保二年一一月七日関東下知状案（『鎌倉遺文』二六八四〇）によれば、備後国神崎荘では雑掌と地頭代との間で和与がなされ、田畠・山河以下の下地が中分され、両者が一円所有となっている。このように、本所領家方と地頭方が下地・百姓の管轄権及び年貢・公事の徴収権をも分割する下地中分は、鎌倉後期から末期にかけて紛争の解決方法として普及し、京都政界もそれを求めるようになってきた。

和泉国大鳥庄中分事、光景法師状副二訴状具書一如レ此、子細見二于状一候歟、可レ被レ仰二遣武家一之由、院御気色所レ候也、仍言上如レ件、為行誠恐頓首謹言、

七月廿日　為行奉

進上　伊豆守殿

（『鎌倉遺文』二四三七四）

この応長元年（一三一一）の治天伏見上皇の院宣は、大鳥荘の中分を進めるように六波羅に要請しているものである。下地・百姓の管轄権と年貢・公事の徴収権をすべて中分するという紛争解決の方式が鎌倉末期に近づくにつれて、かなり広がっていたことがわかる。

しかし、下地中分は鎌倉後・末期においてとられた紛争解決方法の一つにすぎなかった。荘園公領制は大変複雑であり、状況に合わせて対処しなければならなかった。正和四年（一三一五）一一月二三日関東下知状案（『鎌倉遺文』二五六六三）はそのことをよく示す史料である。

肥前国河上社雑掌家邦与二山田庄領家兼地頭遠江守随時代行真一相論守山村事

右、就二宰府注進訴陳状具書一、欲レ有二其沙汰一之処、令二和与一訖、如二行真今月廿日状一者、当村下地幷新田検注以下所務、可レ付二領家一之由、雖レ番二訴陳一、所詮、閣二所存一、所レ止二訴訟一也、向後不レ可二違乱一、次領家職事、本自当知行無二相違一之上、有レ限本田号二起請田一、壱町四段弐丈中所当米、自今以後、不レ可レ有二対捍一之由、社家出レ状之上者、不レ及二子細一、依レ為二社領一、成二和与儀一之間、於二以前未進一者、所レ被レ奉レ免也云々、如二家邦同日状一者、守山地頭職事、賜二御寄進御下文一、社家知行之処、或被レ返二付下地一、或打二止新田検注収納一之条、無レ謂之旨、依二領家訴訟一、雖レ番二訴陳一、以二和与之儀一、止二訴訟一之由、令レ出レ状之上者、不レ及二子細一、次領家職事、社家本自不レ可二対捍一、以前未進者奉レ免之間、不レ可レ致二沙汰一云々、此上不レ及二異儀一、守二彼状一、向後相互、無二異論一可レ致二所務一者、依二鎌倉殿仰一、下知如レ件、

正和四年十一月廿三日

相模守平朝臣御判

武蔵守平朝臣御判

和与で決着したこの肥前国守山村をめぐる相論は、もともとは河上社が山田荘領家兼地頭である北条随時から守山地頭職を寄進されたことに起因していた。領家代官である行真と地頭職を持つ社家が守山村の下地以下事で大宰府守護所を通じて鎌倉に訴えたのであるが、両者の間で和与が成立し、幕府はこの下知状で和与の内容を認定したのである。この場合は、北条随時が領家、河上社が地頭であるが、寄進や譲与のあり方によって、所有する職が交錯し(9)、それによって土地・百姓に対する支配権のありかたにも影響が出てくる場合もあったのである。

次に、鎌倉後期において秩序を維持していた、国家機能を担う側に目をむけてみよう。建長六年（一二五四）四月

一七日、治天後嵯峨院は、周防国得善保の進止をめぐっての国衙と遠石別宮の相論を裁決して、下地・所当とも国衙進止という国衙の訴えを退け、当該地が国衙と別宮に両属する「半不輸神領」であることを認定した（『鎌倉遺文』七七三六）。正応二年（一二八九）には、賀茂社領石見国久永荘と国衙領出羽郷との堺相論に際し、治天後深草院は社領とする決裁を国司に仰下し、さらに国司請文・六波羅状を添えて賀茂社に院宣を発している（『鎌倉遺文』一七〇一五）。また、所領ばかりではなく、本所領家進止下の百姓に関することにも治天が判断を示すことがあった。

　拝志庄百姓道願以下輩事、奏聞候之処、於㆘不㆑随㆓所勘㆒百姓等㆖者、早改㆓其職㆒、可㆘令㆑全㆓寺用㆒給㆖之由、御気色候也、仍執達如㆑件、

　　六月廿六日　　経継

　大納言僧都御房

（『鎌倉遺文』二四九〇五）

正和二年（一三一三）に治天伏見院が発したこの院宣は、百姓等の奏聞をうけた院が、命令に従わない百姓は百姓職を改替して寺用を全うすることを東寺に認めたものである。奏聞を受けた治天が、本所領家と百姓の間の争いに関与することがあったことがわかる。

　幕府の裁許の場合はどうだっただろうか。正和三年（一三一四）一一月二日、幕府は相模国長尾郷小雀村年貢を巡っての鶴岡八幡宮供僧と地頭の相論に対して、年貢は社家が百姓からの直納をうけるものであるとの八幡宮の主張を退け、「当村者、云㆓下地㆒、云㆓百姓㆒、地頭進止之条、両方無㆓異論㆒」として、地頭が百姓から返抄をとって、結解を遂げるべきであるとの裁決を下した（『鎌倉遺文』二五二八三）。また、永仁三年（一二九五）九月一二日関東下知状案（『鎌倉遺文』一八九〇〇）を見ると、尾張国大県宮雑掌と御家人原高国の相論に際し、幕府は係争の村および田所職は本所一円進止であると認定している。この場合の本所は九条家であり、幕府は六波羅からの注進状を検討したうえ

で判断を下していた。

先にみたように、地頭は一円地頭であっても、百姓に定額の年貢・公事を超えた賦課は行わず、本所領家には年貢を弁済することになっていた。常陸国竹来郷において、「前地頭真壁小次郎入道浄敬、上二取百姓名一、依下対二捍年貢一之咎上、正安元年十一月召二上地頭職一」（『鎌倉遺文』二四六二五）と関東下知状写で言われているように、それに違背すれば地頭職改替の理由に成りえたのである。元亨二年（一三二二）正月一二日の関東評定事書も「国領地頭等可レ済二年貢一事」として翌年二月までに皆済すること、京進の場合も六月は過ぎないこと、もし雑掌から訴えがあった場合は弁償することが規定され、「未済之条、無レ所レ遁者、可レ改二所職一」と地頭職の改替に言及している（『鎌倉遺文』二七九四三）。幕府の地頭に対する統制がこの時代の秩序維持の根幹を担っていたことがわかる。

鎌倉時代の国家体制を見るうえでもう一つ注目すべきなのは、一国平均役や造営料国の地方への広がりである。鎌倉前期からの宇佐宮の造営[10]などに加えて、弘安三年（一二八〇）肥前国河上宮造営についての奏聞を受けた治天亀山院は、「可レ為二一国平均之役一、早可レ被二下知一」との院宣を発している（『鎌倉遺文』一四二一〇）。これは後にも継承されており、正和元年（一三一二）にも院宣・関東御教書に基づいて、河上宮は一国平均役で造営された（『鎌倉遺文』二四七〇五）。厳島神社の造営も注目される。文暦二年（一二三五）三月二〇日の治天の職務代行者、摂政九条教実の御教書に「伊都岐嶋社造営遅怠由、聞食之間、安芸国一向所レ被レ付二社家一也、一任之中、可レ致レ造二営内外宮一」とあるように、国司一任の間だけ、安芸国を厳島社造営料国とするという処置[11]がとられた（『鎌倉遺文』四七四一）。国家が地方神社の造営を後押しするために、柔軟に対応していたことがわかる。一国平均役や造営料国であるから、治天を中心とする京都政界が主体となり、鎌倉・六波羅はそれを補佐する形であったが、中世の国家機構を担う両者の連携によって、このような施策も実行に移されたのである。

以上のことから明らかなように、地頭が本所領家と異なる強烈な人身支配を百姓に対して行い、その封建的な支配を深化させていったとする見方は、実は史料に基づかないものだったのである。鎌倉時代の体制では、本所領家と地頭が領主として基本的には同質の支配を百姓に対して行い、百姓は年貢・公事を納める限りにおいては、その権利を剝奪されることはなく、もしその権利を侵犯された場合は、治天・幕府に訴えることができた。そして、治天・幕府は基本的には協力しながら、このような体制を維持し続けたのであった。

二　高麗の国制と「武人政権」

第二章で詳述したように、朴宰佑氏は、初めて国王を国制上に正当に位置づけ、高麗前期の政治構造を論じた[12]。宰相が六部以下の官庁を統括し、上奏そして王命頒布を行っていたという宰相中心史観は、貴族制説とも結びついて定説の位置を占め続けていたが、朴氏の実証的な研究によって、完全に否定された、と言ってよいであろう[13]。朴氏が解明した政治構造をまとめると、表1のようになる。このように、最終決定権者である国王を中心として、上奏、決裁、施行あるいは王命の頒布に至るまでの政治構造が解明されたことは、高麗の国制に接近するための基礎が出来上がったことを意味する。

高麗前期の政治構造を解明した朴宰佑氏の業績を基礎にして、次に考えなければならないのは、それに続く「武人政権期」「武臣政権期」の国制についてである。そもそも武人政権論は、高麗前期が「貴族制」の時代であるという言説に則ってとなえられたものであったから、現在においては、王権や政治運営方式も含めて見直す必要があるはずである。さて、これまで毅宗二四年（一一七〇）に起こった武臣乱の後、約一〇〇年にわたる武人政権（武臣政権）

の時代が続く、とされてきた。その時代は、大きく①明宗朝、②崔氏政権期、③高宗最末期～元宗朝、に区分される。第一期は、鄭仲夫・李義方・慶大升・李義旼等の武人が相次いで実権を握った時代、第二期は崔氏四代が政権を掌握した時代、第三期は金俊・林衍の時代である。

まず第一期、明宗朝からみていくことにしよう。表2は、明宗朝の権力者交替の様相を示したものである。この時期も後の崔氏政権期と同様に、武人政権の時代とされ、たとえば「李義旼政権の性格[14]」という論文が書かれたりしている。しかしながら、何何政権という場合、その人物が主体となって政治を運営していたことが明白でなければならないが、明宗朝の鄭仲夫や李義旼は、はたしてそのような存在だったのだろうか。この時代の政治構造が、王を中心とする従来の体制と違うのかどうかを、まず見ていくことにしよう。

クーデター後、まず強い権限を握ったのは李義方であった「一時武臣皆義方麾下、且以謂二軍国権柄属一重房一者、実由二義方之力一」（『高麗史節要』明宗一〇年七月）とあるように、上将軍・大将軍等の有力軍人で構成される重房が力をもったのも、李義方の存在によるところが大きかった。続いて明宗一三年までは鄭仲夫・慶大升の時代となるが、李義方を含めて明宗朝前半の三人の実力者が直接国政を動かしたような事例は、史料には表れてこない。明宗七年（一一七七）七月、判大府事廉信着の家奴が鄭仲夫の家奴と田地のことで争い、鄭仲夫は重房に訴えた。決裁を求め

表1　高麗前期の政治構造（朴宰佑氏による）

〔奏聞の形態〕
国王←承宣←――中央官司・地方官司及び諸官人
国王は直ちに決裁するか，宰相等に諮問し，その意見を参考にして決裁する
〔王命の頒布・施行〕
制書は，中書門下省の審議を受けた後，国王が最終決裁して発布する
一般的に使用されたのは教書であり，中書門下省の審議を経ず，王命を承宣から直接諸官司に発布

表2　高麗明宗朝の権力者交替

毅宗24年（1170）	9月	武臣の乱．毅宗廃位，明宗擁立
明宗 4年（1174）	12月	李義方，鄭仲夫の子鄭筠等に殺される
9年（1179）	9月	慶大升，鄭仲夫を殺す
13年（1183）	7月	慶大升，死去
26年（1196）	4月	崔忠献，李義旼を殺す
27年（1197）	9月	崔忠献，明宗を廃し，神宗を擁立

られた王は「不レ得レ已乃罷二信着一」と廉信着を解任した。注目すべきは、この時点で朝廷の最高位・門下侍中であった鄭仲夫が、自ら裁断するのではなく重房に訴え、さらに王の決裁によってこの問題が決着したことである。次の権力者慶大升についてみると、明宗は慶大升の死後その私的武力組織である都房に属する武人を流罪に処した。王は慶大升の生前「王内忌而外示二優寵一凡奏請無レ不二曲従一」と、その奏請を認可していたのであるが、慶大升の死後重房に命じて彼等を捕え処断したのである（『高麗史節要』明宗一三年八月）。また、慶大升存命中の明宗一三年（一一八三）二月、刑部侍郎李俊昌を訴える匿名の書があった。重房の諸将はその書を信じ俊昌を殺そうとしたが、王は重房の一員である大将軍鄭邦佑を呼び、冤罪かもしれないからよく調べるようにと指示した。その結果誣告であることが明らかになり、告発者は流罪に処せられた（『高麗史節要』同月条）。決裁権をもっていたのは慶大升でも重房でもなく明宗自身であり、重房の意見がそのまま通ったわけでもなかったのである。

慶大升の死亡時に都に居なかった李義旼は、翌一四年（一一八四）、明宗に召喚される。その後明宗二一年（一一九一）李義旼は副首相である判兵部事に進むが、首相である判吏部事に任じられたのは同じ武臣出身の杜景升であった（『高麗史』巻二〇、明宗二一年一二月甲辰）。杜景升は明宗の信任の厚い武人であり、戦功によって昇進していた。杜景升と李義旼はともに宰相として国事を議することになったが、「義旼与二景升一座レ省議レ事、相失奮レ拳撃レ柱曰、爾有二何功一位在二吾上一」と、李義旼は杜景升に対して、一体何の功績があってお前は私の上の官についているのか、と詰っている（『高麗史』巻一二八、李義旼）。この事例[15]からもわかるように、李義旼が明宗に召喚されて以後、崔忠献に殺されるまでの一二年間で、国政を動かすような働きをした事例は、全く見ることができない。「李義旼政権」と呼びうるような実態はどこにも存在しなかったのである。

第一期の間中、国政はやはり明宗を中心に行われていた。具体的に、その様子を見ていこう。明宗一五年（一一八五）三月、明宗は大将軍鄭邦佑を西北面兵馬使とした。この人事について重房は、昔邦佑が兵馬使陳淑に電吏として従っていたのを北蕃の人々が知っているので、彼らが服従しないのではないか、という理由で反対の意見を述べた。王は一度それに従ったものの、ついに最初に考えた通りの人事を執行した（『高麗史節要』同月条）。同年六月、重房の諸将軍が王のもとに来て、刑部尚書鄭世裕が西北面兵馬使だったときに民の物を多く取り上げたことを弾劾し、遠島とすることを要請した。王はそれに従い、民は大いに喜んだ、とある。刑罰の決定も王の決裁によったのである。さらに、明宗の信任を得て知枢密院事になっていた白任至が私事にもかかわらず内殿で王に謁する、ということがあった。旧来大臣は国家大事以外には内殿に入らないことになっていたにもかかわらず、このとき台諫（御史台と中書門下省の諫官）が弾劾しなかったので「時議譏レ之」（『高麗史』巻一〇〇、白任至）とみえている。このとき白任至を内殿に引き入れたのも、王の意志であった。

以上のように、明宗朝を通じて鄭仲夫・李義方・慶大升・李義旼等の武人の実力者が国政を専断していたという証拠はなく、諸将軍の合議機関である重房が王に代わる権限を行使した、ということもなかった。実力者たちや重房が国王の決裁にかなりの影響を与えたことは間違いのないところであるが、すくなくともこの時代の政治体制が、「武人政権」「武臣政権」と呼びうるものではなかったことは確実である。

次に、最も典型的な武人政権とされる崔氏四代についてみていくことにしよう。表3は、崔氏四代の時期の各王と崔氏執政の動向について主要な点を書きだしたものである。明宗・熙宗の二人の王を廃し、神宗・康宗を擁立した崔忠献の権力は絶大なものがあった。「自レ古君弱臣強未レ有レ甚二於此時一」（『高麗史節要』神宗三年一二月）と言われる通りである。また、熙宗の廃位は、崔忠献殺害計画に王が関与したためであった。二代目の崔瑀は、自らの基盤をさらに確かなものにした。崔忠献は、すでに文武官人の任用権を掌握していたが、崔瑀は、政房を私第に置き、百官の銓

注（人事考課）を行わせた（『高麗史節要』高宗一二年六月）。「崔瑀在㆓其第㆒、注㆓擬吏兵部㆒、除授批目以聞、王下㆑之而已」（『高麗史節要』高宗一七年正月）とあるように、王は銓注の結果を追認するだけであった。また、崔忠献・崔瑀は、王の周囲に自身の側近を配置して、王の監視[16]をおこたらなかった。これらのことから見ると、国王は名ばかりで、崔忠献・崔瑀二代は武人政権と呼びうるような実態だったようにみえる。ところが、王が崔氏執政の傀儡だったかといえば、必ずしもそうは言えないのである。趙沖は、門下侍中を勤めた趙永仁の子で、科挙に合格した文官であるが、文武の才を兼ねモンゴル侵入の際に戦功をあげた。しかし、崔忠献は趙沖の功を忌み、凱旋の時に出迎えなかった。王は趙沖を政堂文学判礼部事、次いで同中書門下侍郎平章事に任命、宰相に列している（『高麗史』巻一〇三、趙沖）。

　宰枢重房奏、勿㆑論㆓太祖苗裔及文科出身㆒、悉令㆓充軍㆒、王従㆑之、元帥鄭叔瞻趙沖等点㆓兵於順天館㆒、驍勇者皆為㆓崔忠献及子瑀門客㆒、所㆑点官軍皆老弱羸卒、

（『高麗史節要』高宗三年一一月）

表3　崔氏4代と神宗～高宗

神宗 7年（1204）正月	神宗退位，熙宗即位
熙宗 7年（1211）12月	熙宗退位，康宗即位
康宗 2年（1213）8月	康宗死去，高宗即位
高宗 6年（1219）9月	崔忠献，死去
36年（1249）11月	崔瑀（怡），死去
44年（1257）閏4月	崔沆，死去
45年（1258）3月	金俊等，崔竩を誅し，王に政を復す

この史料からわかるように、この時のモンゴル侵攻は、宰枢重房が文科出身者をも軍務につかせるべしと訴えたほどの国難であったにもかかわらず、驍勇の者を多く擁する崔氏父子はみずからの門客を出さず、「老弱」の官軍を率いた趙沖等が戦功をあげ、それを崔忠献が忌んだということなのである。崔忠献が王権を掌握していたのなら、このように趙沖に対して対抗意識をあらわにするということはありえないのではなかろうか。さらに、王の決裁のあり方をみていこう。趙沖の出陣から凱旋までの途中にあたる高宗四年（一二一七）八月、諫官は敗戦によって一旦官を免ぜられた趙沖が功なく旧職に復していることを問題視し、その王命を取り下げて功をなした段階で復任するようにと奏

上し、王はそれに従った（『高麗史節要』高宗四年八月）。趙沖は、王の判断で一旦旧職復帰していたことがわかる。また、同月、崔忠献が奏して、後軍兵馬使柳敦植が賊に遭って戦わなかったとして、敦植と諸将を終身叙任しないようにと要請し、王はそれに従った。以上のことから、決裁を行っているのはやはり王であったことがうかがえる。

二代目執政崔瑀の時代の事例に目を向けてみよう。高宗八年（一二二一）九月、王は、四品以上を大観殿に召し、モンゴル使の迎接をすべきかどうかを諮問した。群臣は迎接すべし、という意見だったので、王は喜ばなかった、とある（『高麗史節要』同年同月条）。高宗一六年（一二二九）一二月、崔瑀は、今年は日照りで穀物が実らないため、五道に使いを派遣して損の実状を検査すべきであると奏上し、王はそれに従っている。モンゴルを避けるための江華島への遷都も、最終的には崔瑀が王を引っ張っていったのであるが、[17]「瑀奏請、王速下殿西二幸江華一、王猶予未レ決」（『高麗史節要』高宗一九年六月）とあるように、崔瑀が王に奏したにもかかわらず、王が決断できずにいたのであった。

このように見てくると、崔忠献・崔瑀の時代は、軍事に関する権限、官人の人事任用権をはじめとして、執政が強大な権限を持っていたにもかかわらず、国事の決裁権自体は依然として王の手中に残されていたことがわかる。崔瑀（怡）の死後を見ていこう。元の侵攻により追いつめられていた高宗四〇年（一二五三）一〇月、王は宰枢と文武四品以上を集め、兵を撤退させる策を諮問した。しかし、諸臣は太子を元に遣わすべしとの意見であったので、王は太子を遣わせば後の愁いは取り除けるのかと怒りをあらわにした。その時宦官閔陽宣が崔沆にも意見を聞くべきだと提案したので、王は承宣李世材を派遣して崔沆の意見を徴した。ところが三代目執政崔沆は「此非二臣所一レ決、惟上裁レ之」と王の意志で決定すべきことを答申したのみであった（『高麗史節要』同月条）。結局この件は王の二男安慶公を元に派遣することで決着したが、これは宰相の一人である参知政事崔璘が、このままでは民はみな元に投降して国はなくなってしまう、と諫言し、「王不レ得レ已而頷レ之」したためであった。王が宰相以下の意見を聞いて決断している

表4　高宗朝末期・元宗朝の金俊・林衍関連事件

高宗46年(1259)	6月	高宗死去．入元中の太子を王とする
元宗元年(1260)	4月	太子が帰国して即位
9年(1268)	12月	金俊を誅す
10年(1269)	6月	林衍，元宗を廃し，安慶公を王に擁立
	11月	元使節黒的の指示で元宗復位
11年(1270)	5月	林維茂を誅す

のであり、崔沆は何ら決定には関与していない。高宗四五年（一二五八）三月、崔氏四代目執政崔竩が誅され、宰枢と実行者金仁俊等は、「復㆓政于王㆒」した（『高麗史節要』同月条）が、実質的にはそれ以前から王は主導権を回復していたと見ることができよう。ただし、その後も表4にあるように、林衍が元宗を廃位し、安慶公を一時を王位につけたような事件が起こっている。この時は林衍が三別抄と六番都房を集め、宰枢を威嚇して廃立を行ったのであり、軍事力が決定的な要因となっていた（『高麗史節要』元宗一〇年六月）。しかし、二人の王の廃立を行った崔忠献の時代とは、事情が全く異なっていた。すでに事実上元の支配下に入っていたこの時は、入元していた元宗の太子（後の忠烈王）の訴えを受けた元帝が、使節黒的に指示して元宗の復位を行わせた。武人が大きな影響力を持つ時代は、すでに終わっていたのである。

以上のことを踏まえると、「武人政権」であるか否かは、崔忠献・崔瑀の二代の評価にかかってくることになる。再度崔忠献・崔瑀父子の時代に戻り考察を行うことにしよう。まず、この両者の間では、決して平穏に権力継承が行われたのではなかった。崔忠献の死去した時、軍事面で彼の羽翼であった上将軍池允深・大将軍崔俊文等は、崔瑀の弟崔珦を支持し崔瑀を殺そうとしたが、失敗に終わった。「忠献自知㆓縦恣㆒、恐㆔其変生㆓不測㆒、大小文武官吏・閑良之士、至㆓於軍卒㆒、強有力者、并皆招致、分為㆓六番㆒、更日直㆓宿其家㆒、号㆓都房㆒」（『高麗史節要』神宗三年一二月）とあるように、崔忠献は強力な軍事力を擁し、さらに優秀な文官も身辺に集めていたが、息子の崔瑀・崔珦もそれぞれ独自の門客をもち[18]、勢力を誇っていた。崔瑀は決して父崔忠献の勢力をそのまま受け継いだのではなく、みずからの力で権力基盤を作っていかなければならなかったのである。崔瑀は、まず都房の統率者池允深・崔俊文等を除去したのち、腹心の周粛に都房等の軍事組織を掌握させる。しかしその後も不穏な状況は続き、崔瑀の権力が安定してくるのは崔忠献の死の六年後である高宗一二年[19]（一二二五）頃からであった。権力を掌握した崔瑀は、先に見たように、政房を設置し、名門でない「寒士」を多く登用し、新たな基盤を作り上げていく。しかし、その勢力もまた、崔瑀（怡）一代かぎりのものであった。

怡死、知吏部事上将軍周粛、領㆓夜別抄及内外都房㆒、欲㆑復㆓政于王㆒、猶予未㆑決、殿前李公柱・崔良伯・金俊等七十余人帰㆓于沆㆒、

（『高麗史』巻一二九、崔沆）

崔瑀（怡）の死去時、夜別抄と都房を掌握していた周粛が、王に政務を返還しようと考えながら行動に移せない間に、李公柱・崔良伯・金俊（仁俊）等が崔沆を担いだことによって、大勢が決まった。崔瑀は、最初は娘婿の金若先を後継者にと考えていたが、若先の失脚後庶子の崔沆を呼び寄せて後継者とした、という経緯があった。四代目の崔竩の襲権に際しても、崔良伯と金俊の対立[20]があり、結局金俊の崔竩誅殺につながっていく。要するに、崔氏四代の間、子が親の築いた権力をそのまま継承したことは一度もなかったのである。崔忠献権力・崔瑀権力は、それぞれが反対勢力を排除しながら自力で作り上げたものであり、決して制度的に安定した「武人政権」が、継続して機能していたのではなかった。執政が軍事・政治両面で大きな権力を持ちながらも、国全体としては、王を中心に宰枢以下が補佐する従来通りの体制が継続した、と見なければならないだろう。

ところで、従来、「武人政権」以降を高麗後期と呼び、以前の高麗前期と区別し、政治的・社会的に大きな転換があったとみなされ[21]てきた。実はそのことについての具体的な研究はほとんどなかったのであるが、先述したように、高麗前期が貴族制の時代と見られていたために、崔瑀による新進官僚の登用などが、新しい動き[22]ととらえられたのである。しかし、彼らは基本的に科挙合格者であった。いわゆる「武人政権」期以前においても、父祖の業績により官途につくことのできる蔭叙出身者が科挙出身者を上回ることは決して[23]なく、蔭叙で出身した者が後に科挙に合格する

事も多かった。普通貴族制という言葉から我々がイメージするような代々高官の地位を安定的に継承していくような形態は、高麗前期においても存在しなかったのである。貴族政治という考え方では、宰相が国政の中心として、その権限を維持し続けるということになるが、国王が承宣を通じてあらゆる政務を受理、決裁し、決裁できないものは宰相等に諮問の上で決裁を行うという、朴宰佑氏によって解明された政治構造に立脚すれば、宰相の権限自体が従来考えられていたものより、はるかに小さなものになる。そればかりではない。たとえ二代・三代にわたって宰相になったとしても、七・八人いる宰相の一人にすぎない彼らが、国政を掌握して政治を独占的に運営するなどということは、とうてい考えられないことである。そのことを考えるために、高麗前期の一一・一二世紀に活躍した江陵金氏と「武人政権期」をはさんで一一世紀末・一二・一三世紀に活躍した鉄原崔氏の宰相昇進者を取り上げ、検討を加えてみた。表5を御覧いただきたい。江陵金氏の祖金仁存は新羅王室出身の名族であり、首相である門下侍中に登った。そして彼の息子三人はいずれも宰相である平章事となった。しかし、これほどの名族であるにもかかわらず、金仁存も三人の息子も科挙に及第しており、父祖の蔭による蔭叙出身者は一人もいない。彼らの子孫を見ても、仁存の長男永錫の曾孫金弁がやはり科挙により出身して高宗代に判少府監になったが、宰相に登ることはできなかった。一方、鉄原崔氏は、元々高麗の創業者太祖の功臣の子孫である崔奭が一一世紀末宣宗代に判吏礼部事に就任したのが栄達の始まりである。その息子崔惟清は毅宗朝に宰相の平章事に登った。その二人の息子崔讜と崔詵は神宗朝に、崔讜の息子崔璘、崔詵の息子崔宗俊はいずれも高宗朝に宰相となり、特に崔宗俊は首相である門下侍中に昇進した。その後も人材を輩出したが、宰相にはいたらなかった。この一一世紀から一三世紀まで活躍し宰相にまで登った鉄原崔氏四代六人も、名門であるにも関わらず、すべて科挙に合格している。これらの例から、たとえ名門出身であっても、蔭叙ではなく、科挙に合格して昇進していくのが基本であったことがわかる。ということは、逆に、名門であることによってずっと

表5　名門氏族と科挙

〔江陵金氏〕
門下侍中金仁存(科挙)──┬─平章事金永錫(科挙)─○─○─〔永錫曾孫〕判少府監事金弁(科挙)
　　　　　　　　　　　　├─平章事金永胤(科挙)
　　　　　　　　　　　　└─平章事金永寛(科挙)

〔鉄原崔氏〕
平章事崔奭(科挙)──平章事崔惟清(科挙)──┬─平章事崔讜(科挙)──平章事崔璘(科挙)
　　　　　　　　　　　　　　　　　　　　└─平章事崔詵(科挙)──門下侍中崔宗俊(科挙)

宰相の地位を占めつづけるのは、前期・後期を問わず高麗国家においては非常に困難であった、ということを示すものである。

表5であげた江陵金氏・鉄原崔氏はいずれも名門であるが、名門でない、いわゆる「寒士」の場合はどうであったのか、検討を加えてみる必要があろう。金尚範氏は、李奎報以下崔瑀執権期に登用された文臣をあげている[24]。彼らはいずれも科挙に合格している。父祖が中央政府の高官であった者はなく、「寒士」と呼ぶことができよう。ただしそれは、中央高官の子弟と比較しての話であって、決して彼らが低い身分の出身というわけではない。金日宇氏の研究によって、地方豪族の協力を得て高麗を建国した太祖が、中央・地方の支配集団共通の秩序体系を作りあげ、それが後世に受け継がれていったことが明らかになった。具体的には、中央の高官と地方の豪族はともに支配層を形成し、土姓に分定された地方豪族は、郷吏を世襲して地域を掌握し続けた[25]のである。表6に見えるように、『高麗史』巻一〇二に記載された七人の人物は、いずれも崔瑀時代に登用されたのであるが、すべて郷吏を勤めたかまたは出身地の土姓であり、低い身分から出身した者ではない。次に表7は、『高麗史』巻九八に記載されている人物一六人の中で、出身の明確な者一〇人を抜き出したものである。彼らが活動した時期は、概ね一一世紀末から一二世紀前半の仁宗朝にかけての高麗前期であった。この中で父が宰相であった人物は、李璹だけである。その外で名門出身と言えるのは、新羅宗姓出身の金富軾のみであるが、父は国子祭酒であってそれほどの高官ではない。李璹・金富軾以外の八人は、地方の土姓出身者で、科挙合格を機に出世の路を歩んだことは、

表6　『高麗史』巻102（列伝15）所見の崔瑀時代に登用された人物の出身

李奎報	黄驪県土姓
金仁鏡	平章事金義珍四世孫．父永固は駅使
趙文抜	定戎鎮吏
李淳牧	陜州郷吏
金　敞	新羅敬順王の子孫．安東府土姓
宋国瞻	鎮州土姓
金之岱	清道郡土姓

表7　『高麗史』巻98（列伝11）所見の人物の出身

金富軾	新羅宗姓．父国子祭酒左諫議大夫
鄭襲明	迎日県土姓
鄭克永	金浦県土姓
朴挺蕤	竹州土姓
金　珦	安東府土姓
崔滋盛	水州土姓
金　縝	溟州土姓
金守雌	尚州土姓
崔　濡	溟州郷吏
李　璹	樹州土姓．父李靖恭，科挙により官吏となり，門下侍中に至る

表6の一三世紀、崔瑀時代の人々と何ら変わりはない。以上のことから、武人政権以前が貴族制の時代であって、崔氏政権下で新進官僚が進出したという図式が、なりたたないことは明らかであろう。科挙による任用は、高麗の前期・後期を問わず、地方社会の支配層である郷吏層などの土姓の優秀者を、中央に吸い上げる装置としての機能を果たしていたのである。

高麗社会において、官吏任用者に対する審査が厳重を極めたのは、このような身分体系を維持するためであった。文宗九年（一〇五五）九月「内史門下奏、氏族不レ付者、勿レ令レ赴レ挙」とあるように、所属する氏族が明確でなければ、科挙を受けることができなかった（『高麗史』巻七三、選挙一）。

内史侍郎王寵之等奏、及第李申錫不レ録二氏族一、不レ宜二登朝一、門下侍郎金元沖・判御史台事金延俊奏、氏族不レ録乃其祖父之失、非二申錫之罪一、（『高麗史』巻九五、崔沖）

これもやはり文宗朝の事例であるが、科挙に合格した李申錫の氏族が記されていないために問題とされたが、祖父のミスであるとわかって事なきを得た、というものである。一一世紀半ばの文宗朝には、氏族名が明らかでなければ、官吏に任用されないという原則が確立していたのである。科挙の際ばかりでなく、高麗では、官吏の昇進の時にも、厳重な手続きを踏んで審査がなされた。毅宗朝において、王が寵愛する宦官鄭諴の告身（人事書）に署名（署経という）するように命じると、他の台諫は唯々諾々と署名したが、知御史台事の李公升は署名しなかった（『高麗史』巻九九、李公升）。このように、官吏が昇進するためには、関係官僚の署経を得なければならなかった。署経が完了すると、その結果が人事部局の吏部・兵部に通報され、さらに中枢院の堂後官が署名した謝牒を受け取って初めて人事が完了したのである。高麗末・朝鮮初の宰相である趙浚が「古者、風淳俗厚、詐偽不ㇾ生、百官謝牒、堂後官、署ㇾ之」（『高麗史』巻一一八、趙浚）というように、高麗末まで、このような体制は継続されたが、このような史上類を見ない高麗の厳しい人事審査体制は、その独特の身分制を維持するためであり、大祖の建国時に定められた身分秩序を、基本的には、高麗末まで機能させる役割を果たしたのであった。

三　鎌倉後期の国家運営——治天・権門と実務官僚——

第五章で述べたように、鎌倉期、相対的に自立性が高く見える寺社権門も、すべて治天の指揮下にあった。そして、権門関係で問題が発生した場合、秩序維持機能は、幕府・六波羅によって担われていた。例をあげよう。東大寺は、永仁元年（一二九三）一二月「事務条々事書」（『鎌倉遺文』一八四四二）を作成しているが、その中で所領を挙げ、八箇荘については治天に奏聞、狼藉のあった諸荘園については関東御教書を申し成し、興福寺土打段米関係は六波羅に申し、確実に四至内支配を行っている大和国春日・河上・佐保山三荘についてのみは、雑掌に付して年貢・公事の沙汰をするようにと記している。このように、権門東大寺は、問題が発生した場合、①治天に訴える、②関東御教書を求める、③六波羅に申す、④みずからの裁量で処理する、の四つの対処方法を持ち、状況によってその四つを使い分けていたのである。権門体制論では、朝廷・幕府・諸権門が、それぞれ確固とした権能・勢力範囲をもっていたかのような記述がされるが[26]、決してそうではなく、単一の国家体制のもとで、状況に合わせて、最も自己に有利な紛争解決方法が模索されていたのであった。寺社権門以外にも、治天以外の上皇・女院、摂関在任者以外の各摂関家の当主、御願寺等、権門と呼ぶべき存在は数多い。これらの治天・摂関以外の権門を含めた京都政界の有力者と実際の政治運営のあり方を解明するためには、職事や弁官の要職や権門の院司・家司を歴任した実務官僚の動きを追っていくことが最も有効である、と筆者は考える。このような観点から、一三世紀後半から末にかけて活躍した藤原兼仲の日記『勘仲記』と吉田経長の日記『吉続記』を主な素材として、治天・摂関や他の公家権門のあり方を見ていくことにしたい。

『勘仲記』建治元年（一二七五）一一月二八日条を見ると、摂政鷹司兼平のもとに参上した兼仲は「余今日被レ加二補家司一」とあるように、摂政家司に任じられた。ほかに兼仲の兄左中弁兼頼や五位蔵人信輔も摂政家司であった。翌二年元日、兼仲は摂政から叙位勘文申次を命じられたが、これは執事家司が勤める重要な役であった。兼仲が摂政兼平に重んぜられていたことがわかる。この年、兼仲は、法成寺金堂修正、法成寺御八講等の摂関家の行事の奉行を勤めている。兼仲は、また女院室町院の院司も勤めていた。これは、三〇年以上室町院の年預を勤めていた父経光の職を受け継いだものであった（『勘仲記』文永一一年四月一五日条）。室町院司となった兼仲は、女院の行事を奉行し、室町院庁に下知を下すなどしているが、注目されるのは弘安四年（一二八一）四月二一日条「依レ召参二室町院一、為二御使一参二殿下一、被レ申二後堀川院法華堂領西下郷庄事一、自二本院一此五六年被レ顚二倒国衙一、此事自二殿下一可レ有二御口入一之趣也」の部分である。室町院の使いとして摂政のもとに参じた兼仲は、室町院が管領している播磨国の荘園が播磨知行国主である後深草院（この時は治天ではない）によって顚倒されていることを訴え、摂政の口添えを依頼しているのである。摂政家司でもある兼仲を遣わすことは、室町院にとっても心強かったものと思われる。ところで、兼仲の家司兼帯はこれだけではなかった。『勘仲記』弘安二年（一二七九）八月一八日条に「今夕内大臣殿政所々充、所二参行一也、家司信輔・予・仲兼・仲親・親基着行」とあるように、兼仲は内大臣近衛家基の家司も、信輔とともに勤めているのである。また、関白（弘安元年一二月に摂政から関白となる）兼平の子左大将兼忠の家司にもなったが（『勘仲記』弘安二年正月一八日条）これも信輔と一緒であった。このように、兼仲は、摂政（関白）の兼平、その子の兼忠、近衛家基、の家司、室町院の院司を同時に勤めていた。[27] もっと兼職が多いのは信輔で、五位蔵人、そして建治三年（一二七七）五月一四日以降は弁官でありながら、摂関兼平、その子兼忠、近衛家基、前関白鷹司基忠及びその子の鷹司冬平の家司をつとめた上に、治天亀山院の院司でもあった。そして、兼仲もまた「此（祇園）御八講予分配也、補二院司一之後、初度奉二行神事一」（『勘仲記』弘安五年正月二九日条）とみえるように、治天亀山院の院司も兼任することになった。そして、弘安七年（一二八四）正月一三日には、兼仲も五位蔵人（職事）に登った。兼仲と信輔は、ともに職事・弁官の要職と治天や他の院の院司、摂関や他の摂関家有力者の家司を兼ね、きわめて多忙な日々を送っていたのである。このように同じ人物が、二つどころか五つ六つもの職（職事・弁官、院司・家司）を兼任し（信輔は最大八つの職を兼任）、その業務をこなしていたということは、従来の研究ではほとんど指摘されてこなかったことであった。このように、どう見ても過重と思われる勤務が行われたのは、国家と各公家権門との間に、ほとんど一体と言ってよいほどのつながりの深さがあったため、としか考えようがない。同一人物が職事・弁官と院司・家司を兼任したのは、そのことが国家にとっても各権門にとっても好都合であったということを示唆するのである。

兼仲は、職事となった後も、院司・家司を続けた。関白兼平の家司はもちろんのこと、室町院事も奉行し、亀山院司としても活動を続けた。近衛家基の家司、左大将鷹司兼忠の家司としての活動もずっと継続している。[28] 彼の執務のなかでも、最も中心となったのは、関白鷹司兼平の家司であった。弘安九年（一二八六）の後宇多天皇の春日行幸の際、兼忠は大活躍する。従来行幸にあたっては、摂関家の執事家司が休幕奉行を勤めるならわしであったが、執事家司である兼忠が職事であるため、「自二執柄一以二頭治部卿信輔朝臣一被レ申レ院云、兼仲可レ令レ奉二行休幕一、於二行幸一者被レ仰二他職事一之条、如何様可レ候乎、即被レ召二頭弁為方朝臣一被レ仰」（同正月一四日条）と、関白から蔵人頭信輔（関白家司・亀山院司でもある）を通じて治天亀山院に行幸奉行は他の職事をあてるように奏上された。亀山院もそのことを理解し、頭弁為方を奉行にあてようとしたが、都合がつかなかった。ついに亀山院は、兼仲に行幸奉行と摂関家の休幕奉行の双方を執行するように求めたのである。行幸が終わった後の四月一日、兼仲は亀山院に行幸奉行に違乱がなかったことを賞賛され、関白兼平にも「云二行幸一、云二御休幕一、両方奉行一事無二相違一、殊神妙之由」と絶賛され、大いに面目をほどこしたのであった。ところで、「政所々充奉行也、年預信輔朝臣為二貫首一之間、予所二奉行一也」（『勘仲記』同年八月一三日条）とあるように、摂関家家司の中でも、信輔は年預、兼忠は執事で、両者が家政の中心を担っていた。その信輔と兼忠が、この時それぞれ蔵人頭と五位蔵人であるとともに、治天亀山院の院司でもあったのである。有能な官吏であるこの両者が、このような執務形態を取っていたのは、職事と治天院司・摂関家司の兼任が、国政を円滑に運用する上で、大変有効だったからにほかならない。

　さらにもう少し、この時期の兼仲の活動を追っていくことにしよう。

参二殿下一、内覧条々事、神仙門院被レ申二請合爵已下事一也、仰詞在二別紙一、次申二殿中事一、去年十月被レ新二補鹿島大禰宜則景、自二四月四日一日次御膳闕怠之間、可レ被レ改三補朝親一、

（『勘仲記』弘安七年七月五日条）

職事である兼仲は、関白への内覧事項を報告し関白の仰の言葉を別紙に書き留めている。内覧の内容は女院神仙門院の合爵の申請などであった。その後、兼仲は関白家司として殿中事を関白に申し上げ、決裁を仰いだ。鹿島大禰宜則景が御膳を闕怠したことに関しての報告であり、関白は朝親に改替するという判断を下した。兼仲は、職事として内

覧事項を関白に申し上げるという仕事と、執事家司としての摂関家の家務（殿中事）処理を、同時に行っているのである。国務と家務の処理を同一人が行うのは、兼仲が職事と家司を兼帯しているからこそできることであった。このように、兼仲や信輔に典型的にみられる職事や弁官と他の院司・家司の兼帯は、ほかにも見出すことができる。[29]このような現象は、第四章で詳述したような中世国家の治天・摂関—職事枢軸体制の中で、それと深く関わりながら公家諸権門が派生していくという、国家の基本構造に規定されたものであった。

さて、次に検討が必要となるのは、弘安一〇年（一二八七）一〇月二一日の伏見天皇践祚により、治天が亀山院から後深草院に交替して以後のことである。関白もそれに先立って同年八月一一日、鷹司兼平から二条師忠に交替していた。兼仲の動向を見ていこう。まず、兼仲は、伏見天皇践祚後も、しばらくは職事であったが、同年一二月には、蔵人を去り、右少弁となる。その後兼仲は、新治天後深草院に奏上を行うことが多くなる。『勘仲記』弘安一一年（一二八八）正月条を見ると、兼仲は治天後深草院の御幸に深く関わっており、正月八日条には、はっきりと「予御幸奉行計会之間」と記されるなど、後深草院御幸の奉行を勤めたことがわかる。二月九日にはやはり治天後深草院より長講堂御八講の奉行を命じられている。兼仲がこの時点で、新治天後深草院の院司を勤めていたことは確実である。兼仲は、同年九月一日、亀山院事も奉行として執行しており、亀山院司の仕事も継続して行っていたことがわかる。

新関白二条師忠との関係はどうだったのであろうか。弘安一一年の元日、兼仲は関白のもとに参上したが、拝礼は頭弁俊定が、申次は年預家司の経守が行った。師忠の家司の中ではこの二人が中心だったのである。ここでも頭弁である俊定が、関白の執事家司を兼ねていた点に注意したい。このときのもう一人の蔵人頭は、亀山治天下の後宇多天皇時代に引き続いて平信輔であった[30]（『勘仲記』同年三月一五日条）。兼仲は、新関白の家司にはならなかったものの、伏見天皇の一宮の家司に就任するなど、後深草院側との関係も深めていく。さらに、関白二条師忠は一年半余りで退任し、後任の関白となったのは、兼仲がずっと家司を勤めてきた近衛家基であった。

閣二左大臣一一上御拝任、頗可レ謂二御面目一歟、御家門嫡々誠異レ他者也、当家代々奉二行殿中事一、先人猪隈殿安貞、岡屋殿嘉禎、同第二度宝治、鷹司殿建長、前殿下文永、鷹司殿第二度建治等、奉行令二相続一者也、於二殿中之故実一者、可レ謂二傍若無人一歟、

（『勘仲記』正応二年四月一三日条）

兼仲は、このように、家基関白就任の喜びとともに、祖父頼資・父経光以来三代にわたって殿中事を執行してきた歴史を誇らしく語っている。ここで言及されている摂関は、安貞時の猪隈関白近衛家実、嘉禎・宝治時の岡屋関白近衛兼経、建長時の鷹司兼平、文永時の鷹司基忠、そして兼仲自身が執事家司を勤めた建治・弘安時の鷹司兼平であった。近衛家・鷹司家の歴代当主と兼仲に至る三代との深い絆を示す言葉である。これだけを見れば、兼仲までの三代と近衛・鷹司家との緊密な主従関係を示すかのようである。しかし、これまで見てきたように、兼仲は治天や治天以外の院、女院や多くの権門家の院司・家司を兼任し、さらに職事・弁官らの朝廷の要職にも就いているのであるから、特定の権門に従属するような存在では決してなかった。このことは、しっかりと確認しておかなければならないことである。

新関白近衛家基の就任以後、兼仲は勧学院別当となり、任法成寺別当の関白宣を発する（同年四月二一日条）など、関白家司として活発な活動を行うが、正応四年（一二九一）七月二九日には、父後深草院の引退で新治天となっていた伏見天皇のもとで、蔵人頭に就任した。

一乗院門徒訴訟、被レ申レ非レ無二其謂一之間、被レ仰二合関東一之処、其左右未二分明一、日来存二穏便之儀一、今度又随二勅定一、法華維摩両会無為遂行者、為レ朝為レ寺旁可レ謂二公平一、然者殊被レ仰二合関東一、任二道理一可レ有二聖断一、此趣直雖レ被レ仰二一乗院僧正一、別猶可レ有二宥沙汰一之由、天気所レ候也、以二此旨一可レ令レ申給一、仍執達如レ件、

九月廿六日　　　春宮亮兼仲奉

謹上　左少弁殿

（『勘仲記』同年九月二六日条）

これは、蔵人頭春宮亮兼仲が、治天伏見天皇の意をうけて作成した綸旨である。一乗院門徒の訴訟を受けて、藤家長者すなわち関白家基に対して発したものであり、関東に仰せたうえで、天皇が決断することを伝える内容である。ここで注目すべきは、新治天である伏見天皇が行う政務が前治天後深草院の場合と、基本的に違いがない、という点である。たとえば、正応五年（一二九二）九月二九日、蔵人頭兼仲は条々を伏見天皇に奏聞し、勅答を得たが、伝奏を勤めたのは吉田前中納言経俊であった。前治天後深草院の場合は、坊門忠世・源雅言等の見任・前任公卿が[31]伝奏を勤めており、その点では伏見治天下の伝奏と性格の違いは見いだせない。治天のもとで開かれる評定の形態も、亀山・後深草両治天の治世と伏見治天下で、違いはなかった[32]。呼び名が伏見天皇治天のもとでは「議定」と変っているだけである。伏見の天皇のままの治天が約八年続くのは、後伏見が即位した際の皇太子に自らの子孫を立てるのが難しい[33]状況にあったためと思われ、院治天と天皇治天の政務執行形態には、違いがないのである。

さて、ここまで『勘仲記』だけに頼って記述を進めてきたが、次にやはり鎌倉後期に活躍した実務官僚吉田経長の日記『吉続記』の分析に移ることにしよう。経長は、文永三年（一二六六）、職事である五位蔵人に就任した。治天は後嵯峨院である。経長は職事として公事の奉行を勤め、治天への奏聞、関白一条実経への内覧などを行っている。その点は、第五章で見た鎌倉前期の職事や後の職事兼仲と同じである。文永四年（一二六七）一〇月三日には「役夫工行事弁如レ元可レ為二資宣朝臣一之由、可二宣下一之由、被二仰下一、即以二口宣一下二権中納言一」と見えるように、行事弁を資宣とするとの治天の命を執行する口宣を公卿に下している。この行為も、第三章・第四章で詳述した、白河治天以来、治天の意思を国家意志とする執行方法そのままである。また、同年一二月九日、関白実経が上表を行った際には、

「本所事頭弁奉行」とあるように、頭弁忠方が関白方の奉行を勤めており、ここでも蔵人頭が関白の家司も勤めていたことがわかる。経長自身も関白近衛基平の御教書を発していることから、関白の家司を兼ねていたことが推測される（『吉続記』文永五年八月二日条）。文永五年（一二六八）八月二五日、立太子が行われたが、そのさい、経長の同僚である五位蔵人光朝が蔵人方奉行、もう一人の五位蔵人親朝が本所奉行を勤めた。この場合の本所は、治天後嵯峨院のことであるから、親朝は後嵯峨院司でもあったのである。

文永七年（一二七〇）以降、経長は職事を退いて弁官となる。経長は職事経験者の弁官であるから、その記述から、国政の中核を担う職事と弁官の役割を考えていくことができる。「自㆓今日㆒被㆑始㆓行春季御読経㆒、蔵人右衛門権佐定藤奉行也、官方予沙汰也」（同年八月二〇日条）とあるように、経長は季御読経の官方奉行を勤めた。八年正月には、頭弁資宣から外記政始の日時の通知をうけている。二月には祈年穀奉幣の行事弁を勤めた。奉幣幣料錦を行事所に収納したことを奉行職事に報告している（二月二五日条）。八月には、経長は、臨時仁王会の行事弁を執行することを命じられた。経長は、四大寺と諸国へ命令を下す御教書を作成し、太政官の官掌に与えている（八月一〇日）。そして治天後嵯峨院のもとに参上し、諸国召物のことを報告している。報告を受けた後嵯峨院は、対捍している国々を催促すること、武家知行国が召物提出を了承したことは神妙である、などと仰せている（八月二〇日）。経長が次に仁王会諸国召物事と最勝寺三綱転任のことを院に奏聞したときは、院の命令で経長が最勝寺に充てる院宣を作成している（九月一二日）。この時の仁王会は一度延引されたが、改めて日時を定めることが、奉行職事から経長に知らされ、経長が官や綱所に触れている（八月二五日）。これらのことからわかるように、やはり国政の中核にいたのは職事であり、弁官はその指示をうけて活動していた。また、同年正月一六日には、踏歌節会が行われたが、「仍雖㆑召㆓職事㆒、凡不㆓出現㆒、奉行職事不㆑知㆓子細㆒之間、敢以不㆓口入㆒、不㆑足㆑言事也」と、職事経験者である経長が、未熟な職事に苦虫をかみつぶしている様子がうかがえる。(34) しかし、経長が奉行職事の仕事に介入しないと言っていることが、公事執行の統括者が職事であることを明示している。

『吉続記』からは、文永九年（一二七二）二月の治天後嵯峨院の死去、亀山天皇の治天就任以後の状況も知ることができる。

参内、付二前右府一奏二条々事一、大殿円満院宮有二御参一、今日臨時仁王会後奏也、検校上卿吉田中納言、弁右少弁参仕、職事蔵人大進経頼奉行也、（中略）予向二西園寺大納言亭一、去四月御斎会供米、伊予国公事用途未済事、罷向可レ仰之由、依レ有二勅定一也、即被二出逢一、忩可レ致二沙汰一之旨被レ申之、入レ夜帰畢、内蔵寮年預職隆、可二相伝一之旨、雖レ被レ下二宣旨一、依二寮頭訴一、被二召返一、件宣旨、為二蔵人大進奉行一被二宣下一、物忩之儀歟、

（文永九年一〇月一三日条）

この日参内した権右中弁経長は、前右大臣を通じて条々事を、治天亀山天皇に奏聞した。その後権大納言西園寺実兼のもとに向かったのは、伊予国知行国主である実兼に、公事用途米弁済を求める治天の命令を伝えるためであった。また、内蔵寮年預の相伝を認める宣旨がすでに下っていたのであるが、内蔵頭の訴えがあったため、その宣旨を召し返し、新たな宣旨を蔵人大進が奉行して宣下した。蔵人ではなく前右大臣による伝奏、職事による宣旨宣下などが、亀山天皇治天下においても、院治天下と変わらず執行されていたことがわかる。また、同年一〇月一六日には議定がおこなわれた。大殿・関白・前右大臣、内大臣・春宮大夫・吉田中納言経俊などが参会し、職事が相論になっている吉田中納言と四条前中納言の両方訴陳の趣を述べ、理ありと認められた吉田中納言の権利を認める綸旨が、頭中将実冬によって書かれた。前官を含む人々による議定、院治天下の院宣と同じ性格を持つ綸旨発布、(35) これらもまた、亀山天皇治天下の決裁・政務執行方式が、後嵯峨院治天下と全く変わってはいなかったことを示すものである。従来の院

政・親政にこだわりすぎた議論から離れて、だれが治天であるかによって、鎌倉時代の王権の所在を把握すべきなのである。

さて、治天亀山天皇の信任を得た経長は、河内国を知行国として給い（一〇年六月七日条）、後宇多天皇への譲位後の建治元年（一二七五）蔵人頭右大弁に任じられた。再び『勘仲記』に戻ると、建治二年（一二七六）正月五日、叙位中文内覧が行われ、頭弁経長・頭中将基顕・五位蔵人信輔・俊定・為方の職事五人全員が、関白兼平のもとに参上したことが、関白家司である兼仲の記事によってわかる。

表8　13世紀後半の天皇・治天・摂関

年	天皇	治天	摂　関
文応元年(1260)	亀　山	後嵯峨	鷹司兼平
文応２年(1261)	〃	〃	二条良実
文永２年(1265)	〃	〃	一条実経
４年(1267)	〃	〃	近衛基平
５年(1268)	〃	〃	鷹司基忠
９年(1272)	〃	亀　山	〃
10年(1273)	〃	〃	九条忠家
11年(1274)	後宇多	〃	一条家経
建治元年(1275)	〃	〃	鷹司兼平
弘安10年(1287)	伏　見	後深草	二条師忠
正応２年(1289)	〃	〃	近衛家基
３年(1290)	〃	伏　見	〃
４年(1291)	〃	〃	九条忠教
永仁元年(1293)	〃	〃	近衛家基
４年(1296)	〃	〃	鷹司兼忠
６年(1298)	後伏見	〃	二条兼基
正安３年(1301)	後二条	後宇多	〃

これまでの考察によって、一三世紀後半の治天・摂関と職事を中心とした政治運営の全体像が、ほぼ明らかになったものと考える。この間の治天・摂関の推移を表8にまとめておく。後嵯峨院治天時代の文応元年（一二六〇）から、弘安一〇年に続く二度目の治天の系統交替が起こった正安三年（一三〇一）年までの約四〇年間の治天・摂関を示したものである。

以上を踏まえて、鎌倉後期の国制の基本構造をまとめておくことにしたい。国制の頂点に立っているのは、中世国家成立時の白河・鳥羽・後白河の三治天の時代と同様に、治天である。治天は摂関の補佐をうけ、職事以下を駆使して決裁を行い、すぐに決裁できない事柄については見任前任を含めた公卿を選定、参加させて評定（議定）を行い、その場の意見を参考にして決裁を行っていた。国家的公事の執行、それに伴う一国平均役の賦課なども、この体制のもとで実行に移されたし、知行国の給付・改替なども、すべて治天の権限によって行われていた。権門は、比較的自立性の高い寺社権門も含めて、この治天を頂点とする国家の指揮下にあった。また、天皇家から出た治天以外の院・女院、摂関家の摂関在任者以外の人々は、もとより自立した権門ではなく、天皇家・摂関家から派生して諸荘園の本家職を持つ人々であった。彼らは、荘園公領制下で大変高い地位を得ていたが、自らの力で荘園・百姓の支配を実現しているわけではなく、あくまで国家体制に依存して支配を実現していた。そして、鎌倉時代を通じて彼らの数は拡大し、複雑な相続形態などによって、本家職なども分割されるような状況になっていた。このような、鎌倉後期の体制を根本的に支えていたのが、鎌倉幕府・六波羅である。寺家権門などが自力で解決できるような問題以外は、権門からの訴えをうけても治天が六波羅や鎌倉に助力を要請することが多く、この国制の秩序維持は、彼らが担っていたのである。このように、国家の秩序維持機能を担当する鎌倉・六波羅は、本質的には決して権門ではなく、国家機能の重要な部分の担当者であった。幕府にも、他権門と同じく政所・侍所以下の家政機関があり、関東知行国や関東御領の管理なども行っていたが、そのような荘園公領制的業務は、治天や摂関にもあるものであって、幕府という権力体の一面を示すにすぎない。国制上の幕府の位置は、守護・地頭を駆使して行う秩序維持機能を担当することにあったのである。

本章第一節で考察した土地・百姓の管轄権も、鎌倉期の国制を考える上では核心となる問題である。領域を一円所有し、百姓を管轄下におく荘園領主や地頭は、百姓が規定の年貢・公事を弁済する限りにおいては、決して百姓の権利を侵犯することはできず、百姓は幕府や本所領家さらには治天に訴え、自らの権利を守ることが認められていた。これも、中央集権国家であった後期古代国家（王朝国家）が、一二世紀初頭に土地・百姓の進止権を権門に認めることによって中世国家に転換した状況を受け継ぎ、さらに一二世紀末に鎌倉幕府が成立した後の変化を反映したものであった。中世国家の国制内の存在である幕府・地頭が、その枠を超えて百姓を人身的に隷属させるような条件は、もともと存在しなかったのである。領主制論および日本中世を武家政権あるいは武家政権と王朝の並立とみなす見方が成り立たないことは、以上の考察によって明らかになったものと筆者は考える。第二節の「武人政権」または「武臣政権」期の高麗についての分析は、この結論を補強するために行ったものであった。検討の結果明らかになったのは、高麗に「武人政権」は存在せず、建国時から地方の支配権を握っていた層から、不断に人材を補給しながら、独自の身分制度を維持していった高麗国家の姿であった。日本も高麗も決して「武家政権」「武人政権」だったのではなく、日本は中世国家として、高麗は独自の構造を持つ中央集権国家として、一三世紀後半に対峙したのであった。

おわりに

鎌倉後期の日本と一三世紀半ばすぎまでの高麗を比較して論じた本章の考察に続いての第七章では、第五章の終わりで約束した鎌倉末・南北朝時代の転換、すなわち後期中世国家への転換過程をたどることを目的としたい。最近、鎌倉後期から建武政権を経て、室町幕府初期の体制までの連続性をたどることが、研究の主流になりつつある。これは、正しい流れであると、筆者も考えるが、まだまだ基礎研究が不足している。その原因の一つは、この時代も数多く存在する貴族・皇族等の日記が十分に活用されてこなかった点にあるのではないかと、筆者は考える。南北朝期・室町初期の日記も十分活用し、これまで使われてきた史料とも突き合わせることによって、新しい後期中世国家像を描き出すことを目指したい。

注

（1）　式目四二条をめぐる研究史については省略するが、入間田宣夫氏の論文「逃散の作法」（『百姓申状と起請文の世界』東京大学出版会、一九八六年、初出一九八〇年）のコメントでの指摘の通り、百姓の訴訟を幕府が受理した可能性を極力小さくしようとする傾向があったことは、まちがいないであろう。

（2）領主制研究が下火になってからは、地頭の百姓支配権に言及した研究はみられなくなってきた。

（3）韓国人研究者のものでは、金鍾国「高麗武臣政権の特質に関する一考察」（『朝鮮学報』一七、一九六〇年）、辺太燮「武臣乱と崔忠献政権の成立」（『韓国史』七、一九七三年）。など。日本人研究者のものとしては、旗田巍「高麗武人の政権争奪の形態と私兵の形成」（末松保和博士古稀記念会編『古代東アジア史論集』上、吉川弘文館、一九七八年）などがある。

（4）高麗の武臣政権と日本の武家政権の違いについては、髙橋昌明「高麗の文・武臣と日麗の武人政権について」（笠谷和比古編『公家と武家の比較文明史』思文閣出版、二〇〇五年）参照。

（5）高麗の武人政権についての専書としては、金塘澤『高麗武人政権研究』（新文社《セムン》、一九八七年）、洪承基編『高麗武人政権研究』（西江大学校出版部、一九九五年）がある。

（6）大山喬平「中世社会のイエと百姓」（『日本史研究』一七六、一九七七年）。

（7）入間田宣夫注（1）論文。

（8）大山喬平「鎌倉時代の村落結合―丹波国大山荘一井谷―」（『史林』四六ノ六、一九六三年）。

（9）『鎌倉遺文』三一七七一、山城臨川寺領目録、によれば、後醍醐天皇皇子世良親王の所領を寄進された同寺の所領には、本家領家職、本家職、領家職の三種類がある。世良親王自身の持つ職にこの三種類があったことがわかる。

（10）宇佐宮の造営については、すでに貞応三年（一二二四）一〇月一九日の官宣旨案（『鎌倉遺文』三三〇〇）によって、宣旨・関東下知によって、朝廷・関東が関わって造営は行われたことが知られる。

（11）先に見たように、後になって国衙に井原村を一円神領とすることを申請している。従ってこの文暦時の料国認可は、国司一任間のみの措置だったことになる。

（12）朴宰佑「高麗前期の国政運営体系と宰枢」（『歴史学報』一五四、一九九七年）。及び『高麗国政運用の体系と王権』（新丘文化社、二〇〇五年）。

（13）貴族制説を代表する朴龍雲氏は、朴宰佑論文の発表後、官司・官員の王への直奏という点では朴宰佑説を認めたが、「諸寺・監・署までが王に直結しているという説は、常識的に考えて納得できない」と述べている（「高麗時代の宰臣と枢密と六部尚書の関係を通じてみた権力構造」、『震檀学報』九一、二〇〇一年）。しかし、史料をあげての立証は全く行われておらず、説得力をもたない。

(14)　金塘澤「李義旼政権の性格」（『高麗武人政権研究』新文社、一九八七年）。

(15)　杜景升と李義旼の仲は決して良くはなかった。杜景升が、三韓後壁上功臣になったとき、賀宴で重房諸将が楽器を演奏し杜景升が歌ったとき、李義旼は「どうして宰相が楽人のようなまねをするのか」と、杜景升を罵った。また、同じ宰相として上位にある杜景升を李義旼がからかった時も、杜景升は笑って相手にしなかった（『高麗史』巻一〇〇、杜景升）。このように、李義旼が杜景升に嫉妬している話がいくつか出てくるが、李義旼が杜景升を完全に凌駕する権力を持っていたのなら、このようなことはありえないはずである。

(16)　崔瑀が、王の周囲に自身の側近を配置して、王の動きを監視していたことについては、金尚範「崔瑀の執権と寒士」（洪承基編『高麗武人政権研究』西江大学校出版部、一九九五年）。

(17)　『高麗史』世家、巻二三、高宗一九年六月に「崔瑀脅レ王遷二都江華一」とある。

(18)　注（16）論文に同じ。

(19)　注（16）論文表1に、崔忠献の死去した高宗六年から、高宗一一年までに崔瑀が行った粛清を挙げている。これらを乗り越えて、崔瑀の権力はやっと安定したのである。

(20)　崔沆の死去時、「崔良伯秘不レ発レ喪、按レ剣叱二侍婢一勿レ哭、与二仁烈一謀以二沆言一伝二于門客大将軍崔瑛蔡楨及能等一、会二夜別抄神義軍書房都房三十六番一、擁衛乃発レ喪」（『高麗史』巻一二九、崔忠献付竩）とあるように、崔良伯が中心となって崔竩の擁立を進めており、崔沆擁立のもう一人の功労者金俊は、完全に排除されていた。

(21)　武臣政権以後を高麗後期とし、それ以前とは異なった政治・社会であるとする見方は、高麗史研究の最も古典的な業績である辺太燮氏の『高麗政治制度研究』（一潮閣、一九七一年）以来、ずっと維持されてきた。

(22)　貴族制の時代であった高麗前期に対して、武人政権期から新進官僚が台頭してくるという見方は、たとえば注（16）論文の崔瑀の寒士登用への言及にも表れている。

(23)　朴龍雲氏の著書『高麗時代中書門下省宰臣研究』（一志社、二〇〇〇年）は、高麗前期・武臣政権期・高麗後期に分けて、厖大な宰相昇進者の出身郡県、父祖の官職、科挙・蔭叙の別を表示している。それを見ると、科挙制度が施行された後は、高麗の全時期にわたって、科挙合格者数が蔭叙出身者数をはるかに凌駕している。また、はじめは蔭叙で官界に入っても、後に科挙に合格している者も多い。

朴龍雲氏は、代表的な貴族制論者であるが、ほかならぬ氏の研究自体が、高麗における貴族制の存在を否定するという、皮肉な結果になっている。

(24) 金尚範「崔瑀の執権と寒士」。

(25) 金日宇『高麗初期国家の地方支配体系研究』(一志社、一九九八年)。

(26) 権門体制論の提唱者である黒田俊雄氏は、その論文「鎌倉時代の国家機構—薪・大住両荘の争乱を中心に—」(清水盛光・会田雄次編『封建国家の権力機構』創文社、一九六七年)で、「公家・寺家・武家などの諸々の権門勢家が矛盾と対立を含みながら相互補完的に一つの国家機構を構成していた」と述べているように、諸権門は自立したうえで一つの国家を形成しているという理解に立っていた。

(27) 兼仲は、前関白鷹司基忠のもとにもしばしば参じており、基忠の家司も勤めていた可能性が高い。

(28) 兼仲が弘安七年(一二八四)に職事に就任した後の院司・家司としての活動例を弘安九年(一二八六)の史料からあげておく。亀山院司としては六月一四日条、室町院司としては六月二九日条、鷹司兼忠家司としては五月五日条、近衛家基家司としては八月一九日条である。

(29)『実躬卿記』を見ると、実躬は、永仁三年(一二九五)に職事に就任し、その後乾元元年(一三〇二)正月に永嘉門院院司に、三月に陽徳門院院司になっている。

(30) 兼仲は、弘安一一年(一二八八)四月一二日、伏見天皇の一宮家司になっている。

(31)『勘仲記』弘安一一年四月三日条を見ると、参議平忠世と前大納言源雅言が後深草院の伝奏を勤めている。

(32) 亀山治天時の弘安一〇年三月一日の評定には関白、右大臣以下が参仕し、職事兼仲が神宮解状を読み上げている。また、後深草治天時の弘安一一年九月二一日の評定は、前公卿らが参会して行われている。

(33) 伏見天皇在任中は第一皇子(後の後伏見天皇)が皇太子であったが、永仁六年(一二九八)七月の後伏見天皇践祚後、八月に皇太子となったのは、後宇多上皇の皇子(後の後二条天皇)であった。

(34) 兼忠は、正応六年(一二九三)八月二日条でも、記録所庭中での奉行職事(この場合は蔵人頭)の懈怠を指摘している。

(35)　『葉黄記』宝治元年（一二四七）六月六日条を見ると、前相国・前内府・現内府・堀河大納言具実・吉田中納言為経と記主の参議定嗣が治天後嵯峨院のもとに参会して評定が行われ、祇園社領のことや鴨社と甘露寺の用水相論のことが審議されている。

第七章　後期中世国家の成立

はじめに

中世前期、すなわち鎌倉期の国家は、いつ、どのようにして中世後期の国家に転換したのであろうか。この点に関して、かつて定説の地位を占めていたのは、佐藤進一氏の幕府による王朝権力の権限吸収論であった(1)。続いて富田正弘氏は、室町殿の主導下に、伝奏を介して操縦する天皇・院が共同経営者に位置づけられる公武統一政権の政治構造を解明し、以後の研究に大きな影響を与えた(2)。義満段階で従来とは異なる国家体制が成立していたということ自体には、現在でも異論は出されていないが、成立した新しい国家体制の内実について、研究者間に統一した像があるわけではない。特に、通説の下敷きとなってきた権限吸収論には、問題があることが指摘されている。松永和浩氏は、川合康氏の鎌倉幕府成立時についての指摘を援用して(3)、内乱という契機を決定的に重視し、後光厳天皇の求心力強化を目指す幕府の方向性のなかで、権限吸収とみられる現象が現れると論じた(4)。一方、義満期以後の研究も進み、石原比伊呂氏は、義持を「王家の執事」と位置付け、義教・義政も基本的にその性格を継承するとするなど、義満期を相対化する研究を発表している(5)。

このように、王権の所在も含めて、国制のあり方について定説が揺らぎ新しい動向が現れてきているのが、中世後期国家成立期研究の現況であるが、筆者は、第五章・第六章で詳述した鎌倉前期・鎌倉後期の国制についての考察を踏まえて、国制転換の実相に接近する手がかりをつかむことを目指したい。鎌倉前期においては、治天とともに鎌倉殿が権門・諸国の上に立つ存在としての地位を確立し、承久の乱後その体制は安定する（第五章）。土地・人民は個別領主の管轄下にあるが、私的隷属関係にはなく、権利が阻害された場合は、名主・百姓等は治天・幕府などに訴えることができた。また、実務官僚の考察によって、彼らは特定の権門に従属する存在ではないことも明らかにした。さらに同時代の高麗は武人政権ではなく、従来通りの中央集権国家であったことも論じた。それと同様に幕府も単独で武家政権を形成していたのではなく、秩序維持機能を中心にして中世前期国家の中核を担う存在であって、治天が統括する京都政界と密接に結びついていた（第六章）。以上の第五章・第六章の結論に基づいて、本章では、まず鎌倉末から南北朝時代前半にかけての京都政界を中心とした政治構造を考察する（第一節）。続いて、内乱の勃発後どのような秩序形成が図られたのかという視点から、形成された室町幕府と北朝によって従来の諸国支配体制がどのように変容していったのか、を明らかにしていきたい（第二節）。そして最後に、成立した義満段階の国制が従来とどのように相違し、それが次の義持段階ではどうなったのかをみることによって、中世後期の国制の枠組みを解明したい（第三節）、と考える。(6)

一　鎌倉末・南北朝前半の政治構造

鎌倉末・南北朝前半といえば、従来は倒幕、建武政権の成立・崩壊、内乱の勃発・展開という政治的・軍事的な事柄に目を奪われて、国制がどのように転換したのか、またはしなかったのか、について考察した研究は存在しなかった。本節では、思い切って政治・軍事の展開は捨象し、鎌倉後期の体制がこの時期どのように展開したのかを、追求していくことにしたい。

まず、前章第三節で述べた鎌倉後期の政治構造から出発することにしよう。この時期に関して最も研究が進んでいるのは、公家訴訟に関する分野である。橋本義彦氏の先駆的な研究(7)を受けつぎ、藤原良章氏(8)、森茂暁氏(9)によって、この分野には大きな進展がもたらされた。特に、庭中が担当奉行を越えた直訴であることが藤原氏によって明らかにされたことによって、訴訟の研究に新しい地平が開かれた。

晴、参二殿下一、依二議定一有二御参内一、為二頭弁一奉二行去年一被二宣下一之制符、忩可二書進一之由、被二仰下一畢、仍馳レ筆書進之、伝聞、制符有二違僭一之輩、被レ付二奉行人一、厳密可レ有二御沙汰一云々、衆庶訴人、奉行職事闕怠、下情不二上通一之間、徒疲二訴訟一、尤可レ謂二不便一、依レ之、於二記録所一被レ置二庭中一、参議弁寄人等被二結番一云々、

（『勘仲記』正応六年六月一日条）

この日、関白近衛家基のもとに参じた参議右大弁兼仲は、去年蔵人頭（前年まで蔵人頭であった）として宣下した制符を急ぎ書き進めるように命じられ、すぐに書き上げて関白に進上した。奉行職事の懈怠のため、訴人の訴えが上に届かない実状を把握するためだったと思われる。この正応六年（一二九三）の時点までは、蔵人頭・五位蔵人で構成される職事が、奉行として訴えを受理するのが原則であったことがわかる。これは、第三章・第四章及び第五章・第六章で明らかにしたような、初期中世国家・前期中世国家における職事の果たしてきた機能を継承し拡大したものであったが、この日に記録所に直訴を受け付ける庭中結番が置かれ、同時に雑訴結番も定められたのである（表1）。二年後の永仁三年（一二九五）六月、蔵人頭右近中将に就任した藤原実躬が、就任の約一ケ月半後の日記に「朝間例訴人済々、如二雲霞一、門前成レ市、毎朝之議如レ此」（『実躬卿記』永仁三年八月七日条）と驚いて書き記しているように、

表1　正応6年の記録所庭中結番と雑訴結番

記録所庭中結番		
一番	子・午	権中納言・俊光朝臣
二番	丑・未	前藤宰相・光泰朝臣
三番	寅・申	前平宰相・顕家朝臣
四番	卯・酉	右大弁宰相(兼仲)・為行
五番	辰・戌	堀川宰相・仲親
六番	巳・亥	経親朝臣・顕相朝臣
雑訴結番		
一番	4日・17日	前源大納言・前右大将 吉田中納言・右大弁宰相(兼仲)
二番	7日・24日	帥・按察・前藤宰相・堀川宰相
三番	19日・27日	右大将・吉田前中納言 前平宰相・経親朝臣

職事特に蔵人頭のもとには、多数の訴人が群集し、対応しかねる状況になっていた。正応六年の措置は、このような状況を打開するための一つの方策であったことが理解されよう。直訴である庭中、相論や一般の訴訟である雑訴、さらには裁決の結果に異議を申し立てる越訴(10)という訴訟の体系が、以後整備されていくのである。正応六年六月一日に記録所庭中四番結番奉行となった参議右大弁兼仲は、「記録所庭中奉行被レ結番、卯酉日可レ参之由、為二頭弁一奉行被レ仰下一之間、申二領状一畢」とあるように、卯の日と酉の日に記録所に参入して奉行を勤めるようにとの治天の仰せを頭弁より受け、承諾の領状を提出している（六月二日条）。また、表1からわかるように、兼仲は、雑訴結番の方では前源大納言雅言・前右大将・吉田中納言俊定とともに、一番に編成され、毎月四日と一七日が当番となっていた。事実六月四日条を見ると、この四人と関白家基の五人が参内して「雑訴評定」を行い、審議された四ケ条についての五者協議の一致点を兼仲が書き記している。続いて酉の日である八月二日には、兼仲は記録所庭中番として参内している。

晴、依二記録所庭中番一、早旦参内、左少弁為行、大外記師顕不参、明法博士章保一人祇候、訴人沙弥生心、上野国園田御厨、幷伊勢国散在田畠事申之、章保注進申詞付レ予、々付二内侍一先所二奏聞一也、相二尋前藤宰相一可レ申之由、有二勅定一、

この日は、参入することを定められた四人の中で、為行と大外記師顕が不参であったが、兼仲と明法博士章保が沙弥

生心の訴えを審査し、兼仲が奏聞した。治天伏見は、前藤宰相に問い合わせて結果を報告するように、と指示している。同日条に収録されている生心の訴えに「頭左大弁奉行緩怠之間、去六月十日庭中之処、件日、上卿自二前藤宰相家一忩可レ被レ申二沙汰一之由、雖レ被レ申二本奉行職事一、于レ今不レ及二其沙汰一と申」とあるように、担当奉行である蔵人頭左大弁頼藤が沙汰を行わないために、生心が六月一〇日の記録所庭中に提訴を行い、上卿の前藤宰相が受理して本奉行頼藤に申し入れたにもかかわらず、いまだに沙汰がないために再提訴されたものであった。生心の八月二日の記録所庭中への出訴は、二回目であり、第一回目の庭中の後、二番結番の上卿であった前藤宰相が本奉行に申し入れを行っていた、ということがわかる。兼仲は、「件子細、且被レ尋二奉行職事一、且被レ召二出正応四年三問三答訴陳一、可レ有二其沙汰一歟」と対処方法を記している。庭中の設置は奉行職事の役割を補完するためだったこと、審査が以前の記録も吟味して行われていたことが、この部分からわかる。

表2　正応6年8月4日の雑訴評定

評定された事項	評定の結果
一、稲荷社領杭庄下司職事	景実の権利を認める
一、典薬寮領乳牛牧公文職事	厳真の三宝寺への寄付は無効
一、信懐得業与実寿相論藤原香子山両庄事	人数参仕の時，沙汰して結論を出すべし

　翌々日の八月四日は雑訴評定日である。参仕者は関白、前右大将、兼仲の三人であった。議題は頭弁俊光が提出した杭荘下司事、五位蔵人中宮権大進定房が提出した三宝寺のことで、話し合いの後、目録が作成され、参仕者三名が署名した。その評定の内容を示すのが表2である。目録は職事俊光に付して治天伏見に奏聞された。議題の一つである相論については、参仕人数がそろったときに審査するとして、この日の沙汰は見送られた。また、一二月四日は酉の日であるので、兼仲は記録所に参入した。「承下庭中訴人新今熊野長床衆等申永経朝臣公用不二糺返一事、梅宮社司等申伊隆朝臣非法事上、両条所二尋承一也、行房申妻垣庄事、以二吉田黄門一奏聞之」とあるように、提訴された三ケ条のうち、一ケ条のみが伝奏俊定を通じて奏聞され、他の二ケ条はさらに調査す

ることになった。このように、提起された案件すべてがすぐ奏聞されたわけではなく、内容を吟味して、奏聞事項とさらに調査する事項に分けられていたのである。

以上のように、伏見天皇治天のもとで、正応六年六月から記録所庭中と雑訴評定の結番制度が規則的に運用されはじめた。従来は、基本的には、摂関・職事と諮問をうける評定（院治天時）・議定（天皇治天時）の補佐を受けて治天が決裁するというのが政治構造の基本だったのであるが、その不備を補うために、ここで新たな制度が導入されたのである。それでは以前からあった評定・議定に変化はなかったのか。次は、こちらの方を検証してみよう。(11)

橋本義彦氏の研究によって、一三世紀中葉の後嵯峨院治天時に、院臨席のもとで毎月六回開催されることになった評定が、各評定衆の意見を一つにまとめて奏上するという、従来の出席者各人が意見を述べる評定とは異なる性格のものとなっていたことが、明らかにされている。(12)ただ、治天の決裁に資するためのものという評定の基本的な性格は不変であった。後嵯峨院時代の評定の議題を分析した橋本氏は、所領に関する訴訟の増大が院文殿での問注増加をもたらし、やがて亀山院治天下の弘安九年（一二八六）の徳政沙汰と雑訴沙汰の分離につながる、としている。(13)このような、後嵯峨治天期から亀山治天期にかけての雑訴沙汰拡大の延長線上に、伏見治天下の記録所庭中、雑訴評定の整備があったのであるが、これと関連してふれておかなければならないのは、伝奏の問題である。職事以外の者が治天への奏聞を取り次ぐ伝奏という存在は、後白河治天期から見られるが、制度化されたのは、後嵯峨治天期の宝治元年（一二四七）三月一二日である（『葉黄記』同日条）。以後、拡大して亀山治天時の弘安二年（一二七九）には、六人の伝奏が三番に結番して勤務するようになっていた。(14)しかし、次の後深草治天期の始めには「前源大納言雅言卿可レ被レ加二仰伝奏一云々、日来平相公一人勤之」（『勘仲記』弘安一一年四月三日条）とあるように、伝奏はまた二人に減少しており、まだ多くの伝奏が活動する状況が定着していたわけではなかった。この点でも画期となったのは、やはり伏見治天期であった。表3は、伏見天皇治天期と三年間の伏見院治天期を含めての伏見治天期一〇年の中でも、永仁二年・三年に伝奏の役を果たした人物を書きだしたものである。彼らはいずれも職事ではなく公卿・前公卿であった。後に伝奏となる兼仲が永仁二年（一二九四）三月二日に参内して、「依レ無二伝奏一、予直奏」（『勘仲記』同日条）していることからわかるように、伝奏は治天によって指名されて業務を行う者であった。彼らは、治天のそば近くに仕えて、重要な事柄に関与していたのである。

表3　永仁2年・3年の伝奏

吉田中納言俊定	永仁 3年 8月 3日
前源大納言雅言	永仁 3年 8月 4日
中御門中納言為方	永仁 3年 8月 8日
前右大将公衡	永仁 3年 8月 9日
前帥卿経任	永仁 3年 8月11日
参議右大弁兼仲	永仁 2年 6月 9日

晴、参二新院評定一、殿下、吉田前中納言、中御門前中納言、坊城前中納言、下官、大理参入、大津庄河会役倉貢名西庄事、其外細々事有二其沙汰一、不レ及二目六一、（『勘仲記』正安二年二月一一日条）

伏見院治天の時代である正安二年（一三〇〇）に開かれたこの評定に参仕したのは、摂政兼基以外は為方、俊定、俊光、兼仲といずれも治天伏見の伝奏を勤めてきた人物であり、もう一人の吉田前中納言経長は前の治天亀山院の伝奏の中でも代表格の人物であった。このように、評定が、ほとんど見任の伝奏及び伝奏経験者で構成されるようになるのは、この時期からである。亀山治天下の徳政沙汰と雑訴沙汰の分離では、前者が大臣・大納言、後者が中納言・参議が審議を行うことになっていた（『勘仲記』弘安九年一二月二四日条）が、「万一記」を見ると、二度目の後宇多院治天期の元応二年（一三二〇）正月九日の徳政沙汰の参仕人が関白・左大臣・内大臣・日野前大納言俊光・中御門中納言経継・前権中納言宣房（記主）の六人であったのに対して、同年一二月一日に行われた雑訴沙汰では、関白・左大臣・俊光・経継・吉田大納言定房・大宰権帥実香・宣房の七人が参仕しており、五人が共通[15]である。しかも、両方の評定に大臣・大納言が参席していることから、徳政沙汰と雑訴沙汰の参会者に身分差があるという亀山院時代の規定は遵守されていなかったことがわかる。「万一記」の記主万里小路宣房が「神事・仏事・任官・文学・雑訴・南都北嶺嗷訴等、被レ定二条々篇目一」（元応二年五月一四日条）と言うように、評定にかけられる篇目は多岐にわたる。以後雑訴以外の場合は、徳政の字を冠せずに単に「評定」と史料上に記されることが多くなる。そして雑訴沙汰と「評定」は、扱う事項は違うものの、出席者には差はなく、両者における治天の側近たる伝奏の役割は、重くなっていったのである。鎌倉末の段階において、伝奏が従来の治天・摂関—職事枢軸体制を補完する存在として、政治構造の中にしっかりと位置付けられたのである。

次に、建武政権崩壊後の混乱がある程度おさまった光厳治天期の状況を見ていくことにしよう。

今日於二仙洞一有二雑訴沙汰一云々、参仕人々洞院前右府、執権按察中納言、別当、侍従中納言、前平宰相、葉室宰相、大蔵卿等也云々、（『師守記』暦応三年三月一七日条）

この日、雑訴沙汰のために参入した人々は、洞院前右大臣公賢、治天光厳院の執権勧修寺経顕、検非違使別当柳原資明、権中納言隆蔭、前参議平宗経、参議葉室長光、大蔵卿高階雅仲の七人であった。この中で治天の最側近で院執権を勧める経顕[16]以外にも、資明・隆蔭・長光・雅仲が治天の伝奏を勧める人物であった[17]。伏見治天下における伝奏の評定への進出が、さらに加速している状況がわかる。雑訴だけではない。彼等伝奏は、評定衆として雑訴以外の評定にも参会していた。康永元年（一三四二）七月二四日、治天光厳の御前で沽価法のことで評定が行われたが、経顕・隆蔭は「評定衆」[18]として参加している（『師守記』同日条）。また資明・長光も評定衆[19]であった。つまり光厳治天期の伝奏たちは、雑訴沙汰に参席するばかりでなく、評定衆をも兼任して雑訴以外の評定にも参会していたのである。伝奏を勧める人物が光厳治天の体制下で中核的な役割を果たしていたことが理解できるであろう。

暦応三年（一三四〇）五月一四日には、いわゆる文殿雑訴法と呼ばれるものが作成・公布された。

一、可レ被レ置二庭中并越訴一事

庭中日　四日　九日　十九日　廿四日

件日々当番伝奏着二文殿一、可下尋二聞訴人所レ申委被中紏決上、申沙汰私曲令二露顕一者、啻匪レ被レ改二奉行一、宜レ被レ止二出仕一、将又訴人構二不実矯飾一、恣及二庭中一者、永被レ棄二訴訟一、至二雑掌一者可レ被レ召二出使庁一、凡奏事不実幷奸訴罪条同二此法一、

越訴日　十四日　廿九日

奉行人被レ定二其仁一、可レ着二文殿一事、人数可レ為二二人一、

（東洋文庫所蔵「制法」）

ここで重要なことは、文殿庭中・越訴の式日が定められたことだけではなく、当番の伝奏が文殿に着し訴えを聞くことが義務付けられている点である。後の後光厳天皇治天時の史料であるが、貞治六年（一三六七）四月一六日「今日記録所庭中幷雑訴沙汰、不レ被レ行之、伝奏無レ人之故歟」（『師守記』同日条）とあるように、伝奏が着座しなければ記録所庭中（このときは天皇が治天なので文殿ではなく記録所）や雑訴沙汰は行われない。庭中や雑訴沙汰では、治天は出御するか伝奏からの報告を受けて決裁を下していたのであるから、伝奏の不在はこれらの沙汰が出来なくなることを意味する。庭中や越訴は、伝奏が着座することによってはじめて機能するものだったのである。

次に、伝奏が重要な存在として組み込まれていた光厳治天下の政治構造を、先に評定衆の一人として名前の出た洞院公賢の日記『園太暦』を主たる素材として、概観していくことにしよう。康永二年（一三四三）に一上の左大臣となった公賢は、翌三年後深草院勅願である春日臨時祭をどのように行うべきかとの頭弁藤長を通じての治天の諮問に対して官外記に尋ねて沙汰すべきであると答申している（『園太暦』康永三年二月一四日条）。同年八月二九日、前権中納言平宗経が入来し、近江国栗太郡小杖社の神位記に関わる治天の諮問を伝えた。この諮問をうけたのは、公賢と関白鷹司師平であった（『園太暦』同日条）。今度は職事ではなく、伝奏の一人である宗経が、治天の意向を伝えている。

貞和元年（一三四五）四月二〇日には、大蔵卿高階雅仲が入来し、武家からも申し入れがあった興福寺一乗院・大乗院両院家を巡る学侶訴訟について、治天の諮問内容を伝えた。このとき諮問をうけたのは、関白・前関白・前相国・公賢・勧修寺前大納言経顕・葉室前中納言長光の六人であった。治天の伝奏雅仲が使いを勤めていることに加えて、伝奏であり評定衆でもある経顕と長光も諮問をうけていることが注目される。また同年七月三日には、やはり雅仲が入来して、武家から要請のあった造内裏の指図について関白と公賢が相談して注進するようにとの治天の命を伝えている。治天の命令が伝奏から多く伝えられていることがわかる。ただし、鎌倉後期には職事が公事を分担して執行する奉行職事制の発展形態である神宮・賀茂・山門などの担当奉行制が成立しており[20]、それに対応して伝奏もまたそれぞれの権門関係の担当者が決められるようになっていた[21]。貞和五年（一三四九）八月二五日「今日山門衆徒列参、伝奏中御門前中納言所労之間、葉室前中納言為二別勅一奏聞、山門職事俊冬付之、」とあるように、山門伝奏中御門宣明に代わって葉室長光がその業務を行い、山門職事の俊冬が治天へ奏聞している。山門担当の伝奏と職事が置かれていたことがわかる。さらに翌観応元年（一三五〇）九月二七日の雑訴沙汰の様子を見てみよう。

今日雑訴沙汰有二其催一、仍参院、大夫同車、及二申斜一出御、四条前大納言・春宮大夫・葉室前中納言・中御門前中納言・吉田中納言・甘露寺中納言等参着、先仲房朝臣・兼綱朝臣・時経・時光・俊藤等有二披露事一、于レ時例及二昏黒一、仍伝奏等各一ケ条之外不二披露一、已及二子刻一退出、

治天光厳院臨席のもとで行われたこの雑訴沙汰の上卿参会者六人のなかで、伝奏であることが確実なのは、隆蔭・長光・宣明・藤長の四人である[22]。そして議題を披露している仲房・兼綱・時経・時光・俊藤の五人はいずれも職事である[23]。職事の披露の後で、伝奏が各一ケ条ずつ披露を行った。職事は、それぞれが奉行として担当している事項を言上したものと思われるし、伝奏もまたそれぞれが奉行している事柄を中心に言上したものと考えられる。雑訴沙汰の

場が、関係する伝奏奉行と職事奉行がすべて集い、審議を行う場になっていたのである。伝奏がそれぞれの任務をはたしながら、一方でそれぞれが担当をもつのと同様に、職事も、職事としての業務を行いながら担当奉行も勤める、というのが、この光厳治天期の政治構造[24]の核心だったのである。

ここで、建武三年（一三三六）から観応二年（一三五一）まで続いた光厳院治天期の政治構造をまとめておこう。決裁権を掌握する治天のもとでその手足となっていたのは伝奏と職事である。特に伝奏は、治天への奏聞を取り次ぎ治天の意思を伝達するだけでなく、文殿庭中・雑訴沙汰に出席し、さらに評定衆をも兼ねて評定にも参席する場合が多かった。伏見天皇治天期から活発となった伝奏の多方面での活動は、この時期頂点に達した感がある。摂関と公賢のような長老公卿の役割も、また大きかった。治天は、摂関や公賢その他の見任公卿・前任公卿に折に触れて諮問を行い、決裁の助けとしていた。雑訴沙汰や文殿庭中ばかりでなく、院での評定が行われる場合も多かった。『園太暦』康永三年（一三四四）閏二月一日条を検討してみよう。この日まず美和荘の事が審議されたが、公賢の身内の覚源法印が領主であるため、公賢は一旦退座し、評議が終わった後、再び召された。ところが今度議題に上った金原法花堂以下事では、藤中納言資明と葉室前中納言長光が門跡に奉仕しているために退座し、審議は残る前関白・公賢・勧修寺前大納言経顕の三人だけで行われた。三者は、文殿の注進を吟味して、「当知行不レ可レ有二相違一之由」との結論を出している。評定が、縁のある者を退座させて行うことで公平性を確保しようとしていたことがわかる。

暦応・康永・貞和と小康を保っていた情勢は、観応の擾乱の勃発後再び変化し、激しい争乱が起こった。幕府は、困難な状況の中で後光厳天皇を擁立し、懸命にもり立てようとする。次に検討を加えるのは、この後光厳治天期である。後光厳治天期は、文和元年（一三五二）から応安七年（一三七四）にわたるが、最後の三年間以外、後光厳は天皇として治天のことを行った。文和・延文年間は、まだ公賢が健在であるので、まず『園太暦』から見ていくことにしよう。文和元年八月二七日の奏事始の際、神事に関する奉行職事も決められ、頭弁仲房が神宮・松尾の奉行、もう一人の蔵人頭兼綱が八幡奉行、五位蔵人親顕が賀茂奉行、もう一人の五位蔵人忠光が山門奉行に任じられた。また、九月五日には、光厳院代の伝奏はそのまま業務にあたることが指示された。また、翌文和二年（一三五三）正月一七日条を見ると「此間勅問之間也、即可レ申二所存一者、経顕、資明、長光、宣明等卿廻覧了、予幷近衛前関白等可二相尋一」とあるように、公賢と近衛基嗣以外に、光厳院治天期以来の四伝奏が治天後光厳の諮問をうけている。延文四年（一三五九）三月二六日に開かれた議定（天皇治天期のため評定ではなく議定）の出席者も、経顕・隆蔭・長光・藤長と伝奏に加えられた公賢の息子実夏[25]の五人であり、すべて伝奏で構成されていた。『園太暦』以外の史料にもあたってみよう。『師守記』によれば、延文元年（一三五六）三月一六日、記録所庭中が行われた。伝奏は隆蔭、宣明、仲房の三人、頭弁時光と寄人五人が参仕、天皇も出御しての庭中実施であった。また、貞治三年（一三六四）二月二六日条は、記録所庭中と雑訴沙汰が同日に行われている事例であるが、庭中では治天が出御して伝奏仲房・時光と大外記・大夫史等六人の寄人が、雑訴沙汰では仲房、時光、忠光の三人の伝奏と蔵人頭宮内卿信兼と五位蔵人右少弁仲光が参仕している（『師守記』同日条）。『師守記』貞治六年（一三六七）五月二六日条を見ると、「記録所　定二寄人結番事一」として、記主主税頭師守とその兄大外記師茂を含んだ寄人の一番から六番までの結番と出仕日が記載されている。そして「右守二結番次第一、毎日無二懈怠一可レ被レ祗二候当所一、於二議定一日　十一日　廿一日・庭中六日　十六日　廿六日・越訴九日　十九日　廿九日等日一者、可レ有二皆参一之由、所レ被二仰下一也」とあるように、寄人は記録所庭中だけではなく、議定と越訴にも当日の当番か否かには関わりなく、参仕することが定められていたのであった。

このように、光厳治天期に続く後光厳治天期においても、鎌倉末に形を整えた政治構造はまだ健在であった。それは再度言えば、十二世紀初頭の中世国家成立時からの治天・摂関――職事枢軸体制に加えて、治天の手足となる伝奏の役割が大きくなったものであって、伝奏は治天への取り次ぎ、治天の意思の伝達という日常の業務に加えて、権門関係の伝奏奉行、庭中（文殿庭中か記録所庭中）・雑訴沙汰・越訴及び評定衆を兼ねての評定（議定）へも出席し、中核的な役割を担っていた。このような変化は、国内情勢の変容に対応するためだったことは言うまでもない。国制の頂点に位置する治天は、このように伝奏を自在に駆使しながら、従来通り摂関の補佐を受け、職事を駆使し、有力な公卿・前公卿に諮問も行いながら、政務を決裁していたのであった。

二　諸国支配体制の変容

中世国家の諸国支配体制は、南北朝期にどのように変化したのであろうか。筆者は、本書第五章で、承久の乱後、治天の介入を完全に排除して、鎌倉・六波羅―守護という軍事検断の命令系統が確立したこと、一方諸国への指示は治天・幕府が共に行うことができるものの、決して守護が国衙在庁への権限を強化することが許容されてはいなかった、ことを述べた。『御成敗式目』第三条は「一　諸国守護人奉行事」として、「右右大将家御時所レ被二定置一者、大番催促謀叛殺害人付夜討強盗山賊海賊等事也、而近年分二補代官於郡郷一、充二課公事於庄保一、非二国司一而妨二国務一、非二地頭一而貪二地利一所行之企、甚以無道也」と、守護が定められた権限を越えた行為をなすことを厳しくとがめ、「若背二此式目一相二交自余事一者、或依二国司領家之訴訟一、或依二地頭土民之愁鬱一、非法之至為二顕然一者、被レ改二所帯之職一、可レ補二穏便之輩一也」と結んでいる。守護の権限がいわゆる大犯三箇条に権限を限定されて国司・荘園領主・地頭の管轄領域には踏み込まないという原則が、ここで明確に立てられたのであった。もちろん、実際の様々な局面においては、守護がこの原則の範囲内だけで行動していたわけではない。いくつか例をあげよう。建長五年（一二五三）一〇月七日、六波羅に出された関東御教書案（『鎌倉遺文』七八〇九）によると、豊後国一宮の神官が、自社造営の際は宇佐宮造営役を課されないという先例に背き、守護から造営役を課されていると訴えたため、先例を調べてもし神官の申すところが正しければ催促をやめさせるようにと、幕府が六波羅に指示している。守護が、上からの指示か、先例かによって、国内に造宮役を賦課していたことがわかる。また、守護は、その最大の職務である大番催促だけでなく、幕府の命令を国内の御家人に伝えていた。文永元年（一二六四）四月一二日関東御教書（『鎌倉遺文』九〇七三）は、「農事不レ可レ使二百姓一事」と「可レ止二百姓臨時所済一事」を国内の御家人にふれることを、諸国守護に命じたものであった。さらに建治三年（一二七七）一二月一五日関東御教書案（『鎌倉遺文』一二九三五）によれば、「遠江国那賀庄雑掌申当庄百姓等違二背預所一由事、訴状如レ此、子細見レ状、早任二先御下知之旨一、可レ被レ召二進彼百姓一之状」とあるように、雑掌から訴えられた百姓を召し進めることが守護に命じられており、守護は守護代にそのことの実行を命じている（『鎌倉遺文』一二九三七）。この事例は、犯罪人の追捕に準ずることとみることができよう。永仁二年（一二九四）五月一二日の衾宣旨（『鎌倉遺文』一八五四八）が、大和国藤井荘に乱入した悪僧等の追捕を使庁などと共に「五畿七道諸国守護」にも命じているのも、守護の検断という任務に関わるためであったと思われる。そのほか安芸国新勅旨田を守護代が押領したという訴えをうけて六波羅が守護に参決を求めている例（『鎌倉遺文』一〇八五三）、国内の大田文や領主の交名注進を命じている例（『鎌倉遺文』一五四三六）などがある。モンゴル来襲に関わる警固役なども、もちろん大犯三箇条に入るわけではない。しかしながら、これまで見た例の多くは、軍事検断権や国内の御家人指揮権に含まれるものであった。先に見た安芸国の守護代の押領の訴えや、元応二年（一三二〇）八月に、高野山が備後国守護を、代官を遣わして同国大田荘倉敷尾道浦に侵入させたとして治天に訴え、六波羅への院宣下行を要請している（『鎌倉遺文』二七五五八）ことからわかるように、守護やその代官の押領や非法は即訴訟の対象となり、決して治天や鎌倉・六波羅に許容されるものではなかった。そしてなによりも重要なのは、大田文や国内領主の注進も含めて、これまで検討してきたものすべてが、鎌倉か六波羅の指示に従ってなされていることであり、守護独自の判断で行いそれが貫徹した事例は一つもない、という点である。基本的には、鎌倉末に至るまで、守護はその定められた権限の範囲での業務、すなわち中世国家の秩序維持機能を担う鎌倉・六波羅の指揮下での活動を行っていたのである。

後醍醐天皇を追い落とし、光厳院治天と光明天皇を擁立した足利尊氏は、建武五年（一三三八）閏七月二九日に次のような法を発した。

一　諸国守護人事

右、被㆑補㆓守護㆒之本意、為㆓治国安民㆒也、為㆑人有㆑徳者任之、為㆑国無㆑益者可㆑改之処、或募㆓勲功之賞㆒、或称㆓譜第之職㆒、押㆓妨寺社本所領㆒、管㆓領所々地頭職㆒、預㆓置軍士㆒、充㆓行家人㆒之条、甚不㆑可㆑然、固守㆓貞永式目㆒、大犯三ケ条之外、不㆑可㆓相綺㆒、爰近年不㆑叙㆓用引付等之奉書㆒、不㆑及㆓請文㆒、徒渉㆓旬月㆒、多累㆓催促㆒、愁鬱之輩不㆑可㆓勝計㆒、政道之違乱、職而由㆑斯、仍就㆓違背之科条㆒、須㆑有㆓改定之沙汰㆒矣、

（『室町幕府法』追加法第二条）

ここで、尊氏は、守護が御成敗式目に規定された大犯三箇条を遵守すべきことを述べているが、混乱の中で実際に起こっていた事態は、寺社本所領の横妨、地頭職を管領しての軍士への預置、家人への充行などであった。この建武五年という時点は、南朝方の軍事的な劣勢が明白となり、相対的な安定に向かおうとしていた時であった。そのような時期にあたって守護の権限を再確認し社会を安定させようとする尊氏の意図を、この法から読み取ることができよう。この後、光厳治天下で、守護はどのように位置づけられていくのか、個別の事例で確かめていくことにしよう。

大嘗会御教書并守護催促之状案文

大嘗会米事、院宣副㆓具書㆒、如㆑此、於㆓済例㆒者、雖㆑為㆓段別参升㆒、以㆓撫民之儀㆒、停㆓止厨雑事以下課役㆒、所㆑省㆓宛直銭参拾文㆒也、任㆓先例㆒令㆑支㆓配国中㆒、来月十五日以前、検納之、相㆓副配符㆒畢、進未注㆑之可㆓進済㆒、且守㆓事書㆒、厳密可㆑致㆓沙汰㆒、若有㆓非法之聞㆒者、可㆑処㆓罪科㆒、凡天下大礼也、日数不㆑幾、更不㆑可㆑有㆓緩怠㆒之状、依㆑仰執達如㆑件、

建武五年八月廿九日　　武蔵守在判

摂津国守護

（『東寺百合文書』イ）

光明天皇が践祚したのは、建武三年（一三三六）八月一五日、比叡山に籠る後醍醐天皇方との戦闘のさなかであった。その後後醍醐の降伏、吉野への出奔による南朝・北朝の分立確定を経て、全国が戦乱の渦に巻き込まれたが、建武五年の北畠顕家（五月）・新田義貞（閏七月）の戦死の後、南朝方の組織的な抵抗は、ほぼ終息した状況になっていた。この御教書は、践祚後当年か翌年には行わなければならない光明天皇の大嘗会が、二年が経過してもまだ行われていないという状況のもとで、出されたものである。短期間で大嘗会の準備を整えなければならないため、摂津守護には約半月での進済が指示されており、その命令は、尊氏の厳命を受けた執事高師直から発せられていた。従来全く存在しなかった、幕府中枢が守護へ指令を発して大嘗会米徴収を行うという事態は、このようなせっぱつまった状況で、目的を達するために編み出されたものだったのである。しかしながら、このことに触れた「春日神社文書」に「今度武家可㆑致㆓其沙汰㆒之由、被㆑下㆓院宣㆒之間、被㆑仰㆓守護人等㆒之処」（『大日本史料』第六編ノ五、暦応元年八月二九日条）とあるように、この守護への命令は、治天光厳の院宣に基づいて、武家沙汰として行われたものであり、神宮役夫工米とともに中世国家の代表的な一国平均役である大嘗会役の徴収が幕府・守護ルートに代行されるようになったわけではない。そのことは、六ケ国にわたる臨川寺領への太神宮役夫工米・御禊大嘗会以下勅役院役の免除が当該六

ケ国に対して、太政官符で指示されていることからも明らかである（『大日本史料』第六編ノ一二、貞和五年四月二八日条「天龍寺文書」）。このように、大嘗会米の幕府・守護ルートでの賦課は、臨時的なものではあったが、守護の位置づけを変える契機になるものであった。以後の状況を見ていこう。貞和二年（一三四六）一二月一三日に発布された「建武式目追加」によれば、「同守護人非法条々」として「一　大犯三箇条付、苅田狼藉、使節遵行外、相二綺所務以下一、成二地頭御家人煩一事」と規定されている。苅田狼藉と使節遵行が新たに守護の任務として大犯三箇条に加えられた。このうち使節遵行は、康永三年（一三四四）に「諸国守護人以下使節緩怠事」として、下地の沙汰付を仰せに従って遵行するようにとの指令が出されていた（『室町幕府法』追加法、第一四条）。幕府は、建武政権崩壊後の混乱を収めるために、この二つを守護権限に加えたのである(26)。丹波国雀部荘を松尾禰宜代に沙汰付することを幕府が守護に命じた文書（『大日本史料』第六編ノ一〇、貞和二年九月一三日「松尾神社文書」）、光厳院宣に基づいて香取社造営を下総守護千葉貞胤に命じた幕府御教書（『大日本史料』第六編ノ八、康永三年二月九日「香取文書」）などは、いずれもこの光厳院治天期のものである。守護による所領の沙汰付、幕府が院宣を施行して行う守護への国内神社造営の命令は、いずれも鎌倉期までは見られなかったものであり(27)、国制上の守護の位置づけに変化が現れてきていることを示すものである。特に後者は鎌倉期には国衙・知行国主に命じられるものであった(28)。したがって、鎌倉後半と南北朝期で、国司・知行国主の国制面での位置づけに変化があったのかどうか、が次に問題になってくる。

　弘安九年（一二八六）六月、常陸国司は、香取社神官と留守所に「可レ令下早且任二院宣一、且守二先例一、神主為二奉行一加二催促一、致中其沙汰上香取社造営御宝材以下事」と、治天亀山院の院宣を根拠に造宮の命令を下している（『鎌倉遺文』一五九三一）。先に見た康永三年の室町幕府御教書とは異なり、ここでは守護は全く登場してこない。

（花押）

当国太良保検注事、依レ為二東寺領一、前々不レ被レ遂二国検一候、而今年入二国使一之由訴申候、任二先例一、可レ停二止其妨一之由、可下令二下知一給上之旨、国宣所レ候也、仍執達如レ件

正応四年十月十七日　　前筑前守忠国

謹上　若狭御目代殿

（『鎌倉遺文』一七七三五）

これは、治天亀山院の伝奏であった権中納言吉田俊定が、若狭国知行国主として目代に命令を下しているものである。太良保の検注免除を東寺に告知しているものであるから、俊定は、国司（国主）として通常の国内支配権を行使していることがわかる。さて、鎌倉時代には、有名な東大寺への周防国給付だけでなく、一国が一時的に寺社に付与され造営に宛てられることがあった。元応元年（一三一九）六月二一日に治天後宇多院から出された院宣には「東寺造営料国安芸国、貞応以後新立庄園付二国衙一、早速可レ被レ終二塔婆修理之功一」とある（『鎌倉遺文』二七〇七〇）。東寺の造営料国は、すでに伏見天皇治天下の永仁五年（一二九七）三月に佐渡・下野両国から安芸に移って以来（『鎌倉遺文』一九〇二三）、すでに二〇年以上が経過していたが、この後宇多院宣は、塔婆を修理するために貞応（一二二二〜一二二三）以後に設立された新立荘園の権利（実質的には年貢徴収権か）を料国主東寺に与えるというものであった。また、延慶二年（一三〇九）四月には、信濃国司が、地頭中野五郎家仲知行分の志久見郷内湯山田在家を重代堀内として、年貢万雑公事を免除することを在庁官人に命じている（『鎌倉遺文』二三六七八）。これもまた、一般的な国衙行政執行の事例であろう。

ところが、南北朝時代に入ると、国司・知行国主・料国主が任国の行政権を行使するような例はみられなくなる。康永三年（一三四四）九月六日、東寺は治天光厳院から常陸国を修造料所として与えられた（『東寺百合文書』ゐ、一六ノ三一）が、東寺は常陸国で十分な修造料を得ることができなかったらしく、再び安芸国を料国として給うことを

治天に要請し、それが認められた。

目安　東寺大勧進方

為㆓当寺造営料所㆒、被㆑付㆓安芸国㆒上者、可㆑被㆑沙㆓汰‐居眼代於国衙㆒由、欲㆑成㆓下院宣於武家㆒子細事、

副進　一通　院宣案

右芸州者、就㆑為㆓東寺往古造営料所㆒、如㆑元被㆑下㆓院宣於寺家㆒上者、可㆑沙㆓汰‐付国衙職於眼代㆒之由被㆑成㆓院宣於武家㆒、欲㆑全㆓知行㆒矣、仍目安言上如㆑件、

貞和四年四月日

（『東寺百合文書』ウ、三五ノ五一）

東寺は、かつて二〇年以上にわたって領有していた安芸国を料国として認められたのであるが、その代官を国衙に置くことを幕府に認めてもらうように院宣を発布してほしい、と治天に要請し、院宣を得て治天の伝奏柳原資明(29)にも依頼を行っている。安芸国を東寺の料国とすることが、治天の命令だけでは完結せず、幕府の力に頼らなければならなくなった状況が明らかである。それでは、鎌倉初以来東大寺の料国であった周防国はどうだったのであろうか。「造東大寺領周防国雑掌定尊重言上、欲㆓早被㆑経㆓厳密御沙汰㆒、当国与田保地頭彦太郎光秋所務正税以下事」とあるように、周防料国主東大寺の代官である定尊が地頭の年貢未進を訴えている先は、治天ではなく幕府である（『大日本史料』第六編ノ五、暦応二年九月日「東大寺文書」）。そして、翌月には幕府から地頭奥田彦太郎に年貢弁済の命令が出されている（同一〇月一一日）。四年後の康永二年（一三四三）、定尊は再び言上し、守護大内長弘が出した請文の通りに下地を引き渡し、未済の年貢を弁済するように求めた。この申文の中で定尊が「去暦応四年七月三日、雑掌預㆓御下知㆒訖、同七日仰㆓守護人長弘㆒、欲㆑被㆑沙㆓汰下地於雑掌㆒之処、如㆓長弘執事代官定盛同年十一月十五日請文㆒者、任㆓御下知幷御施行之旨㆒、莅㆓彼所㆒被㆑沙㆓汰‐居在国雑掌覚増於当保所務㆒」と言っていることから、暦応四年（一三四

一）には東大寺雑掌が守護長弘に下地打ち渡しを命じる幕府の裁可を受け、守護代官が打ち渡そうとしたにもかかわらず、地頭光秋の妨害によって実現していなかったことがわかる（同、康永二年三月日雑掌定尊重言上状）。幕府から守護への指令によって、紛争解決がはかられていたのである。料国主としての東大寺の行政的な権能は、すでに有名無実化していたことがわかる。このことは、貞和元年一一月二六日、周防国に遠石別宮と得善保という所領を持つ石清水八幡宮が造外宮役夫工米免除を訴え、院宣にしたがって、その停止を命じる尊氏の御教書を執事高師直が奉じ、周防守護大内弘幸に送付している（『大日本史料』第六編ノ九、「石清水八幡宮記録」）ことからもわかる。ここでも、幕府と守護によって事態の収拾がはかられており、周防の料国主東大寺は全く関与していない。このような料国主の国衙行政権の喪失、実体としての年貢収納権のみの残存は、使用される用語にも変化をもたらした。

　東寺雑掌頼憲謹言上
　　欲下早被レ経二御奏聞一、被レ成二綸旨於武家一、停‐止小早河備後入道・平山・秋山不レ知二実名一、以下輩等押領一、急速被レ沙‐汰‐付国衙於雑掌一、全中所務上、当寺領安芸国々務職事（以下略）

応安元年（一三六八）九月に出されたこの東寺雑掌の言上状（『東寺百合文書』セ、一ノ二〇）から、ここに至るまで東寺が安芸国への権益を保持し続けていたことがうかがえる。しかし、その権益を押領されたため、停止を求める綸旨を幕府に出すように、治天後光厳天皇に求めているのである。この文書で雑掌は、東寺の持つ安芸国での権限を「国務職」と表現している。また、遠江国守護今川範国は、料国主である熊野山雑掌が自らの権限を「遠江国々衙職」と呼んでいる部分を引用して、雑掌に国内土地の交付を命じている（『大日本史料』第六編ノ二一、延文二年二月三日「南狩遺文」）。この遠江国は、文和三年（一三五四）一二月六日に、治天後光厳の綸旨によって熊野新宮の造営料国とされ、それを施行して雑掌に沙汰付することを命じる御教書が義詮から守護今川範国に発せられていた（『大日本史料』

第六編ノ一九、「熊野早玉神社文書」）。延文二年（一三五七）の守護範国の措置は、このような状況のもとで出されたものであった。観応の擾乱を経過してこの時期に、寺社造営料国について、国衙職・国務職という、より実態に即した呼び名が一般化してきていたことがわかるのである。公卿の知行国は、どうだったのだろうか。権中納言中院通冬は、建武五年七月二〇日、治天光厳院から上野国を知行国として与えられた（『大日本史料』第六編ノ四、「中院一品記」）。しかし、貞治五年（一三六六）には、知行国主参議中院通氏が地頭等の正税抑留を治天に訴え、綸旨を受けた義詮が上野国を管轄する関東公方基氏に施行している（『大日本史料』第六編ノ二七、「中院文書」）。知行国も料国と同様に、国内の行政権は失われ、実質的には年貢収取権のみになっていたのである。このような南北朝期の実態を踏まえて、筆者は、この時期以降の知行国・寺社造営料国を国衙職と呼ぶことにしたい。

　光厳院治天期においてすでに固まりつつあった治天・幕府・守護の命令執行の形態は、観応の擾乱後の混乱を収拾するなかで、さらに強化されていく。その後は、中央からの命令を受けての下地打ち渡しだけではなく、様々な局面で守護が存在感を増していくのである。延文六年（一三六一）三月二七日、下総守護千葉氏胤は、造内宮料下総国大使伊豆王丸の訴えを受けて、役夫工米未済の地頭に対して、済例に任せてすぐに弁済するようにと指示している（『大日本史料』第六編ノ二三、「相州文書」）。造宮使が守護に直接訴え、守護も当該地頭に直接指示することによって、迅速な問題解決がはかられているのである。

　春日社領丹波国三俣戸庄非法間事、百姓等解状如レ此、子細見レ状候歟、殊可下令二尋沙汰一給上候哉之由、別当前大僧正御房御消息所レ候也、恐々謹言、

　　三月廿三日　　　　法印公憲

　謹上　仁木三郎殿

（『大日本史料』第六編ノ二四、「御挙状幷御書等執筆引付」）

貞治元年（一三六二）のこの史料では、春日社側が寺領での非法についての百姓等の解状を丹波守護仁木義尹に示して訴えている。訴えた先が治天でも幕府でもなく守護であるのは、やはり迅速な解決を期待してのことであろう。このような守護の行政権の高まりを踏まえて、中世国家は新たな枠組みを打ち立てる。応安元年（一三六八）に発布された有名な応安の大法がそれである。「寺社本所領事、依二勅許一所レ被二定下一也、早分国之所々守二事書一、厳密令二遵行一」とあるように、勅許に基づく寺社本所領の保全が、国家の基本方針として守護に命じられたのである。

春日社造替料諸国棟別拾文事、所レ被レ下二綸旨一也、駿河国分可レ致二厳密沙汰一之状如レ件、

貞治四年二月五日　（花押）

今川上総介殿

（『大日本史料』第六編ノ二六、「春日神社文書」）

このように、すでに、貞治四年には、治天後光厳の綸旨を施行する形で、義詮が春日造替のための棟別銭の徴収を行うことを、[30]全国の守護に命じていた。貞治年間から応安初年にかけて、治天・幕府・守護という新しい諸国支配体制の基本構造が、南朝の併合を待たずに、完全に固まったのであった。

三　後期中世国家の成立

義満期に成立した権力の性格については、富田正弘氏の公武統一政権論が、大きな影響力を保ってきた。それは、室町殿義満が、従来の治天が伝奏・奉行を通じて天皇・太政官を間接的に操縦していたシステムを継承して治天の権限を掌握し、また貴族・寺社等の諸権門への命令権も得た、とするものである[31]。これは、基本的には佐藤進一氏の幕府による朝廷権限吸収[32]論に立脚しながら、新しく成立した体制の上部構造を解明したものであった。しかしながら、

最近は義満期を相対化する研究が進み、義満期以降の室町殿を治天とすることには重大な疑義が生じている[33]。筆者は、これまで論じてきた中世国家の支配体制が、ここでどのように変容するのか、という点を念頭に置きながら、義満による治天の権限掌握、続く義持期における体制の内容を見ていくことにしたい。

義満の治天権限掌握の画期として、まず挙げられるのは、永徳元年（一三八一）七月の武家執奏西園寺実俊の活動終見[34]、翌二年の後円融天皇の後小松天皇への譲位である。『椿葉記』に「新院は御治世なれども天下の事は大樹執行はせ給ふ」と見えるように、これ以後実際の治天の権限は義満が行使するところとなった、と言われている[35]。後円融院在世の永徳二年（一三八二）から明徳四年（一三九三）における義満と後円融院を中心とした政治運営のあり方から、その検証を行ってみよう。伝奏の掌握が義満の治天権限掌握の核とされているので、この時期の代表的な伝奏である広橋仲光の行動を、仲光の子兼宣の日記『兼宣公記』から、見ていくことにする。嘉慶二年（一三八八）五月二六日、仲光は室町殿に参じた後帰宅し、兼宣に弁官任官の小折紙が執奏されたことを伝えた。当日兼宣は右少弁に補任[36]された。

執権以二使者一令レ申二家君一云、大納言御昇進事、自二室町殿一御執奏之間勅許候、可レ有二御存知一哉云々、内々入魂申之条、尤感悦之由御返答、珍重々々、家君則御二参室町殿一、余晩頭参二仙洞一、依レ召参二御前一、小折紙被レ下之、次参二室町殿一准后、家君自レ元御参候、進二上勅筆之小折紙一、

（同年一二月三〇日条）

この史料によると、後円融院の執権勧修寺経重の使者が、仲光に大納言昇進のことを伝えた。室町殿からの執奏を院が勅許したのである。兼宣は、院の御前に参って小折紙を受け取り、すでに仲光が参じている室町殿に行き、義満にその勅筆の小折紙を進上した。『公卿補任』によれば仲光は当日権大納言に補任されている。以上のことから見ると、この段階では、まだ義満が治天の権限を掌握しているとはいえない。なぜなら、この人事は室町殿の執奏によって動

き出したのであるが、小折紙を書き仲光を権大納言に任じたのは、後円融院だったからである。翌嘉慶三年（一三八九）正月六日には、管領や日野重光の叙位を室町殿が執奏し、宣下が行われている。また、明徳三年（一三九二）一一月二日、廬山寺に山城国湯舟山の知行を認定した後円融院宣を奉じているのは、伝奏の権大納言日野資教であるか[37]ら、この段階で伝奏が完全に義満の指揮下に入ったともいえない。

　ところが、後円融院死去後の状況は全く異なっている。『兼宣公記』応永元年（一三九四）二月四日条を見ると「万里小路大納言奉書□□到来、申二入家君一云、来月可レ有レ御二参春日社一、御共事可レ申旨候云々、可レ有二御存知一之由被レ申レ之者也」とあり、伝奏である万里小路嗣房が、義満の意を奉じて、同じ伝奏である仲光を催促している。三月一二日に行われた室町殿の春日詣には、五人の公卿、万里小路嗣房、広橋仲光、日野資教、中山親雅、裏松重光が随行したが、彼らの多くは伝奏であった[38]。仲光同様に他の三人も嗣房の催促に従って随行したものと思われる。義満の伝奏支配は、後円融院死去の後、初めて実現したものだったのである。この年、明徳五年を応永元年と改元した時の状況は、一上左大臣であり、同年一一月には関白に復帰する一条経嗣の日記『荒暦』によってかなりよく知ることができる。七月二日条に「令レ談二伝奏一万里小路大納言之処、所詮今日中、勘文等取整、先内々可レ進二入室町殿一之旨、伝奏相計間」とあるように、伝奏万里小路嗣房が差配して室町殿に勘文を申し上げ、また同じ二日に、もう一人の伝奏広橋仲光は室町殿に参上して五日の改元勘文を義満の御覧に入れている。ここに至って、義満の伝奏掌握は明白である、と言わなければなるまい。文書でも、そのことを確かめることができる。

　修南院領大和国勢野郷内金力名、播磨房懐秀押領事、可レ止二其妨一之由、先度被レ仰候之処、猶不二叙用一之条、太不レ可レ然、此上者、就二隣国一、被レ仰二河内守護一、直可レ有二厳密沙汰一候、不レ可二後悔一之由、重被レ仰二懐秀一、急速可レ被レ申二左右一之由、可レ申旨候、恐惶謹言、

応永二
八月七日　　　万里小路
　　　　　　　　嗣房
一乗院御房
（『大日本史料』第七編ノ一、応永元年一〇月二八日「京都帝国大学所蔵文書」）

伝奏嗣房が義満の意を奉じたこの御教書は、権門興福寺一乗院に対して権利を保証したものであるが、河内守護に下す命令のことも含んでおり、公武双方にわたる義満の権力の性格がよくわかるものである。それとともに、義満が伝奏を完全に支配下において権門へ命令を発していたことが明白である。

次に、人事権の所在についての考察に移ることにしよう。応永元年一一月以降、一条経嗣は再び朝廷トップの関白に就任していたが、応永二年六月三日に頭弁兼宣の訪問を受けた。「小折紙持参之、（中略）件折紙皆以室町殿所レ被レ出也、（中略）而近年不レ及レ申二出宸筆一、直書下レ之」とあるように、頭弁は室町殿の所から小折紙を持参し、関白経嗣はそれをそのまま直書して下している。翌応永三年正月五日の叙位も室町殿の計沙汰でなされた。関白経嗣は「近日叙位除目事、主上一切無二御口入一之間」と記している。この文こそ、人事がすべて義満の指揮下でなされたことを、雄弁に物語っているものである。その義満の意思を伝えるという、最も重要な役割を担った伝奏が、万里小路嗣房であった。表4は、義満の治天権限掌握時から応永三年一〇月の出家までの間の、嗣房の活動を示したものである。義満の意を奉じての奉書発給、義満の意向を関白已下に伝達するなど、彼の活動は顕著である。そして、応永三年七月二四日、嗣房は内大臣に登り、関白経嗣をはじめとする朝野を驚かせている（『荒暦』同日条）。続いて応永五年（一三九八）義満は、関白一条経嗣を更迭し、二条師嗣を関白としたが、師嗣は、室町殿義満に宛てて直接謝辞を差し出すという、全く異例の行為にでた（『迎陽記』同年三月九日条）。義満への権力集中を物語って余りある出来事であった。

この時期でも綸旨は無論作成されていた。『迎陽記』の記主東坊城秀長は、尾張国星崎郷を付与するという内容の綸旨を受けとった。伝奏日野大納言資教が沙汰したものであった（応永五年七月二八日条）。翌日秀長は、「参二室町

表4　明徳4年～応永3年の万里小路嗣房の活動

年月日	活動の内容	出　典
明徳 4年 8月15日	義満が参拝する石清水放生会の奉行を勤仕	良賢真人記
5年 2月 4日	広橋仲光に義満の春日社参拝への随行を指示	兼宣公記
3月25日	義満が大臣の転任のことを重光から嗣房に伝達させる	東山御文庫記録
7月 2日	嗣房が改元勘文をまず義満に進上すると経嗣に告げる	柳原家記録
応永元年10月28日	大和国修南院領についての義満の意向を一乗院に伝達	京都帝大所蔵文書
12月17日	嗣房が室町殿若公(義持)の元服を申沙汰する	兼宣公記
応永 2年 6月26日	公敦参議中将任官の奉書を関白経嗣に伝達	荒暦
3年 3月 4日	義満が天皇生母院号申沙汰のことを嗣房に仰さしむ	荒暦
6月 6日	嗣房が義満の意を奉じて東寺に御教書を送る	東寺百合文書ゐ
9月 1日	義持が天皇に供奉する時の衣装について義満の意を関白経嗣に伝える	荒暦
9月20日	供養段銭につき義満の意を山門に御教書で伝達	山門大講堂供養記

殿一、星崎郷事畏申、付二中山禅門一申入了」と見えるように、室町殿に参じ、謝意を伝えている。綸旨が、実際には、室町殿義満の意向によって出されていることがよくわかる事例である。義満が、治天の権限を掌握して以来、主として彼の意思を伝える役目を担った万里小路嗣房は、応永三年一〇月に出家し、その後その役目は中山親雅が果たすことになる。「任人事、今朝中山大納言入道伺定了、折紙可レ為二此分一云々」（『荒暦』応永三年一〇月二一日条）とあるように、関白経嗣は親雅から人事の折紙を受け取っている。親雅が、さきほどの秀長の謝辞言上の際に義満に取り次いでいることからわかるように、彼は室町殿に近侍し、義満への取り次ぎ、その意思の伝達を行っていたのである。

　このように、嗣房・続いて親雅が義満の意思を伝え、人事や国政全般にわたる事柄に関わるなか、もう一人の有力伝奏広橋仲光は、この時期どのような活動をしていたのであろうか。『兼宣公記』によれば、仲光は、応永一〇年（一四〇三）二月五日、北山殿義満のもとに参じ、廬山寺寺領のことで報告を行い、摂津・若狭守護に渡す義満の書を受け取っている。義満の治天権限掌握期に入っても、仲光は従来と同様に伝奏の業務を行っていることがわかる。しかしながら、この時期の仲光の活動の中心は、南都伝奏としてのものであった。「寺門事条々事書」（『大日本史料』第七編ノ六）によれば、応永一〇年一〇月三日、南都伝奏仲光は、渡部・兵庫・小泉等の関役を弁済するようにとの義満の命を、興福寺一乗院に伝えている。また、「東院毎日雑々記」（同第七編ノ七）を見ると、応永一二年（一四〇五）大和国宇智郡の所領を寺僧に相続させることを、東院が南都伝奏仲光に申請したことに対しては、「於二其段一者、未二伺定一候」（八月七日条）と義満にうかがって返事すると回答している。

もちろん、義満は武家の長でもあった。

（花押）

丹波国天田郡内拝師庄領家職半済、同大門村、幷氷上郡内久下六郎左衛門尉跡事、為二同国黒岡三戸八田之替所一、宛二行佐竹和泉入道常尚一也、者守二先例一、可レ致二沙汰一之状如レ件、

応永八年八月十九日

（『大日本史料』七編ノ五、「秋田藩採集文書」）

これは、義満が佐竹常尚に替所を宛行ったものである。この義満の宛行状を受けて管領の守護への施行状、守護の国内への遵行状が出されている。義満は、このように、花押または御判を据えた文書を発し、その命令は、施行状・遵行状によって伝達されていた。こうして、義満は、武家の長であるうえに、治天の権限を掌握し、伝奏・職事を駆使しながら、内裏、寺社権門、貴族を支配下におき、絶大な権力を行使したのであった。富田氏は、伝奏の掌握が義満の治天権限掌握の契機となったと言う(39)が、事実は全く逆であって、後円融院の死後、義満が治天権限を掌握したために、伝奏および職事を自在に駆使できるようになったのであった。

次に、義満死後の状況を見ていくことにしよう。

（上略）永代可レ著二紫衣法服一之旨、武家之奏状被二聞食一訖、（中略）、者依二天気一執達如レ件、

応永十六年三月二十八日　　左少弁在判

仏通寺僧衆中

（『大日本史料』第七編ノ一二、「仏通寺文書」）

職事清房が奉じたこの後小松天皇綸旨は、武家執奏に基づいて下されたものであるから、これだけを見れば義満の治天権限掌握以前の形態に戻っている[40]ということになる。応永一八年（一四一一）一二月三日にも、やはり職事が奉じて、豊原久秋に長講堂領越後国吉河庄の知行安堵を認める綸旨が下っている（『大日本史料』第七編ノ一五、「宣秀卿御教書案」）。後小松天皇は、応永一九年（一四一二）八月に称光天皇に譲位した後も、この権限を保持し続ける。一例をあげよう。興福寺の僧光暁が、権別当就任を希望してその意思を南都伝奏裏松重光に伝えていた[41]。その後の状況は次のごとくである。

如レ此重々雖レ尽二其理一、仙洞時宜猶遅々間、自二将軍室町殿一、以二広橋兼宣卿一急々任二理運一可レ被二宣下一之由御執奏之処、可レ被レ召二進正安院宣正文一之由被二仰出一、重自二室町殿一被レ申之、已一寺之僧綱加二署判一取申上者、何被レ及二御疑殆一乎、況又執奏上者不レ可レ有二御不審一之由御申之間、則被レ進二口宣案於御所一、自二伝奏一被レ下也、正月十七日到来、

（『大日本史料』第七編ノ一七、「権別当引付」応永二〇年正月一六日）

すなわち、伝奏から奏上を受けたと思われる後小松院が、なかなか決裁を行わず、義持が兼宣を院のもとに送って執奏した。ところが院が正安院宣（伏見治天期のものか）正文を見たうえでと決裁を渋るので、再度義持が興福寺の僧綱全員の署判があるからと執奏し、ようやく口宣の発給にこぎつけたのであった。義持は執奏を行う立場であり、この僧人事の最終的な決裁権は後小松院の手中にあった、ということが明らかである。叙位・除目の決裁権も後小松院にあった。伝奏中山親雅の孫定親の日記『薩戒記』応永二六年（一四一九）正月六日条を見ると、この日行われた叙位の儀で「於二院勅許之輩一者合点御被二返下一」と、院が昇進の勅許を下しており、またこのとき申請されていた実光朝臣の越階は許可されなかった。翌応永二七年（一四二〇）三月一五日、故右大将忠定の養子右大臣禅師を法眼に叙

する申請がなされ、後小松院が勅許して頭中将である定親が宣下している。さらに定親は、院宣によって、左大弁宰相柳原行光を従三位に叙する口宣を宣下している（同応永二八年一二月二〇日条）。以上の状況を見れば、義満死後、後小松が、応永一九年までは天皇として、それ以後は院として、人事その他の決裁権を行使していた、ということが明白である。

義満期の相対化を進めた石原比伊呂氏が、義持を最初は「准摂関」、後には「王家の執事」と呼んだ[42]のは、このような義持期の実態を見れば、決して理由のないことではない。しからば、義満死後は、後小松が治天である、ということでよいのだろうか。かつて富田正弘氏が、公武統一政権成立後の天皇・院の位置づけに窮して、これを「公家側の政務」と呼んだ[43]のは、これらを積極的に位置づけることが難しかったからにほかならない。そもそも治天は、中世国家成立期の白河・鳥羽・後白河の三代においては、国政のすべてを決裁しており、鎌倉幕府成立後も、軍事検断権を幕府にゆだねながらも、国制の頂点に位置し続けていた。ところが、南北朝内乱を乗り切る過程で、諸国支配体制が国家―守護のルートで再編され（本章第二節）、義満の執政期には、新体制に見合った上部構造をいかに作り上げるか、という段階に達していた。そこで創出されたのが、武家の長である義満が治天の権限も掌握し内裏・貴族・寺社権門すべてに対する命令権を行使する、という形態だったのである。義満による治天権限の掌握は、指摘されている[44]ように、後小松天皇への後見という形でなされた。「近日儀奉㆑准㆓上皇㆒」（『迎陽記』応永六年四月二三日条）とあるように、義満は院に準ずる存在である、と廷臣たちに認識されていたのである。ただ、ここで注意しておかなければならないのは、義満の行使する治天の権能が、制度的な裏付けをもたないものだった、という点である。義満は、あくまでも天皇を後見するという資格で伝奏・職事を駆使したために、作成された文書は、院宣の「依㆓院御気色㆒」や綸旨の「依㆓天気㆒」のように明確な命令の主体を示すことができず、「依㆑仰」「依㆑被㆓仰下㆒」のように、主体をぼかした形で発給されていたのである。文書を受け取る側は、奉者が伝奏・職事であることと、当時の権力関係を知悉しているので、命令が義満から出ていることを理解していたのであるが、治天権限を行使する義満の命令が、明確に仰せの主体を示して下されることは、義満期の最後まで決してなかった。これは、御判御教書をはじめとする武家関係の文書の制度化とは好対照の現象であった。すなわち、制度化できない後小松天皇の後見人義満という立場は、その死後においては継承することが困難な性格のものだったのである。

再び義持時代にもどることにしよう。義持を後小松治天のもとでの執事と解釈するのは、果たして正しいのだろうか。義持と後小松両人の関係の分析にとどまらず、南北朝内乱を経るなかで成立してきた新たな国家体制という視点から、この時期の王権のあり方を見ていかなければ、この問題を解決する糸口は見出せないであろう。義満期以後の国家—守護体制のもとで、どのような国政運用がなされたのかを、見ていくことにしよう。

官庁造営要脚大和国段銭事応永十四八九、
厳密依レ可レ有二造畢一所レ被レ付二其足一也、早召二出国太田文一、支二配段別銭伍疋於公田一、除二三社一、不レ謂二三代御起請之地、権門勢家之知行分等一相懸之、加二催促一、今月中令二究済一、若有二難渋之在所一者、為レ召二直彼料所一、云二領主名字一、云二土貢員数一、載二起請詞一可レ被二注申一矣、
（『大日本史料』第七編ノ九、「東大寺文書」）

義満在世中の応永一四年（一四〇七）、太政官庁造営のための段銭が、大和国に賦課された。免除されたのは、伊勢・賀茂・石清水の三社領のみであり、白河・鳥羽・後白河三代起請の地も権門勢家知行の荘園も、すべて賦課される、と通達された。一国平均役徴収の体系が、諸国・権門への統制の強化によって、さらに確かなものになっていることがわかる。義持時代に入ると、応永一七年一〇月一五日、紀伊・和泉両国の大伝法院領への役夫工米免除を、「任二官符幷院宣等証文一」免除することを、義持が御判で布告している（『大日本史料』第七編ノ一三、「三宝院文書」）

など、守護を通しての諸国支配体制の成立後の一国平均役徴収・免除の体制が機能していることがうかがえる。

次に、義持期の伝奏について検討を加えることにしたい。この時期最も活躍した伝奏は、裏松（日野）重光と広橋兼宣である。応永一九年（一四一二）の後小松院御幸では、院執権でもある重光(45)と兼宣が室町殿義持の指示も受けながら、中心となって行事を進めている。義持は「大納言殿幷余以下両人可二祗候一、於二其余一者悉可レ参二仙洞一」（『兼宣公記』応永一九年九月二七日条）と、重光と兼宣のみが自分のところに来て命令を遵行するように命じており、他の者と異なる両者の特別な位置づけがうかがえる。以後の兼宣の活躍は目覚ましいものがある。先にみたように、興福寺僧光暁の叙任の件では、南都伝奏を兼ねる重光ではなく兼宣が室町殿義持の使いとして後小松院に執奏を行っていた。応永二七年（一四二〇）五月六日、後小松院は七仏薬師法を行うことを発案し、その要脚二万疋を御料所鳥取荘と上村の年貢から醸出するように室町殿に申し入れ、祈禱を妙法院宮に命じるようにと、兼宣に指示した。次に示すのは、命を受けた兼宣が発した御教書・書状である。

自二来廿四日一、於二仙洞一可レ被レ行二七仏薬師法一候、可レ有二御存知一之由、院御気色所レ候也、以二此旨一可下令レ申二入妙法院宮一給上、恐々謹言、

五月九日　兼宣

日厳院僧正御房

仙洞御料所備前鳥取庄当年御年貢内万疋、為二御祈禱要脚一、可レ被レ渡二進妙法院殿御使一之由、被二仰下一也、恐々謹言、

五月十二日

赤松殿

表5　義持期の広橋兼宣の活動

年月日	活動の内容	出　典
応永19年 9月27日	重光と兼宣だけが義持の参内に従う	兼宣公記
20年正月16日	権別当人事についての義持の執奏を院に伝える	権別当引付
21年 5月 6日	兼宣が義満七回忌の伝奏を勤める	続史愚抄
10月19日	義持の意をうけ壬生家への伝奏奉書作成	当局所領国富庄事
22年 3月15日	大嘗会米免除の院宣を菩提院僧正に送る	建内記紙背
10月25日	管領よりの貢馬の問い合わせを義持に報告	兼宣公記
23年 3月10日	采女養料御教書の例文を書く	兼宣公記
24年正月 4日	義持に女叙位と畠山の事についての院の回答を報告	兼宣公記
27年 5月 7日	院発願の七仏薬師法について，義持に報告し，廷臣への院宣と守護への指示を発行	兼宣公記
29年 3月28日	頭弁から送られた除目入眼小折紙を義持に持参	兼宣公記

前者は、妙法院宮に阿闍梨としての参仕を要請する院宣、後者は備前守護赤松義則に、国内鳥取荘の年貢一万疋を妙法院の使いに進めるように指示する書状である。後者は「被二仰下一候也」とあるように、室町殿の指示を伝えるものであり、兼宣が室町殿の意向に従ってこの書状を守護に送付したことがわかる。さらに兼宣は、丹波守護にも残り一万疋の進上を指示し、また当日行事に関わることになる多くの廷臣にも指示[46]する書状を送っている（いずれも『兼宣公記』同年五月七日条）。後小松院・義持という国家の両頂点の命令をうけて、伝奏兼宣がこの行事に関わるすべての業務を遂行していることが知られるのである。義持期に国家の両頂点の間を行き来して、最も重要な役割を果たした伝奏は、実にこの広橋兼宣であった。表5は、兼宣が後小松・義持両者の一方または両方が関わる国政事項に関与した事例を集めたものである。後小松と義持は、両者間の連絡を担当する伝奏（義持期では兼宣）や南都伝奏のような特定の任務を担当する伝奏を駆使して連絡を取り合い、国家の重大事を決裁していたのである。石原説の評価にもどると、筆者は、義満死後の後小松を治天と呼ぶこと自体には決して反対ではないが、それだけでは成立した後期中世国家の王権の内容を表すことはできない、と考える。治天と武家の長である室町殿が分かちがたく結びつき、両者が国家体制の頂点に立ち伝奏を駆使して国政を決裁するこの形態を、筆者は治天・室町殿一体王権と命名することにしたい。

南北朝期後半である貞治・応安初年にはすでに成立していた、守護を媒介とする新しい諸国支配体制を統括する王権のあり方は、一五年間にわたる義満による後小松天皇の後見という形での治天権限代行期間を経て、義持期に至り治天・室町殿一体王権という新しい形態に帰着したのであった。第一節で述べた、鎌倉後期から南北朝時代前半にかけての治天と伝奏を中心とした庭中（文殿か記録所）・雑訴沙汰・評定（議定）などの政務執行方式は、南北朝期後半にはすでに形骸化の兆しが見えていた。(47)その後、守護を媒介とする新たな支配体制のもとでは、従来治天と伝奏を中心に運営されていた庭中・雑訴沙汰・評定などが、息をふきかえすことはもはやなかったのである。そして、新しい体制のもとでは、伝奏もまた、治天と室町殿の間を媒介する伝奏と、南都・神宮・賀茂のような特定の伝奏に、次第に分化する兆しも見えていたのであった。

おわりに

本章では、南北朝内乱を経て新たに成立した国家体制、すなわち後期中世国家体制の成立過程を論述してきた。骨格だけの提示に終わったきらいはあるが、体制の概要は示すことができた、と考えている。次章では、成立した後期中世国家体制の構造をさらに詳細に論じていくことを目指したい。王権・諸国支配体制を改編した国家は、形態は変化しているもののやはり中世国家であり、守護を通じて権門寺社や貴族、武士そしてかれらの依拠する荘園公領制（あるいは本所・武士一円領体制）を統制することによって成り立っている存在であった。その様相をたどりながら、国家の支配体制がどのようなものであり、いつ変容するのかについて解明することを、次章での課題としたい。

注

(1) 佐藤進一「室町幕府論」(『岩波講座日本歴史』第七巻、一九六三年)。
(2) 富田正弘「室町時代における祈禱と公武統一政権」(日本史研究会史料研究部会編『中世日本の歴史像』創元社、一九七八年)及び「室町殿と天皇」(『日本史研究』三一九、一九八九年)。
(3) 川合康『鎌倉幕府成立史の研究』校倉書房、二〇〇四年。
(4) 松永和浩『室町期公武関係と南北朝内乱』吉川弘文館、二〇一三年。
(5) 石原比伊呂『室町時代の将軍家と天皇家』勉誠出版、二〇一五年。
(6) 最近は、鎌倉時代後半から南北朝時代への連続性に注意が払われるようになってきているが(たとえば市沢哲『日本中世公家政治史の研究』校倉書房、二〇一一年)、そのことを主要な論点とした研究は、まだ公表されていない。
(7) 橋本義彦「院評定制について」(『平安貴族社会の研究』吉川弘文館、一九七六年)。
(8) 藤原良章「公家庭中の成立と奉行」(『史学雑誌』九四ノ一一、一九八五年)。
(9) 森茂暁『鎌倉時代の朝幕関係』思文閣出版、一九九一年、第四章第一節「鎌倉後期における公家訴訟制度の展開」。
(10) 『実躬卿記』正安三年(一三〇一)五月二日条に「可レ致二越訴一之間、於二文殿一訴申之間」とあることから、この時期までには越訴が行われるようになっていたことがわかる。
(11) この形態が、鎌倉前期の政治構造の基本形態であることは、第五章において詳述した。
(12) 橋本前掲論文。神事・公事などの評定と異なり、相論の場合は、決裁に資するために、参会者の意見を集約する必要があった、と考えられる。
(13) 橋本前掲論文。
(14) 「仁部記」(国立国会図書館蔵)弘安二年五月一八日条。
(15) 「万一記」(宮内庁書陵部編『皇室制度史料　太上天皇三』吉川弘文館、一九八〇年)元応二年(一三二〇)正月九日条と同年一二月一日条。
(16) 『師守記』暦応四年(一三四一)正月二九日条に「伝奏新大納言経顕執権」とあり、院執権経顕が伝奏であったことがわかる。
(17) 隆蔭・宗経・雅仲が伝奏であったことは『師守記』暦応四年二月四日条から、長光が伝奏であったことも同年三月一四日条から、資明も伝奏であったことが「臨川寺重書案文」暦応五年三月一二日院宣（『大日本史料』第六編ノ七）からわかる。

（18）『師守記』康永元年（一三四二）七月二四日条を見ると、この日治天光厳の御前で行われた沽価法についての評定には、「評定衆」として経顕・隆蔭両人も参入していた。

（19）長光が評定衆であることは、『師守記』貞和五年（一三四九）正月二六日条から、宣明が評定衆に加えられたことは同年五月七日条からわかる。

（20）藤原前掲論文。

（21）『吉続記』弘安二年（一二七九）五月二〇日条に「今日伝奏当番也（中略）祭主隆蔭卿参仕（中略）、神宮条々（中略）付レ予申ニ入伝奏一、予依ニ神宮伝奏一也、」とあり、伝奏である吉田経長が神宮伝奏を兼ねていた。したがって、このころには、特定の権門担当の伝奏が成立し始めていたことがうかがえる。

（22）もちろんほかの二人も伝奏であったという可能性を排除するものではない。

（23）『群書類従』第四輯、補任部、「職事補任」崇光院。

（24）伝奏が、日常的に伝奏としての業務を果たしながら、特定権門や特定の公事の伝奏も勤めるのは、職事が日常の業務を行いながら公事や権門関係の奉行を勤めるのと、構造的に同一である。

（25）洞院公賢の子実夏が伝奏となったのは、文和四年（一三五五）一二月一九日のことであった（『園太暦』同日条）。

（26）鎌倉時代後半から、係争地に近隣の有力御家人などが両使として派遣されることはあったが、使節遵行が守護の責任として明確に規定されたのは、このときが最初である。

（27）先に見たように使節遵行は、貞和以前から守護の任務となっていた。

（28）たとえば、肥前国河上宮の造営は、弘安三年、治天亀山院の院宣によって、一国平均の役とされ（『鎌倉遺文』一四二一〇）、正応五年にも造営は一国平均役であるとする関東御教書が下されているが（『鎌倉遺文』一七九三三）、守護はこれらには全く関与していない。

（29）『東寺百合文書』ウ、貞和四年四月二八日沙門全皎書状（柳原資明宛）。

（30）『師守記』貞治四年四月二二日条に「依ニ彼造営一可レ取ニ六十六ケ国棟別一之由、被レ下ニ綸旨一云々、棟別十文云々」とある。『大日本史料』第六編ノ二六、貞治四年二月五日条、「春日社文書」には、陸奥出羽と西海道諸国を除くすべての国々の守護に宛てた義詮花押の書が収録されている。
(31) 富田正弘「室町殿と天皇」。
(32) 佐藤進一氏は、『南北朝の動乱』(中央公論社、一九六五年)、『足利義満』(平凡社、一九八〇年)でさらにその権限吸収論を深めた。
(33) 義満期の相対化は、最近特に松永和浩氏(注(4)著書)、石原比伊呂氏(注(5)著書)によって進められた。
(34) 森茂暁『南北朝期公武関係史の研究』文献出版、一九八四年、第四章「北朝と室町幕府」。
(35) 今谷明『室町の王権』(中央公論社、一九九〇年)。富田正弘氏は、慎重に「室町殿は、明徳四年の後円融院政の終焉をもって、本当の意味での王権を獲得したということができよう」と述べている。
(36) 『公卿補任』応永七年の兼宣の項を見ると、彼が右少弁に叙任されたのは、嘉慶二年五月二六日である。
(37) 『大日本史料』第七編ノ一、明徳三年閏一〇月五日条「御神楽雑記」に、大納言日野資教が伝奏として見えている。
(38) 親雅は嗣房の職務を引き継ぐ前から、改元に関する義満の仰せを一上経嗣に伝えるなどしている(「柳原家記録」成恩寺関白記応永元年六月二七日条)また、重光も、応永元年三月二五日、嗣房とともに大臣転任についての義満の仰せをうけており、義満に近侍し、その意思を伝達していたことがわかる。
(39) 富田氏は「室町殿は、伝奏に対する命令権を得たことにより、伝奏・奉行を通じて貴族・寺社等の権門への統轄権をも左右できるようになり、天皇＝太政官をも間接操縦できることとなった」と述べる。
(40) 義満の死去した直後の応永一五年九月三〇日にも、すでに職事が奉じる旧来型の綸旨が発給されている(『大日本史料』第七編ノ一〇、「随心院文書」)。
(41) 『建内記』嘉吉元年一〇月一九日条に、歴代の南都伝奏についての言及がある。それによると、嗣房・仲光・重光・兼宣・時房の順に南都伝奏を勤めている。従ってこの時期の南都伝奏は重光ということになる。
(42) 石原氏は義持について、はじめは准摂関家、後には「王家の執事」と位置付けた(注(5)著書第二部「室町幕府最盛期の足利将軍家と北朝天皇家」)。
(43) 富田注(31)論文。
(44) 富田注(31)論文。

(45)『大日本史料』第七編ノ一七、「常永入道記」によれば、応永一九年九月一四日、後小松院の院庁始があり、日野大納言重光が院執権となっている。

(46) 当日兼宣は、中山満親・正親町三条公雅・洞院満季の三人の大納言に御祈奉行たることを伝えたのをはじめとして、実務官僚や公卿に参会を指示している。

(47)『師守記』をみると、貞治五年(一三六六)・六年(一三六七)ごろから記録所庭中・雑訴沙汰が行われない事例が多くなってくる。中世国家が守護を媒介として諸国支配を再編するのはこのころのことであるから、時を同じくして、庭中・雑訴の形骸化が進行したのではないか、と筆者は考えている。

第八章　後期中世国家の構造とその終焉

はじめに

筆者は、第七章第三節において、後期中世国家体制が義持期に完成したことを明らかにした。それは、南北朝時代後半の貞治年間頃に形成された守護に国内の軍事・行政の権限を付与する諸国支配体制に立脚し、治天・室町殿一体王権を戴くものであった。これをうけて本章では、支配の骨格や王権のあり方ばかりでなく、中世後期国家体制の構造そのものを解明することを目指したい。

かつての石母田正氏にはじまる領主制理論では、室町時代は守護領国制の時代とされていたが、(1)その支配体制全般についての分析は行われていなかった。一九七〇年代後半に至り、田沼睦氏が初めて「室町幕府―守護体制」という用語を使用し、室町時代の支配体制の内実に切り込むきっかけを作った。(2)この室町幕府―守護体制の形成とその構造の解明を目指したのは川岡勉氏である。川岡氏は、中世国家が南北朝内乱を経る中で、守護に大幅に権限を付与する形で求心力の回復をはかり、地域秩序を統合した守護が、中央と地域社会の媒介項としての役割を果たした、とした。(3)川岡氏によって、室町時代の支配体制についての考察は深まったのであるが、氏の議論には、治天や寺社権門・本所、荘園制的秩序が国家構造内に位置づけられていない、という弱点がある。また、氏は、義教死後の「上意」の不在が幕府―守護体制の変質につながるとするが、これは国家体制を非常に狭くとらえた解釈である、と言わざるをえない。なぜなら、すでに明らかにしたように、義持期に成立した国家体制は、治天・室町殿一体王権を頂点にすえ、守護を通して権門寺社・貴族・武士などを統制し、荘園公領制（寺社本所一円領・武家領体制）を維持する体制であり、一時的な「上意」の不在などは、国政運営上、決定的な要因にはならないはずだからである。本章は、以上のような視点に立ち、まず第一節では、治天・室町殿（その機能代行者も含む）・両者の中つぎをする伝奏・執行機関の役割を含めた国政運営の基本構造を、史料分析を通じて浮かびあがらせることを目的とする。その考察をうけて、第二節では諸国守護と年貢・公事負担者たる名主・百姓も含めた国制全体の構造を考え、さらに第三節での、この中世後期国家体制が、いつどのような形で終焉を迎えるに至ったのか、についての分析に進むことにしたい。

一　国制の基本構造――王権・伝奏・執行機関――

本節の考察の出発点は、前章で述べた伝奏である。そこでは、義満期の伝奏万里小路嗣房や中山親雅、義持期の伝奏広橋兼宣・裏松重光さらに義満期の南都伝奏広橋仲光の活動などを叙述した。義持期までの伝奏については、公武の間を仲介する伝奏は複数存在するがその中で一人がことに重用される傾向があったこと、南都伝奏は義満期には成立し、以後継続的に任用されていた、とまとめることができよう。伝奏には、このように、①公武間を仲介する伝奏、②南都伝奏・賀茂伝奏などの特定伝奏、③賀茂祭伝奏など公事執行のために一時的に任命される伝奏、の三者があり、この中で①と②は国制上特に大きな役割を果たしていた。

まず①から検討していくことにしよう。表1は、義持が死去した正長元年（一四二八）から一五世紀末までの公武間の連絡にあたる伝奏について示したものである。ここで注目すべきは、永享九年（一四三七）の中山定親以後、文明三年（一四七一）～文明一一年（一四七九）の期間を除いて、中山親通・広橋綱光・勧修寺教秀・勧修寺政顕と、公武間の連絡を勤める伝奏が[4]一人だけの期間が長かったことである。この一人伝奏に移行した時期については、かつて伝奏を勤めた万里小路時房が次のように述べている。「伝奏とハ当時中山宰相中将公武申次雑事大略一身如二奔波一、仍如二独称一也」（『建内記』永享一二年三月一六日条）。すなわち、伝奏は一人ではなかったのに、今では中山定親が一人で公武申次をする状況になってしまったというのである。一人伝奏の出現は義教期のことだったことがわかる。

表1　応永35年（正長元年）以降の伝奏

応永35年(1428)（正長元年）	勧修寺経成・広橋親光(兼郷)・万里小路時房
永享 5年(1433)	勧修寺経成・広橋兼郷
8年(1436)	勧修寺経成・中山定親
9年(1437)	中山定親
文安 5年(1448)	中山親通
寛正 3年(1462)	広橋綱光
文明 3年(1471)	広橋綱光・勧修寺教秀
9年(1477)	広橋兼顕・勧修寺教秀
11年(1479)	勧修寺教秀
明応 5年(1496)	勧修寺政顕

この公武間の申次を行う伝奏は、研究史上武家伝奏と呼ばれてきた。南北朝期に西園寺氏に担われた武家執奏からの接続を論じた森茂暁氏は、義満期の万里小路嗣房を実質的な「武家」伝奏の最初とみなした。[5]伊藤喜良氏もそれ以前から武家伝奏という用語を使用して論述をすすめて[6]おり、瀬戸薫氏も一五世紀半ばでの「武家伝奏」という用語の存在を指摘した。[7]ただ一人「武家伝奏」という用語の使用に疑問を呈しているのが富田正弘氏である。氏は、永正年間以後に「武家伝奏」という名称で呼称することになったとし、それ以前の伝奏については仮に「公武伝奏」の語を用いている。[8]この問題について考えるために、実際に「武家伝奏」の用例にあたってみよう。瀬戸氏が指摘したように、「武家伝奏」という語の初見は、『康富記』宝徳元年（一四四九）閏一〇月二五日条の「此次自二伝奏一言付被レ申子細有レ之、今度捴用以下事町殿被二問答一定処、武家伝奏中山中納言殿相副可レ被レ出二切符一之由、自二公方一被二仰出一」である。ここに現れる「伝奏」は、朔旦旬の伝奏（すなわち③の伝奏）を勤める

前権大納言町資広のことであり、康富は職務でこの資広と頻繁に接触している。その過程で中山中納言のことが室町殿から仰出されたのであるが、ここでの「武家伝奏」という語は公事の伝奏である町資広と親通を区別するために使われている。さらに『晴富宿禰記』文明一一年（一四七九）閏九月一三日条に「伝奏勧修寺大納言教秀卿母儀他界云々、伝奏令㆓籠居㆒、還幸等条々、云㆓供奉㆒、云㆓武家伝奏㆒可㆑闕㆓御事㆒歟」とある。伝奏の教秀が母親の死で籠居し、「武家伝奏」ができないと言うのである。ここでの「武家伝奏」は役職と言うよりはむしろ行為そのものをさしているように見える。従って、どちらの例も役職として「武家伝奏」が存在したことを示すものとは言い切れない[9]。さて、この公武を仲介する伝奏にいかなる名辞を付すかは、まさに当該期の国制のあり方の理解に関わる問題である。筆者は「武家伝奏」という名辞設定に躊躇をおぼえるが、それは「武家伝奏」という語の持つ狭い限定された意味が、彼らの果たす国制の中核としての役割を表していない、と感じるからである。①の伝奏は公武を仲介するだけでなく、実に多くの事柄に関与していた。具体的にその様相を明らかにした後で、名辞の問題を考えてみることにしよう。

まず伝奏は、朝廷内の人事に深く関与していた。嘉吉元年（一四四一）一一月七日、万里小路時房は大臣昇進を希望する奏状を伝奏の中山定親に付し、さらにその翌日、天皇の実父である伏見宮貞成親王に執申を依頼したが、親王は「近日一向可㆑被㆑任㆓中山奏聞㆒之由、及㆓其沙汰㆒、閣㆓伝奏㆒不㆑可㆑有㆓内奏㆒云々」（『建内記』同日条）と断っている。人事希望を奏聞するのは伝奏の役目だったのである。公卿の人事ばかりではない。『康富記』文安四年（一四四七）一二月九日条によると、権大外記中原康富は、自らの叙爵の申請を伝奏定親に行い「忩以㆓局務挙㆒、可㆑被㆑付㆓職事㆒候」との返事を得ている。康富の従五位下叙任は一二月一五日に、定親の指示した手順で実現した。定親以後の伝奏の場合もみておこう。文明一一年（一四七九）、右大臣近衛政家は関白となり、上席の左大臣鷹司政平の辞任によって左大臣に昇ったが、「自㆓広黄門許㆒有㆓書状㆒、余一座事幷転任事等有㆓勅許㆒」（『後法興院政家記』文明一一年四月一二日条）とあるように、勅許の知らせは伝奏である権中納言広橋兼顕からうけた。また、『長興宿禰記』文明一八年（一四八六）六月四日条を見ると、長興は伝奏勧修寺政顕亭に行き、子息時元の大史叙任希望を伝えている。このように、大臣・納言から官務・局務に至るまでの朝廷内の人事について、各人の希望を天皇に伝えていたのは伝奏であり、伝奏を差し置いて他の者が内奏することは憚られていたのである。

伝奏が深く関わっていたのは、朝廷内の人事だけではない。公事の執行においても、伝奏の果たす役割は大きかった。文安元年（一四四四）③の賀茂祭伝奏であった万里小路時房は、賀茂祭で使用する糸毛車以下車宿の修理のことで伝奏定親に問い合わせ、蔵人所職員から「為二祭伝奏一予可二申沙汰一」との定親の返答を聞いている（『建内記』同年四月九日条）。③の伝奏は①の伝奏の指示を受けていたのである。

勧修寺大納言示送云、就二祈雨事一有レ可二申事一、可二参内一云々、即参内、祈雨奉幣事、当時不レ叶、可レ被レ献二丹生貴布禰一、元長可二申沙汰一云々、随又止雨祈雨事、近代自二武家一被レ申之時被レ行歟、予云、大略近代為二此分一、但不レ然之時有二被レ行事一、

（『親長卿記』文明一一年八月一四日条）

文明一一年、炎旱が甚だしかったため祈雨奉幣の実施について伝奏から諮問があった。伝奏勧修寺教秀が、権中納言甘露寺親長に、止雨祈雨奉幣は武家から申される時に行われるのかと尋ねたのに対して、親長は、近代は大体そうであるが、武家の申し出がないときでも行われることがある、と答えている。臨時の行事の実施についても、伝奏が中心的な役割を果たしていたことがうかがえる。

このように、朝廷内の人事や公事・行事の施行に際して、①の伝奏が中心となっているのは、彼が公武一体となって運営される後期中世国家体制の中核に位置していたからであった。大乱終結後の文明一〇年（一四七八）、土御門内裏の修造が開始されたが「土御門殿修造事、両三日以前又両伝奏以下武家奉行人等参二内裏一有二検知一」（『晴富宿禰

記』同年一一月一五日条）とあるように、勧修寺教秀・広橋兼顕の両伝奏と幕府奉行人が内裏に集結して検知を行っている。内裏修造に公武一体となって取り組んでいることがわかる。文安四年の興福寺・東大寺間の紛争の際には、両寺宛綸旨の発給を武家側は中山定親を通じて執奏した。しかしこのことは、本来南都伝奏である時房が行うべきことであった。このような錯誤が生じたのは、「可㆑申㆓伝奏㆒」という管領（この時点では幼少の室町殿の権限を代行している）の伝達指示の対象を、担当奉行の飯尾永祥が誤解して定親に伝えたからであった（『建内記』同年九月一三日条）。しかし、文安四年七月、上杉龍忠丸を関東管領とする綸旨が管領細川勝元に下されているが、これは定親が頭弁を呼び作成を命じたものであった（『建内記』同年七月一〇日条）。特定伝奏の管轄以外では、幕府からの綸旨発給の要請も、①の伝奏からの奏聞、勅許、綸旨発給という手順で行われるのが原則だったのである。また、幕府への参仕を予定していた時房が、定親から「禁中火事御用心無㆑人不㆑可㆑然、可㆓参仕㆒」との指示を受け、幕府参仕を取りやめ参内したことがあったが、そのときに時房が吐いた「公武御一体事也」（『建内記』嘉吉三年一月二九日条）の言葉は、公武の分かちがたい一体性を関係者が深く認識していたことを物語っている。

先に述べたように、後期中世国家体制は、諸国守護を媒介にして荘園制秩序を維持することにその基盤を置いていた。文明一四年（一四八二）四月九日、関白近衛政家は、摂津国の寺社本所領が守護から去り渡されるという連絡を、伝奏勧修寺教秀からうけている（『後法興院政家記』同日条）。また、延徳三年（一四九一）には、公家方の知行目録が伝奏から幕府の担当奉行に渡されている（『後法興院政家記』同年六月一三日条）。一五世紀後半から末に至っても、公武一体での現体制維持を行うための施策が、伝奏を中心として執行されていたのである。仏事についても同様であった。文明一三年（一四八一）六月二四日、「普広院殿御月忌日、於㆓等持寺八講堂㆒、伝奏勧修寺教秀卿申沙汰也」（『長興宿禰記』）と見えるように、義教の月忌を伝奏教秀が申沙汰している。延徳三年の等持寺御八講も伝奏勧修寺教秀が沙汰し、実隆等一三人の公卿に参仕を要請している（『実隆公記』同年一〇月二一日条）。このように、室町殿関係の仏事でも、伝奏が大きな役割を果たしていたのは、室町殿が治天とともに国制の頂点に位置していたためであった。そして、このような体制のもとで、「土御門殿御修理事厳密及二其沙汰一、今日伝奏勧修寺大納言教秀卿・源大納言雅行卿等検知、官務可レ参之由、伝奏申送之」（『晴富宿禰記』文明一一年七月八日条）とあるように、伝奏は公卿ばかりでなく官務・局務などの実務官吏をも指揮し、公武一体の国家体制の内実を維持するための、中心的な役割を果たし続けていたのである。

以上の考察でもって、①の伝奏が、公武を仲介するという以上の存在、すなわち国家体制の中核である、ことが明らかになったものと考える。命名の問題に戻ると、「武家伝奏」という限定的な呼称が①の伝奏にふさわしくないのは、もはや明白であろう。それでは、何とよぶべきなのか。史料上には、①の伝奏を指す言葉として「武家伝奏」以外に「惣伝奏」と「公武伝奏」の二つがある。『経覚私要抄』康正二年（一四五六）正月には「南都伝奏万里小路時房公惣伝奏中山大納言親通」とあり、役職名として「惣伝奏」が使用されているように見える。また勧修寺教秀が伝奏とされたことを表す記事「被レ召二加惣伝奏一」（『宗賢卿記』文明三年五月一日条）も、役職としての「惣伝奏」の呼称が存在していたことをうかがわせる。一方「公武伝奏」という語も、次の史料に見えるように、実際に使用されている。

①綱光卿（中略）伝奏事被二辞申一之間、子息頭左中弁兼顕朝臣、公武伝奏如二父卿一可二存知一之由、
（『長興宿禰記』文明九年閏正月五日条）

②広橋一品綱光卿薨逝、（中略）公武之儀伝奏事可レ然仁也、
（『実隆公記』文明九年二月一四日条）

③広橋中納言兼顕卿円寂、（中略）、公武伝奏可レ然之人也、
（『長興宿禰記』文明一一年五月一四日条）

特に『長興宿禰記』の方が、「公武伝奏」の語を役職名に近いニュアンスで用いていることがわかる。筆者は、この「公武伝奏」「惣伝奏」の中で、「公武伝奏」の語を、後期中世国家体制下の①の伝奏の呼称として使用したいと思う。もちろん、単に公武を仲介するという意味で使用するのではない。従来の「公武」という言葉は、公と武をそれぞれ独立したものとして扱う傾向が強かった。「公武統一政権」と言う場合も、武による公の吸収・統合の意味で使用されてきた。[10] しかし、後期中世国家体制下の公と武は、独立したものではなく、一体となって国政を運営するものである。そして、「公武伝奏」は、公武どちらかに帰属するものではなく、国家体制の中核として活動する存在だったのである。筆者の命名した「公武伝奏」は、このような公武一体国制の伝奏の意である。この公武伝奏を核として、治天・室町殿をはじめとして公卿・管領・官人・幕府奉行人がそれぞれ活動し、共に国家を運営していたのであった。

次に②の特定伝奏についての検討を行うこととしよう。東大寺・興福寺の二大権門を管轄する南都伝奏は、国政を安定的に運営する上で、きわめて重要な役職であった。万里小路時房が南都伝奏であった文安年間、東大寺と興福寺の間で抗争が起こったが、その際の南都伝奏時房の活動を『建内記』から追う中から、当該期の国制のあり方をさぐっていくことにしたい。

文安四年（一四四七）五月二一日、興福寺寺官が南都伝奏時房のもとを訪れ、春日社造替段銭を納入しない所々に対して幕府御教書等が下されたことに謝意を示した。時房がそのことに尽力していたことがわかる。この際に時房は、使いを遣わして下知するように管領に言ったこと、この件を後花園天皇にも奏聞して「武家早速下知神妙」の勅語を得たことを、寺官に伝えている。またこの日、時房は、寺官から春日社新三十講料所である越前国坪江郷が横領され、守護方の遵行にも応じない状況を訴えた事書を渡され、その事書に自らの書状を付けて、管領細川勝元の後見人細川持賢のもとに送っている。五月二九日に時房は、「急速可レ加二下知一」との管領勝元本人からの返答を受け取った。六月六日には、興福寺の学侶雑掌である重芸法師が来会して、春日社領越中国阿努荘中村の年貢が届かない件を訴えた。時房は、守護畠山持国に申し遣わすことを求める興福寺衆徒の状が到来したら、守護に連絡すると約束している。その後は雑談となった。東大寺領周防国所領年貢五百石を兵庫に運ぶ際の関役について東大寺が免除（勘過）を認める武家御教書を申請し、一方興福寺は勘過停止の御教書を掲げて抵抗したこと、両寺はそれぞれの担当奉行に付して言上し、管領勝元は「已被レ成二過書之御教書一之上者、先以二別儀一可二勘過一」と指示したが、興福寺は承知しなかった、ということなどを、時房は重芸から聞いている。この勘過のことでは、備後守護山名持豊が備後国料船住吉丸の勘過を興福寺に求めていたこともわかる。この件は、重芸が今年は春日社造替の年であることを守護持豊に説明し、当年は関役を払い、後年は勘過するということで決着した。この六月六日条から、南都の二大権門興福寺と東大寺それぞれに幕府の担当奉行人がつけられていたこと、権門と守護が直接交渉して決着する場合もあったこと、さらにこれらの経過が南都伝奏に報告され、南都伝奏は南都関係で生起している事、諸国にある両寺の所領の現況についても把握していたこと、などがわかる。

九月には興福寺・東大寺間に抗争が起こった。その過程を詳しく見ていこう。紛争のもとは、春日社造替料棟別の賦課を東大寺が拒否したことにあった。九月一日、時房はまず興福寺雑掌重芸の訪問を受けた。彼によると、東大寺は担当奉行の飯尾大和入道と飯尾美濃守を通じて御教書を申請しているとのことであった。時房は「任二東大寺申請一被レ成二御教書一者、興福寺弥可レ為二蜂起之基一哉、先、追可レ有二御成敗一可レ待二申上裁一之由、被レ成二御教書一者可レ然歟之由申之」と述べているように、裁定が下るまでは御教書を発行すべきでない、という意見であって、その点では管領の後見人持賢の意見と一致していた。時房は、持賢と御教書の内容を検討している。

就二春日社造替料棟別事一、対二東大寺一有二発向之企一云々、太不レ可レ然、不日可レ被レ成二御成敗一之上者、可三相待

申二左右一之由、所レ被二仰下一也、仍執達如レ件、

文安四年九月一日　　右京大夫判

興福寺別当僧正御房

持賢は、このように管領勝元判の御教書案を作成し時房に送ってきた。この別当宛の幕府御教書と、興福寺担当奉行飯尾永祥・飯尾真妙加判の寺務雑掌宛ての奉行人奉書が、興福寺に送られた。「御成敗」の結果を待つようにと興福寺を諭す内容のものである。幕府御教書と奉行人奉書の発給に、南都伝奏時房が深く関わっていたことがわかる。同日夕方、今度は東大寺雑掌盛舜法橋が時房のもとを訪問する。興福寺側が永享一二年の造替のとき、東大寺に賦課したと述べていることについて、その時は造替の棟別賦課ではなかった、と弁明するのが目的であった。翌二日、入内した時房は、両寺の確執について事の起こりから順序だてて天皇に報告している。翌三日になり、今度は東大寺別当の使者播磨上座が入来した。播磨上座は、合戦が迫っているとして、綸旨の発給を申請してきた。それに対しての時房の答えは次のようなものであった。

此事自二最初一付給者、先談二管領一可レ申之処、自レ初被レ付二武家奉行一、已被レ成二御教書一、又為二内談一両寺務被レ勧二参洛一、内談之様未定之時分、勅裁事文章等未二思得一事歟、何様内談以後、就二成敗之篇目一自二公家一同被二仰出一者可レ然之由、可レ被レ得二管領所存一事歟、只今者、成敗之様未レ知二一途一之故也、追可二申承一之由示了、且又勅裁事、自レ今先示二奉行一、可レ被レ尋二管領一之条可レ宜歟、定可レ及二執奏一歟

このように時房は、現段階での綸旨の発給を拒否したのであるが、その理由が大変興味深い。すなわち、すでに管領・武家奉行に相談して両寺務に参洛して内談することを命じているから、今の段階で勅裁は出せない、内談により御成敗の細目が決まったら、それに沿って勅裁の文章を考え、奉行・管領にも見せ、執奏という手続きを踏んだ後

に、綸旨として発布することにしたい、これが時房の返事である。時房が何よりもこだわったのは、成敗の整合性であり、綸旨は管領御教書・奉行人奉書の内容と齟齬のないものでなければならなかったのである。時房が、公武一体国制の維持にいかに力を注いでいたかを、うかがうことができよう。

　四日、両寺確執の次第を再度奏聞、勅答を得てそれを持賢に伝える。五日、興福寺からは重芸が来て、南北朝期の貞治年間以後、興福寺が大和国段銭・棟別を沙汰してきたことを訴えた。一方東大寺からは播磨上座が来て、興福寺が「上裁」に従っていない旨を訴えた。六日、時房は両寺確執の現状を再度天皇に報告、女房奉書で勅答を得た。七日、東大寺尊勝院法印持宝の書状を受け取る。興福寺の軍勢が東大寺に押し寄せるとの情報が記載されていた。この日、幕府が両寺にあてる綸旨発給を執奏する。「興福寺へハ可レ止二発向一之儀之由、可レ被レ載二勅裁一之由武家申之、東大寺へハ可レ致二沙汰一之由可レ被レ仰之」とあるように、執奏には両寺へ発する綸旨の内容についての幕府の要請も含まれていた。幕府が「就二其勅裁文章一、先被レ下二御案一、可二拝見一之由同申之、可二書進一之由有二勅定一者」と、まず綸旨案を見たいということだったので、天皇は綸旨案の作成を指示した。その後、時房が作成した両寺別当宛の綸旨案と頭弁坊城俊秀に宛てた両寺分の南都伝奏奉書案（綸旨作成を要請するもの）がこの日の条には記載されている。綸旨案は公武伝奏定親が奉行に見せ、奉行たちは文章を書き加える必要があると意見を述べた。そして修正した文章を職事に送り明日（八日）には書き上げるべし、と定親から時房へ伝言があった。それをうけて、時房は奉書を頭弁のもとに遣わし、書き上げたら直ちに定親のところへ送るようにと、頭弁への使者に伝えさせた。

　八日、まず、両寺への綸旨を記すことにしよう。

　就二春日社造替棟別事一、両寺確執云々、可レ為二伽藍頓滅之基一、殊所二驚思食一也、所詮於二彼要脚一者、可レ致二沙汰一之趣被二仰付一之上者、止二発向之儀一、牙可レ存二仏法之詔隆一之由、可下令レ下二知満寺一給上之旨、天気所レ候也、仍執

啓如レ件、

九月八日　　左大弁俊秀

謹上　興福寺別当僧正御房

就二春日社造替棟別事一、両寺確執云々、寺門雖レ有二申旨一、忽欲レ及二伽藍之滅亡一、尤所二驚思食一也、所詮存二無為之儀一、致二其沙汰一、可レ全二仏法之久住一之旨、可下令レ下二知満寺一給上者、天気如レ此、悉レ之謹状、

九月八日　　左大弁俊秀

謹上　東大寺別当僧都御房政所

幕府・朝廷間で練り上げられただけあって、両綸旨はすっきりした内容に仕上がっている。興福寺への綸旨は、東大寺に造替要脚を出すように仰付けたので軍勢発向はやめるようにという趣旨であり、東大寺へのものは、事情があるのは認めるが今回は造替棟別を支払うようにと、指示したものであった。両寺別当宛の綸旨だけでなく、南都伝奏時房の副状、さらには幕府御教書も共に下された。東大寺に宛てられた管領勝元判の幕府御教書を掲げる。

春日社造替料当寺郷内棟別事、先度被二仰下一訖、所詮於二彼要脚一者、雖レ有二申子細一可レ致二沙汰一之由、被レ成二下綸旨一之間、直差二下使節一可レ被二執渡一之、早可下令レ下二知寺門一給上之旨、可レ被レ申二入東大寺別当僧都御房一之由、所レ被二仰下一也、仍執達如レ件、

文安四年九月八日　　右京大夫判

大夫法印御房

九月一日付けの幕府御教書と異なり、今回の御教書は完全に綸旨とセットであることがわかる。南都伝奏時房は、この東大寺に出された御教書案文にも、目を通していたのである。

文安四年の興福寺・東大寺の抗争は、まだまだ続くのであるが、煩雑なので以後の経過は省略し、ここまでの経緯から得られる知見をまとめておくことにしたい。先ず何よりも目に付くのは、公武がまさに一体になってこの難局に対処していることである。南都伝奏万里小路時房を中心として、天皇・管領・管領の後見人細川持賢・両寺それぞれを担当する幕府奉行人・公武伝奏定親・頭弁俊秀等、公武一体権力を構成する面々が協議を重ね、文書を発給する際には、その内容を摺合せ、齟齬のない内容のものに仕上げる努力をしていた。綸旨・幕府御教書・奉行人奉書さらには南都伝奏時房の副状は、紛争を防止するために、慎重に作成されていた。内容摺合せの過程では、例えば奉行人が綸旨の文面に手を入れるようなことや、南都伝奏が持賢側で作成した幕府御教書案を検討する、というようなことも行われていた。公武一体権力は、このように緊密な連携を経たうえで、発動されていたのであった。

一五世紀後半の特定伝奏の状況についてもみておこう。文明一六年（一四八四）八月二七日、前関白近衛政家は、自らが奏聞した事柄について「可㆑仰㆓合南都伝奏㆒之由」との東山殿義政の指示により、勧修寺大納言教秀に相談している。このとき教秀は、公武伝奏と南都伝奏を兼任しており、これは南都伝奏としての教秀の仕事であった（『後法興院政家記』同日条）。また、やはり特定伝奏である賀茂伝奏を勤仕していた甘露寺親長は、室町殿が申請した賀茂社権祝解官のことを奏聞し、申請のままに下知せよ、との天皇の仰せをうけている（『親長卿記』文明一四年九月一七日条）。このように一五世紀後半から末にかけても、南都伝奏・賀茂伝奏などの特定伝奏は、依然として公武一体国制の中で重要な役割を果たし続けていたことを、うかがうことができる。公武伝奏や南都伝奏などの特定伝奏は、公武一体権力を内容とする後期中世国家体制を動かす潤滑油のような存在であり、彼らを中心として国家体制は機能していたのである。

二　国家体制と室町期荘園制

前章第二節では、南北朝後期においてすでに、国家が守護を通じて諸国支配を行う体制が成立していたことを論じた。この時期、荘園公領制も寺社本所一円領・武家領体制(11)と呼ぶべきものに変化していたことも、明らかにされている。かつての守護領国制論において荘園制の解体期とされた室町期は、現在では独自の構造を持って存続した日本中世荘園制の一段階ととらえられるようになり、代官請負などを媒介とするその経営のありかたなども次第に明らかになってきている。この時代には、もはや荘園公領制という呼称はふさわしくないので、以後は室町期荘園制(12)という用語を使用することにしたい。ところが、このように変貌した荘園制や諸国支配体制を含めた室町期の国家体制そのものに焦点を合わせた研究は、数少ない。前述した川岡勉氏による、幕府が天下成敗権を握り守護が一国成敗権を掌握していたという説が、おそらく唯一の体系的なものであろうが、視点が幕府と守護に限定されているという限界に加えて、幕府・守護が天下と一国の成敗権を握っていたことについての具体的な証明もなされていない(13)。本章第一節での、伝奏を媒介とした天皇・室町殿（代行者としての管領も含む）・幕府奉行人・職事・官務局務等の実務官人などによる国政執行についての考察を踏まえ、本節では、荘園制下の権門や他の領主による領主間紛争と中央の対応、守護（代）や年貢・公事負担者である名主・百姓の位置づけも含めて、国家体制全体の構造を明らかにすることを目指したい。

まず、第一節同様に、『建内記』の文安年間の事例の分析から始めることにしよう。文安四年一〇月一九日、飯尾加賀入道真妙と斎藤上野介が管領の使者として南都伝奏万里小路時房のもとを訪れた。用件は、祝園荘をめぐる春日社と関白一条兼良家の紛争についてであった。「祝園庄事就二社訴一真妙奉行也、尋二申関白家一之処、御支状齋藤奉行也、如レ此」とあるように、真妙は春日社の訴えを受け付けた奉行、斎藤は関白家の支状を受け付けた奉行であり、管領細川勝元はこの件の担当者である両人を南都伝奏のもとに派遣したのである。祝園庄は本来長者殿下御領で、春日社に寄進されたものであった。翌二〇日、春日社から権預辰市祐識がやってきた。「示二遣管領書状一可二持向一之由、仰含了、又以レ状為レ得二其意一同示二典厩一之処、奉書等仰二付飯尾加賀一之時分也」と、時房は管領に書状を遣わすところだということと、すでに細川持賢に意を通じているので今頃は飯尾加賀入道真妙に奉書作成が命じられているころだ、ということを祐識に語っている。同日付けで発布された祝園荘に関する奉行人奉書と、やはり祐識が時房に訴えた和泉国の春日社領への段銭催促免除を命じる奉行人奉書は、それぞれ次のようなものであった。

春日社領山城国祝園庄事、御沙汰落居、早可レ被レ置二所務於中一之由候也、仍執達如レ件、

文安四
十月廿日　　真妙判
　　　　　　淵基判
　　　　　　永祥判
守護代

春日社領和泉国所々段銭事、可レ被レ停二止催促一之由候也、仍執達如レ件、

文安四
十月廿日　　真妙判
　　　　　　永祥判
守護代

このように、山城・和泉両国の守護代に命令が下されているが、奉行人の家格が両国守護の家格と釣り合わないため

に守護代宛になっている（14）にすぎない。実際には守護に宛てられたものだったことは、一一月二日条に「祝園庄可レ置二所務於中一事、先日奉行奉書付二守護一侍所一色也、取二彼遵行一云々」とあることからわかる。春日社は、南都伝奏時房に依頼することによってこの二つの幕府奉行人奉書を得たのであった。ところが、この祝園荘については、関白家も領有権を主張していた。そのため時房は大蔵卿入道町経泰を呼び対応策を話し合った。永享四年（一四三二）当時摂政であった一条兼良が長者宣を発して春日社に祝園荘に「一円不輸永代」を認めたとき、経泰の子経仲が家司として関わっていたからであった。「此事若為二公方一被二尋仰一者、定可レ申二是非一歟」というように、幕府からの問い合わせがある場合に備えて、時房は長者宣発布の際の事情を把握しようとしたのであろう。案の定、一一月に入ると、事態は急変する。

関白被レ申渡領内山城国祝園庄別相伝綸旨事、如二案文一可下令二書進一給上之由被二仰下一也、謹言、

十一月一日　　定親

頭左大弁殿

関白兼良からの要請を受けた公武伝奏中山定親が、綸旨案文を示して関白家一円不輸であることを認定する綸旨発給を、頭弁に命じたのである。驚いた時房が、社家の申す旨を奏聞したことを定親に言ったところ、これは関白からの申請によるもので、今日すでに綸旨が下された、というのが定親の返事であった。そこで時房は、後花園天皇に直接奏聞を行う。奏状には祝園荘が春日社に寄進された時の経緯や永享四年の長者宣のことなどが詳細に記され、今回社訴がすでに武家に行われ、管領の返書、奉行人奉書も得ていることなども、書き添えられていた。時房の奏聞に対して、女房奉書で勅答があった。それによると、関白が申請したとき、武家御教書が出された後で綸旨を申請するようにと、天皇は答えたのであるが、大方殿重子（室町殿の母）の扶持に関わることなので先に綸旨を賜わりたいと関白

が強く要請するので、綸旨発給の許可を公武伝奏定親に出した、とのことであった。時房は「於二武家一沙汰之最中也、中央被レ申二請綸旨一之条不レ可レ然歟、先被二召返一、猶被レ廻二叡慮一、且両方之儀被二尋聞食一、追可レ有二御沙汰一哉之由、忩被レ仰二中山一之条可レ然歟」と善後策を献策した。その概要は、武家沙汰の最中に綸旨を出すのは適切でない、今はまず綸旨を召し返して両方の言い分をよく聞き、追って沙汰するとの由を、定親に急ぎ仰せられるべきである、というものであった。その後、時房は、内裏に入り、定親に宛てて綸旨発給を要請する兼良の書状を一覧したが、重子の内書は見ることができなかった。そして、時房は永享四年の長者宣で兼良がみずから春日社の領有が認めていること、今回幕府奉行人奉書も得ていることなどを再度天皇に申し上げた。後花園天皇の決裁は、時房の方策を全面的に是とするものであり、綸旨召返しの方針はここに定まった。翌三日、時房は関白の書状を持った使者左大史長興宿禰の訪問を受ける。関白は、先の綸旨は大方殿の御内書をうけて沙汰したものであると弁解し、綸旨召返しに至ったことを「無二面目一事也」としながらも、武家沙汰は奉行人の引級すなわちひいきによるものではないかと不満をもらしている。四日、春日社と一体である興福寺学侶衆徒が事書を進上し「早被レ止二関白家御違乱一之様可レ被レ成二下綸旨・御教書一也」と要請した。興福寺が、綸旨と幕府御教書をともに得て、権利を確定しようとしていたことがわかる。同日、時房は頭弁俊秀の訪問をうけ、関白に長者宣を成すように仰せられたことを告げられた。先日の綸旨には春日社の訴えのことが載っていなかったが、公武沙汰が落居したので長者宣を出すべきだというのである。時房は「太不レ可レ然」と答えている。その理由は、次のごとくである。「凡長者宣、一向可レ任二長者御意一之条雖レ為二本儀一、近代以二公武御意一被レ成二長者宣一已為二流例一、而不レ及二公武之上裁一、押而号二公武落居之趣一可二書載一之条、後勘難レ測」。すなわち、近代は公武の一致した意志に基づいて長者宣が出されるのであるから、まだ公武の裁許が出ていない段階で「公武落居」と書けば後に問題になるであろう、というものであった。前節で見た東大寺・興福寺の抗争時と同様に、時房は「公武御意」「公武之上裁」をもって国家意志をあらわす最上のものと位置付け、長者宣も含むそれ以外のものは、国家意志と齟齬のないものでなければならない、という強い意志を持って、南都伝奏の仕事にあたっていたことが知られるのである。六日、再度頭弁俊秀が時房亭を訪問した。かの長者宣の問題がまだ解決していなかったので、俊英が密々に後花園天皇に奏聞したところ、長者宣のことが申請されても許可はしないから安心しなさい、との天皇の返事を得たとのことであった。一一月一四日、綸旨召返しが正式に決まり、大方殿重子にも女房奉書でその旨が伝えられた。時房は、勅定により天皇御前で綸旨案文を作成した。それは次のようなものであった。

山城国祝園庄事、就㆓関白被㆑申旨㆒、先度雖㆑被㆑成㆓綸旨㆒、捧㆓春日社領証文㆒及㆓寺社之訴訟㆒之間、如㆑元所㆑被㆑返㆓付当社㆒也、可㆑遂㆓神事無為㆒之節由、可㆑令㆓下知㆒之旨、天気所㆑候也、仍上啓如㆑件、

十一月十四日　　権右中弁親長

謹上　興福寺別当僧正御房

綸旨正文は、職事の親長が書き、興福寺の重芸に渡された。また、時房は、管領細川勝元と典厩細川持賢に書状を書き、綸旨召返しと新綸旨の発給のことを、正式に報告した。持賢からは、奉行人に御教書を下すようにと命令を出した旨の返答があった。一一月一八日、興福寺僧貞兼が「就㆓当社領祝園庄事㆒、綸旨幷御教書到来、謹而拝見仕候」と言っているように、この日興福寺・春日社は綸旨と幕府御教書をともに受け取ったのであった。また、『建内記』一一月二〇日条には、真妙以下三人の奉行が署名した春日社雑掌宛の奉行人奉書も収録されている。

以上が、春日社と関白家をめぐる紛争の経緯である。これらからわかるのは次のことである。まず第一は、南都伝奏を中心として公武が密接に連絡して事にあたっていることである。関白の申請による綸旨の発給があったにもかかわらず、南都伝奏時房を中心に、公武の間で適切な処置がなされた。この管領勝元・典厩持賢・奉行人等と時房の緊

密な連携は先に見た東大寺・興福寺の紛争の際と同様であるが、今回特に目立つのは後花園天皇の積極的な役割である。時房の報告を聞いて綸旨の召返しと新綸旨の発給を決裁したのは後花園天皇であった。結果的に召返しとなった最初の綸旨発給も、春日社の訴えを知らない段階で天皇が判断したものであった。天皇は決して傀儡ではなく、また天皇抜きで綸旨が作成されていたのでもない、ことが明らかである。そして、最も重要なことは、綸旨と幕府御教書が揃うことによって国家意志が示される、という認識を関係者が共有していることである。幕府奉行人奉書ばかりか、摂政関白の意志を奉じて出される長者宣ですら、この国家意志に沿って、それと整合性を保つ形でなければならなかったのである。そして、前回の興福寺・東大寺間の紛争の際と同様に、春日社も綸旨・幕府御教書という国家意志を表す文書の発布を求めていた。両者が揃うことによって領有権が確定するのだ、という観念が存在したことを読み取ることができる。このように国家側と権門側双方に存在する通念に則って、南都伝奏時房を中心に「公武御意」「公武之上裁」と呼ばれる国家意志を作り上げるための摺合せが行われ、ひとたび国家意志が固まると、その貫徹に力を注がれたのであった。

続いて、一五世紀後半の史料に検討を加えていくことにしよう。これまでの考察で明らかになったのは、奉行人奉書は、すべてが幕府単独で出されていたのではなく、中世後期国家体制内の事務処理の一環として出されている場合がかなりあるということである。従って、奉行人奉書も含め、権門や荘園に対する幕府の命令なども、新しい眼で見直す必要が生じてくる。『経覚私要抄』によると、応仁元年（一四六七）一〇月三日、興福寺に対して山名宗全治罰を命じる治天後花園上皇の院宣と室町殿義政の御内書が同時に発せられ、さらに五日には「就(二)院宣幷御内書(一)可(レ)有(二)上洛(一)」とあるように、院宣と御内書をうけて興福寺衆徒の上洛を求める幕府奉行人奉書が出されている（一〇月九日条）。また、同年一一月二八日には、すでに武家の認定を受けていた山科東荘内名田畠等の領有が、院宣によって

表2　武家下知を受けて出された院宣・綸旨

番号	年月日	史料名	所在地	名請人
①	応仁元年11月28日	案文消息集	山城国山城東庄内名田畠	山科言国
②	応仁元年12月 9日	案文消息類	宝福住持職・近江吉田郷等	周芸上人
③	応仁 2年 5月16日	案文消息類	飛驒国小島郷神通河以西地頭職	姉小路中将勝言
④	応仁 2年10月20日	石清水文書	山城国狭山郷	田中法印
⑤	応仁 2年12月19日	案文消息類	河内国玉櫛庄内寺用供米	報恩院僧正
⑥	応仁 2年12月29日	案文消息類	美作国栗井庄下司職	徳大寺大納言実淳
⑦	文明 4年 4月2,21日	古簡雑纂 親長卿記	播磨国弘山庄領家職	一条中納言実久
⑧	文明 4年 4月21日	親長卿記	山城国山田庄	不明

山科言国に確認されている（『大日本史料』第八編ノ一、「案文消息集」）。治天による院宣と「武家下知」が合わさって領有権が認定されるという構造を、ここでも見ることができる。表2は、応仁元年から文明四年（一四七二）までで、「武家下知」を治天（文明二年一二月までは後花園上皇、それ以後は後土御門天皇）が確認している事例を集めたものである。この中で、⑦は両文書発給の事情がわかるので、表示しよう。

播磨国弘山荘領家職事、如レ元領知不レ可レ有二相違一状如レ件、

文明四年四月二日　（花押）（義政）

一条中納言殿

（「古簡雑纂」）

一条中納言実久は、室町殿義政から弘山荘領家職を安堵されたが、さらに安堵の勅裁を申請し、「広橋大納言申、一条中納言実久、申安堵綸旨事可二書遣一云々、仰二元長一書遣了、播磨国弘山庄」とあるように四月二一日に後土御門天皇の綸旨を得ている（『親長卿記』同日条）。公武伝奏広橋綱光による申請、職事元長による綸旨執筆という型どおりの手続きを踏んで実久の領家職が認定されているのである。室町殿の安堵を得ていながら、綸旨を申請したのは、一条実久の意志であって、室町殿の安堵と後土御門天皇の綸旨の連動が、決まり事だったわけではないのは、もちろんである。実久は、自分の権利をより確実なものにするために、綸旨発給を申請したのであろう。治天の勅裁（院宣または綸旨）と武家の下知の双方を所有することが、

領有権を最高の形で保証するものであるという社会通念が存在し、その基盤の上に、「公武上裁」が国家意志を表すものとして現実に機能していたことを、この事例は明確に示すのである。文安期の紛争への対応過程で見た綸旨と幕府御教書による最高権威としての「公武上裁」のあり方が、応仁・文明期の所領・所職認定を行う際にも、治天の院宣・綸旨、室町殿義政の御内書や武家下知の形で受け継がれていることが知られる。

次に、一五世紀後半の権門などの所領をめぐる公武伝奏や特定伝奏の動きについて、概観してみよう。

『親長卿記』文明四年四月二一日条を見ると、伝奏広橋綱光は春日社からの社領深井荘代官違乱の注進を奏聞し、武家に申すべしとの天皇の指示を受けている。また山城国山田荘の地下人違乱については、武家の下知に則り、天皇に裁許を申請している。このとき、綱光は公武伝奏と南都伝奏を兼任しており、両方の職務に関わる行動であったと考えられる。同年四月一一日には、賀茂伝奏親長が倉垣荘違乱について奏聞したところ、「可レ被レ申二武家一」との勅旨が下され、公武伝奏綱光に仰せ、武家に申し入れがなされた（『親長卿記』同日条）。一方、南都伝奏が単独で補任されていた時期の史料も見ておこう。時房の後、南都伝奏となったのは、日野勝光である。文明二年（一四七〇）六月六日、興福寺及び南都七大寺に祈禱を命じる綸旨と南都伝奏奉書が到来した（『大乗院寺社雑事記』同日条）。また、『経覚私要抄』同年一〇月二四日条を見ると、経覚は、戦乱によりしばらく行われていない維摩会の実施を南都伝奏勝光に訴えている。結局一一月一八日より維摩会が久しぶりに実施された。

これらは大乱中の事例であるから、大乱終結後の状況も見ておく必要があるだろう。「参内条々奏事、直参二小河殿一雑訴条々披露」（『兼顕卿記』文明一〇年一一月二日条）とみえるように、公武伝奏広橋兼顕は、後土御門天皇と室町殿義政の双方に奏聞や報告を行っている。文明一一年（一四七九）四月一〇日、官務壬生雅久の父晴富は、土御門内裏造営棟別の小野の住人に対する賦課についての幕府奉行人奉書を得て、それを公武伝奏兼顕のもとに送ったが、兼顕はそれを室町殿に申し上げる、と返事している。もちろん天皇への連絡も兼顕が行っており、五月四日に、兼顕が天皇の意をうけて小野棟別の免除を武家に申し入れている（いずれも『晴富宿禰記』）。御所造営にあたって公武伝奏広橋兼顕が中心となり、天皇・室町殿・幕府奉行人・官務等と連絡を取り合いながら活動していた様子を、うかがうことができる。以上のように、応仁の乱後においても、公武伝奏・特定伝奏を中心とした後期中世国家体制の運営方式は、基本的には維持されていたのである。

次に、後期中世国家体制下の名主・百姓の位置づけについて検討を加えてみよう。第六章で詳述したように、前期中世国家体制下の名主・百姓は、個々の領主（荘園領主・地頭・国衙領の領主等）の管轄下にあったが、領主に身分的に隷属していたのではなく、定められた年貢・公事などを越える不法な搾取に対しては、朝廷・幕府に出訴することができた。中世後期国家体制に移行したのち、この点に変化はあったのだろうか。室町期の荘園制は、代官職を任命して年貢・公事を請け負わせるか、または荘園領主の直務、のどちらかが基本である。まず、嘉吉・文安年間の万里小路時房の荘園統治から見ていくことにしよう。嘉吉元年九月一八日、美作国北美和荘領家である時房は、新たに代官を補任したことを、名主・百姓に伝えている。また、時房は、播磨国吉川上荘の領家でもあったが、代官が下向することを名主・百姓に伝え、「御年貢・公事・人足等可㆑致㆓厳密之沙汰㆒」と彼らに命じている（『建内記』文安元年五月記紙背文書）。一五世紀後半の例をあげよう。『実隆公記』文明一六年（一四八四）二月六日条を見ると、実隆家領の百姓が、代官の没落を注進し、実隆家の使の下向を要請している。また、近衛政家の日記によると、柿御園山上郷を番匠御大工武次に宛てたことを当所の沙汰人百姓に通知している（『後法興院政家記』長享元年一〇月一六日条）。いずれも、荘園領主が、年貢・公事等を負担する名主・百姓に文書を発し、命令を下している例である。

このような荘園領主と名主百姓の関係、および両者をめぐる紛争・競望する他の領主との相論や押領の訴えなどを裁定し、秩序を維持するのが、国家の任務である。嘉吉元年八月一日、時房は、播磨・美作・備前三国に存在する家領の直務知行を認める御教書発布を、管領細川持之に要請し、御教書を取得している（『建内記』同年一〇月二五日条）。また、権大外記中原康富は、鷹司前関白家領和泉国五ケ畑の年貢を守護が未進であることを奉行飯尾下総守に訴え、和泉守護代に命令を下した奉行人奉書を得ている（『康富記』康正元年一二月一二日条）。このように、奉行人奉書は、訴えを起こした当事者の荘園領主（具体的には雑掌）に宛てられるだけではなく、紛争地の存在する国の守護・守護代に宛てられる場合も多い。荘園領主の要請を実現するためには、国家体制の国別執行人である守護（代）への指示が必要となる場合が多く、また荘園領主側もそれを要求したからである。文安三年（一四四六）九月一五日の奉行人奉書は、東大寺雑掌の訴えをうけて、美濃国大井荘の名主百姓が下司名代官大垣氏信とつるんで逃散に及んだことを非難し、「於二氏信与力之輩一者可レ為二同罪一、至二土民一者如レ元令二還住一」と美濃守護土岐左京大夫に命じている。（『室町幕府文書集成　奉行人奉書篇』三一〇）。奉行人奉書が、申請した当事者・守護（代）・名主百姓の三者すべてに発給される場合もある。『経覚私要抄』長禄二年（一四五八）九月一二日条によると、大乗院家は、越前国河口荘内諸郷の直務を認められただけでなく、守護代宛と名主沙汰人宛の奉書も得ている。国家が、諸国の管轄者である守護（代）ばかりでなく、当該荘園の名主百姓に対しても命令を発していたのである。長禄三年（一四五九）一一月にも、三宝院門跡領越前国河合荘半分の領有を保証したうえに、守護代と名主沙汰人にも奉行人奉書が出されている（同五六八・五六九・五七〇）。なお、これらの文書が宛てられた越前国は、守護が最も家格の高い斯波氏であったから、宛先が守護代になっていると考えられる。応仁の乱後の例も見ておこう。文明一二年（一四八〇）八月、山科家領播磨国下揖保荘半済分の押領人を退け、山科家雑掌に沙汰付するようにと、守護赤松政則宛の奉書がだされ、また名主百姓も年貢・公事を沙汰するように、命じられている（『山科家礼記』同年同月二八日条）。さらに、文明一五年（一四八三）一〇月、前官務長興との間で相論になっている苗鹿村雄琴荘についての官務雅久の申請をうけて、雅久の領有を認める奉行人奉書が、名主沙汰人に出されている（『室町幕府文書集成　奉行人奉書篇』一三四一）。守護六角高頼に対して施行を命じる奉行人奉書は、翌一一月に出された。それは、「度々綸旨・諸卿意見状・文安御下知・応仁御判」等の公武の裁許を検討したうえで、長興の別相伝との訴えを退け、壬生家氏長者たる雅久の伝領を認定するものであった（同一三四四）。また、綸旨をうけて、奉行人奉書が出されたことのわかる例もある。

松尾社領越中国松永庄預所職事、相賀日供闕怠之間、所レ被レ補二社務相郷一也、可下令二存知一給上候旨、天気所レ候也、仍執達如レ件、

五月廿八日　　左少弁俊名

謹上　神祇伯殿

（『大日本史料』第八編ノ一八所収「松尾神社記録」）

この文明一八年（一四八六）の綸旨によって、松永荘預所職に補任された松尾神社社務相郷は、翌二九日、幕府奉行所に綸旨受給を明示した請文を提出し、六月一一日付けで、越中国守護代と松永荘名主沙汰人に宛てた奉行人奉書を獲得しているのである（『室町幕府文書集成　奉行人奉書篇』一四一五・一四一八）。さらに、『親長卿記』明応三年（一四九四）七月四日条にも「鴨社領濃州梅原庄代官職事（中略）被レ成二勅裁一了、其時愚老副二書状一候処、紛失之由承之、其後公武御下知及二度々一」とあるように、公武下知の一体性は、一五世紀末に至るまで、維持されていた。

このように、応仁の乱終結後においても、中世後期の国家体制は、公武一体の権力として機能し続けていた[15]。治天・室町殿の王権のもと、国家は、相論の裁定や要請を受けての当事者（受益者）の権利認定だけでなく、諸国を管轄する守護（代）や当該地の名主百姓に対しても、命令を発していたのである。実効がなければ、当事者がこのような要請をするはずはないのであるから、これらのことは、国家の諸国守護・諸荘園の名主百姓にたいする支配権が、

まだ機能していると、当事者が認識していたことを意味するのである。応仁の乱後においても、後期中世国家体制の基本構造は、維持されていた。

三　後期中世国家体制の終焉

応仁の乱終結後も、基本的には維持されていた中世後期の国家体制は、いつどのように変容したのだろうか。近年、細川政元が将軍義材を追放し義澄を迎え入れた明応二年（一四九三）のクーデターをもって、戦国時代のはじまりとする説が有力である[16]。たしかに、この後常態化する二人の将軍並立の端緒となったこの事件は、大きな意味をもっている。しかし、山田康弘氏が明らかにしたように、このクーデターには長らく御台所として君臨した日野富子の関与も大きく、幕府内で義材にくみする者がほとんどいなかったことから考えれば、いまだ分裂のはじまりとはいえない面もある[17]。また、クーデターによって幕府が細川京兆家の専権下に置かれたといういわゆる「京兆専制」[18]説も、富子・伊勢氏を中心にした新しい将軍勢力が意志決定を行っていた事実が解明され、根拠を失ってしまった[19]。このような研究の現状を踏まえれば、体制の変容の時期については、もう少し後の時期まで含めて考察したうえで、結論を出すのが妥当である、と考える。

従来の研究の問題点は、幕府論の中だけで考えようとしてきた点にある。筆者が明らかにした中世後期の国家体制は、治天・室町殿の王権のもと、公武伝奏、特定伝奏、管領、幕府奉行人、職事、朝廷の実務官人などが手足となり、諸国は守護を通して統制し、荘園領主の権利や百姓支配を保証する体制であった。したがって、変化は、色々な面に表れてくるものと予測される。まず、公武伝奏の変化から見ていくことにしよう。

一五世紀末、父勧修寺教秀から公武伝奏を引き継いだ勧修寺政顕は、永正元年（一五〇四）閏三月、勅許を得て加賀国に下向する。その部分を記そう。

勧前黄門昨日下二向賀州一云々、井家庄年貢百姓等無沙汰、窮困余為二再興一云々、尚顕近年已在国、成敗不二事行一之故也、於二尚顕一者、一両月中上洛之由、前黄門先日言談、公武之伝奏也、無レ人如何、

（『宣胤卿記』閏三月一三日条）

勧修寺家の荘園井家荘の年貢を百姓が進済しないため、領主である公武伝奏政顕自身が加賀国に下向し、現地にいる息子の尚顕が代わりに上洛するというのである。政顕は、このときただ一人の公武伝奏であったから、その不在の間公武伝奏は存在しないことになる。宣胤の言葉はそれを危惧したものであった。後柏原天皇は、上洛した尚顕を伝奏代に任命しようとしたが、「政顕卿在国之間、武家伝奏可レ被レ定、尚顕若年未練室町殿申」（『実隆公記』永正元年七月一日条）と三条西実隆が伝えているように、室町殿義澄が尚顕の若さと経験不足を理由に異議をとなえた。近衛政家も、この間の事情を伝えている。「可レ被レ補二別人一歟之由自二武家一被二申入一、両三度参内云々、当時無二器用之仁体一間、其間事尚顕可レ為二代分一之由被レ仰二武家一之間、其分落居云々」（『後法興院政家記』同年七月二日条）。すなわち、義澄が別人を任用すべきであると相当粘ったけれども、後柏原天皇は、今のところふさわしい人物がいないとして、しばらくの間尚顕を伝奏代に任じると義澄に通告し、落居したという経緯だったのである。伝奏代とはいえ、尚顕を公武権力の中核の位置にすわらせたこの措置は、異例であった。なぜなら、表1で示したように、公武伝奏はすべて公卿であったのに、このときの尚顕は五位蔵人左少弁にすぎなかったからである。翌永正二年（一五〇五）年に尚顕は蔵人頭に昇進するが、結局大内義興・細川高国に奉じられて前室町殿義尹（義材が改名）が上洛する直前にあたる永正五年（一五〇八）正月に参議に就任するまでの間、尚顕はずっと公卿ではなかったのである。たとえ代官とはいえ、

表3　尚顕伝奏代時代の業務（宣胤卿記）

年　月　日	業　務　の　内　容
永正 3年正月28日	侍従大納言（実隆）の任大臣希望を奏聞
2月 9日	室町殿義澄の御判を武家判から公家判に改めることを報告
12日	宣胤，長講堂伝奏を辞退，神宮伝奏を引き受けることを尚顕に通知
3月 4日	尚顕，室町殿より諸家当知行在所・守護押領在所の報告を求められる
12日	宣胤，家領で守護に押領されたところを尚顕に報告
4月28日	尚顕，天皇の意をうけ大神宮造営のことを室町殿側近に伝える
5月13日	尚顕，神宮造替を諸国守護に仰付けるとの室町殿の返答を受け取る
7月29日	尚顕，春日社造替違乱についての南都申状を一条・近衛家当主に報告
4年 4月17日	宣胤，義満百年忌の香奠進上のことを尚顕に通知
5月 1日	尚顕，康親朝臣の蔵人頭任用が勅許されたことを宣胤に報告
4日	尚顕，多武峰についての前左大臣の状を奏聞すべきかと宣胤に相談
8月28日	尚顕，多武峰帰住の綸旨の奏聞について宣胤に相談
9月 3日	尚顕，天皇の使いとして公家領のことで細川澄元のもとに参る
10月28日	武家が申請した改元のことで，天皇の相談をうける
11月 4日	尚顕，改元用脚のことを室町殿に問い合わせ捻出するとの返事を得る

伝奏の役割の大きさを考えれば、義澄が反対したのも理由のあることだったのである。

蔵人頭で伝奏代を兼任する尚顕は、一門の長老権大納言中御門宣胤に時々相談しているので、『宣胤卿記』から彼の蔵人頭及び伝奏代としての活動を見ることができる。表3は、伝奏代の方にしぼって、永正三年・四年の尚顕の活動事例を集めたものである。①任官所望の受付、②特定伝奏や公事伝奏への連絡、③武命をうけての所領調査、④天皇の意をうけての大神宮造営の武家への申し入れなどを検出することができ、尚顕は一見従来の伝奏と変わらない内容の業務を遂行しているかに見える。ところが、子細に検討すると、従来との違いが見えてくる。たとえば、大神宮造営を仰せられた室町殿義澄は、「可レ被レ仰二付諸国守護一由、今日自二大樹一御二申御返事一云々」（『宣胤卿記』永正三年五月一三日条）と返事したものの、それが実効をあげた形跡はない。また、四年八月二八日条を見ると、関白が尚顕に、多武峰衆徒に帰住を求める綸旨を申請しているが、尚顕から相談を受けた宣胤は、寺解と関白状に銘を加えて奏聞するように助言している。室町殿や幕府奉行人はこの件に一切関わっていないのである。また、宣胤は、禁裏御料所丹波国上村の堺相論を巡っての綸旨案の内容についても尚顕の相談に乗っているが、ここでも幕府関係者は関与していない。これらのことから言えるのは、公武伝奏や南都伝奏を中核として、一五世紀末までは確実に機能していた公武一体の権力の発動のあり方に、変化が生じているらしい、ということである。公武一体権力の発動を担保していた幕府・室町殿の強制力が貫徹しなくなったためであることが、容易に想像できよう。極め付きは次の事例である。「頭弁云、伝仰云、改元定事、雖レ無二御庶幾一、自二武家一被レ申之間、可レ有二御沙汰一歟」（『宣胤卿記』永正四年一〇月八日条）とあるように、室町殿義澄が改元を求めたが、後柏原天皇が践祚した後の即位式がまだ行われていない中で、永正に続いて二度目の改元をすることに朝廷側が難色を示した。しかし、義澄は、改元のために必要な用脚は必ず調達するからと強く要請した（同一〇月一一日条）。しかし、結局のところ用脚の調達はできず、改元は断念せざるを得なかったのである。この永正四年（一五〇七）の時点で、天皇の即位式が実施できない状況が、すでに七年も続いていた。このように、幕府に費用調達ができなくなったのは、もちろんその勢力減退の結果であり、公武一体権力が発動できなくなった根本的な原因は、ここにあった。

　その後も、尚顕の伝奏代は続く。義尹（やがて義稙と改名）の上洛・室町殿復帰が迫る永正五年四月頃から伝奏のことが問題になってくる。『実隆公記』同年四月二一日条に「新大典侍局来臨、右大弁伝奏事辞申、守光卿伝奏事連々雖レ被レ仰、固辞之由申之」とある。参議右大弁尚顕が伝奏辞退のことを申し入れ、伝奏就任を打診された参議左大弁広橋守光が固辞しているというのである。義稙入京後に、義稙の意をうけて行動することになった阿野季綱が、六月二三日に実隆のもとを訪れ、「伝奏事左大弁固辞申上者、為二武家一者不レ可レ被二仰付一、只為二公家一可レ被レ仰之由也」という義稙の言葉を伝えた。義稙が伝奏に守光を推したが辞退したので、武家からは仰付けない、公家方で仰せられればよい、という意味である。実隆は「就二此儀一聊武家御心得相違之儀有レ之歟」と答え、自分の意見を述べている。伝奏に武家方・公家方などはなく、両方の事を取り行う者だ、という意味であろう。翌日また季綱が訪れ、「伝奏事所詮右大弁為二父卿代一之条、為二聊爾一、為二自分一、可レ被レ補二伝奏一、然者父卿雖二上洛一、只右大弁可レ為二伝奏一之由武家御申也」と述べた。尚顕を、父の代官でない正式の伝奏に任用するようにと義稙が申し入れたというのである。当日尚顕の伝奏が正式に決まった。一方、中御門宣胤の日記からは、尚顕の伝奏就任までの状況の違った側面が見えてくる。宣胤は、同年六月一七日条で、次のように尚顕の言葉と自らのアドバイスを記録している。

右大丞入来、伝奏事、出仕不レ合レ期由、申二禁裏一云々、父前中納言久在国、為レ代之条不レ可レ然歟、伝奏事有二望申方一、可二辞申一歟之由有二御尋一云々、御返事之様談合之間、依二上洛以前一、故障子細雖レ申二入禁裏一、於二于今一者、被レ仰二他人一之条頗失二面目一、無二相違一者可二畏存一、且伝奏事非二一人事一也、武家申沙汰伝奏進者、広橋贈内府綱光卿伝奏之時、彼卿令二申沙汰一、被レ召二加勧修寺故儀同一、両人也、有二望申輩一者、於レ被二召加一者、

義稙の上洛がせまる時期に尚顕が伝奏辞退を申し出たのは、「時宜之趣者、父中納言在国、御敵同意歟、又為二其代伝奏一不レ可レ然云々」(同六月二四日条)とあるように、父の政顕が義澄方に加担しているとみられていたためであった。義稙入京後は、そのことが問題となる状況ではなくなっていた。そこで相談を受けた宣胤は、広橋綱光が伝奏の時に勧修寺教秀が伝奏に加えられた例にならうことをアドバイスし、それに従って、尚顕は守光が伝奏を引き受けた場合は二人伝奏を望むという希望を表明し(六月二三日条)、結局、守光が辞退したため、尚顕の一人伝奏に落ち着いたのであった。翌年には、守光が伝奏就任を受諾し、二人伝奏となった。『公卿補任』を見ると、永正五年に「尚顕　被レ仰二武家伝奏事一」、永正六年に「守光　被レ仰二武家伝奏事一」と記載されている。ここにおいて、武家伝奏が正式職名として登場してきたのである。実は、先に見た『実隆公記』永正元年七月一日条及び、『宣胤卿記』永正三年九月三日条「神宮造替催促文進レ案所二申入一也、被レ出之、遣二頭弁一、武家伝奏、父卿在国之間、為レ代、可レ申二入武家一也」とあ

るように、すでに「武家伝奏」の語が定着しつつあった。また、先に見たように、尚顕が伝奏代を勤めた時代、すでにその性格は従来とは変化し始めていた。このことを踏まえ、筆者は、尚顕伝奏代任命以後の①の伝奏を、公武伝奏ではなく武家伝奏と呼ぶ[20]ことにしたい。

次に、義稙時代の武家伝奏、勧修寺尚顕と広橋守光の働きを追っていくことにしよう。「後柏原院御記」永正九年（一五一二）正月二一日条（『大日本史料』第九編ノ三、四月二六日条所引）を見ると、天皇は、尚顕・守光の両伝奏を室町殿のもとに遣わし、皇子の元服についての勅旨を伝えさせている。永正一七年（一五二〇）の室町殿義稙の参内では「申沙汰為二余分一、相定之事者、為二勧修寺一尤可レ然」と守光自身が言うように（『大日本史料』第九編ノ一〇、「守光公記」同年二月九日条）、両伝奏の間で役割分担がなされていた。そのほか、官位・任官の希望を取り次ぐなど、従来の伝奏と同じ行為をしている場合が多いが、室町殿の意を公家側に伝える事例が少なくなってきているのが目につく。一方勅旨を武家方に伝えている例は多く、後柏原天皇践祚後一五年を経過した永正一二年（一五一五）二月二九日には、すみやかな即位式の実施を要請し、「必当年者可レ有二御申沙汰一之由御返事也」との返答を得た（「守光公記」同日条）。このように、武家伝奏は、天皇・室町殿のどちらかの意をうけて相手に伝えるという基本的な役割は維持しながらも、公家側の意向を武家側に伝えることの方が多くなり、公家側に帰属する性格がより強まってきていた。これは、間違いなく、公武権力の一体性が大きく失われたために、起きた現象であった。

さらに公武権力一体性の喪失を示す事例をあげよう。永正一四年（一五一七）四月七日、幕府の使いとして奉行斎藤美濃・松田対馬守が伝奏守光のもとを訪れ、公領朝恩地売買についての公家の法を尋ねた。守光は何も知らなかったので大外記の師象に尋ね、師象は「記録所、文殿御沙汰之次第、旧記紛失之間、中古之例不レ詳候」と答えている。公武一体権力成立以前の南北朝期までの記録は、すでに失われていたのである。また、このとき、師象が「公武共御成敗」の例として挙げた綸旨は、武家成敗をうけて山科松崎御陵田の領有を認めたものであるが、綸旨に「右中弁高清」と署名している高清が右中弁であったのは、享徳三年（一四五四）正月二九日から康正二年（一四五六）正月一九日までの間だったから、この文書は一五世紀中葉の文書であり、近い時代の「公武御成敗」を示す文書は、検出することができなかった（「守光公記」同日条）。もう一つ、例をあげよう。「守光公記」永正一二年閏二月二一日条を見ると、前関白鷹司政平に山城国河上関が安堵されているが、その際、鷹司家から提出された享徳四年（一四五五）の綸旨と明応五年（一四九六）の幕府奉行人奉書が返却され、改めて鷹司家に領掌を安堵する綸旨が下された。

御当職渡領河上関事、任㆓享徳綸旨㆒、為㆓御家永領㆒、可㆘令㆓相伝知行㆒給㆖之由、可㆑被㆑申㆓入太閤㆒之旨、天気所㆑候也、仍執達如㆑件、

永正十二年後二月廿四日　右中将判

謹上　平松少将殿

「此綸旨事、則令㆓奏聞㆒、被㆑聞㆓食勅答㆒也」と守光が付記しているように、鷹司家は綸旨の下行だけを求めており、この安堵に明応五年（『室町幕府文書集成　奉行人奉書篇』二〇四三）の時のように幕府が関わることはなかったのである[21]。表2で見たような公卿が院宣・綸旨と室町殿・幕府関係の文書をともに求めるという状況では、もうすでになくなっていた。これも、公武一体権力の終焉を見ることのできる事例と言えよう。

さて、ここまで、伝奏の変容に焦点をあてながら公武一体権力の衰退を見てきたが、このような事態がいつから進行したのかを解明することが、次の課題となる。まず、明応九年（一五〇〇）の後土御門天皇の死去以降、室町殿義澄と京兆細川政元の不和・対立が顕著になってくる。近衛政家の日記『後法興院政家記』やその子尚通の日記『後法成寺関白記』には、文亀元年（一五〇一）以降、両者の不和を伝える記事が頻出する。特に「寺社本所領半済事、被

レ仰二武家一処、京兆不レ応二武命一間」と、政元が義澄の命令を拒否したり（『後法興院政家記』永正元年九月二七日条）、「被レ仰二大樹一処、細川京兆雖レ被二仰出一不レ可レ致二承引一間」と、政元が命令を聞かないことを室町殿が言上するなど（『後法成寺関白記』永正三年八月一日条）室町殿と京兆政元の対立・方針不一致は、きわめて深刻な状態になっていた。また、政元の京兆家内も、対立をかかえていた。永正元年、政元の被管である摂津国守護代薬師寺元一が政元に背いたが、彼は紀伊の畠山尾張守、阿波の細川慈雲院と連携して兵を挙げていた（『宣胤卿記』永正元年九月二一日条）。そして、政元の後継者候補である澄元と澄之の対立が深まり、政元は澄之を奉じる香西又六（山城守護代）等との抗争のなかで暗殺されるに至るのである（『宣胤卿記』永正四年六月二四日条）。このような、室町殿義澄と京兆家当主政元の不和・対立、そして政元の殺害に帰結する京兆家内部の紛争が、公武一体の国政運営を阻害する要因となったことは、容易に理解できるところであろう。このような事態を招いた原因が、明応八年（一四九九）に義澄・政元側と軍事衝突を引き起こし[22]、翌明応九年からは、西国の雄大内義興の保護下に入った前将軍義材の勢力拡大にあった[23]ことは、まちがいのないところである。明応九年（一五〇〇）頃から、本格的に二人の将軍の抗争が始まったのである。そのことに、同じ明応九年に死去した後土御門天皇の後をうけて践祚した後柏原天皇の即位式がなかなか行われないという事情が加わる。天皇践祚後約二年が経過した文亀二年（一五〇二）八月、実隆は「大礼間事、於レ今者対二武家一可レ被二仰出一之子細無力体也、可レ被レ仰二右京大夫一」（『実隆公記』同年八月一三日条）と、義澄ではなく、政元に仰せるべきだと言っているが、政元も即位式実施に尽力した形跡はなかった[24]。中御門宣胤は、用脚がないために即位式が行えないのに、毎月室町殿では猿楽が豪華に挙行されていることを非難している（『宣胤卿記』永正元年四月二一日条）。後柏原天皇自身も、勅書で即位式挙行を催促しているが（『実隆公記』永正二年二月一四日条）、一向に効果はなかった。

　このような状況は、義稙の室町殿復帰後も変わらなかった。宣胤は、伝奏広橋守光から、近いうちに即位費用が武家から進上されるという話を聞いているが（『宣胤卿記』永正一四年一〇月一六日条）、その内実は、細川高国とともに室町殿義稙を支えている大内義興が遣明船の利益を進めるというものであり、このときに遣明船派遣はまだ実現していなかった。[25]「当御代御治世已十七年也、如レ此延引末代之至極、前代未聞事也」との嘆きで宣胤はこの記事を締めくくっている。永正一八年（一五二一）二月に至って武家から即位料が進納され、ようやく即位式挙行の体制が整ったのであるが、なんと三月に入って、細川高国への不満から室町殿義稙が出奔するという事件が勃発したのである[26]（『二水記』永正一八年三月八日条）。しかし、即位式を二一年間待たされ続けた後柏原天皇は、式の挙行を厳命し、ついに三月二二日、室町殿不在のまま、即位式が行われたのであった（『二水記』同日条）。

このように、明応九年（一五〇〇）以降の一連の流れを追っていくと、文亀・永正初年のかなり早い段階から、朝廷側の要求を室町殿・京兆家が満たすことができなくなり、二人の将軍の並立、室町殿の交替、京兆家の分裂という状況の中で、公武一体権力の発動は、もはや不可能になっていた、ということがわかる。以上のことを踏まえ、筆者は、後土御門天皇が死去し、前将軍義材が細川政元と並ぶ実力者大内義興の保護下に入った明応九年をもって、後期中世国家体制が変質する契機になった年としたい。

『室町幕府文書集成　奉行人奉書篇』（今谷明・高橋康夫編、思文閣出版、一九八六年）の上下を分かつ年は、実にこの明応九年なのであるが、この年の前後で、奉行人奉書の内容に変化はあるのだろうか。次に検討すべきはそのことである。先に述べたように、従来から奉行人奉書は受益者（当事者）の要請によって発給される場合が多く、受益者の権利を認めるだけでなく、当該地を管轄する守護や守護代、及び当該地の年貢・公事を負担する名主百姓に宛てた文書が発給されることも多かった。これには、幕府の諸国守護（代）に対する命令権、名主百姓に対する支配権が実効性をもっていた、ということが前提になる。なぜなら、受益者が実効を期待できない文書の発給を、高い礼銭を払ってまで請求する意味がないからである。従って、幕府奉行人奉書の守護（代）への命令や、当該地の名主百姓への命令の推移から、幕府の支配体制の変容を読み取ることができる、と筆者は考える。

表4は、応仁文明の乱が終結した翌年の文明一〇年（一四七八）から明応九年までに幕府奉行人奉書が発せられた諸国守護（代）と名主百姓の所在国を書きだしたもの、一方表5は、文亀元年（一五〇一）から永正一七年（一五二〇）までのそれらを書きだしたものである。極端な変化がみられるのは、対守護（代）宛の奉行人奉書が宛てられる国の減少である。表4では、畿内近国ばかりか、北陸・山陽・山陰・九州まで含む三三ケ国に奉書が発給されているのに対して、表5ではわずか八ケ国を数えるに過ぎないからである。この八ケ国の中で山城・摂津・丹波は京兆家の分国であるから、他は播磨・美作の赤松氏、若狭の武田氏、美濃の土岐氏、和泉の細川氏という室町殿・京兆家とつながりが深い守護（代）に対してだけ、奉行人奉書が発給されたということになる。受益者が、それ以外の国の守護（代）に対しては、文書発給を要請しなかったのであるから、彼らは幕府のそれ以外の国々への命令には効力がなく、文書発給は無意味であることを知悉していた、ということになる。多くの国の守護（代）に対する幕府の命令の消失は、幕府の支配権が実効性を失ったことを証明するものなのである。対守護（代）ほど極端ではないが、名主百姓に対する幕府の命令文書が出される国々も、かなり減少している。受益者が、以

表4　文明10年（1478）～明応9年（1500）の奉行人奉書対象の国々

〔対守護(代)〕
近江・出雲・山城・若狭・摂津・播磨・大隅・薩摩・日向・安芸・筑前・長門・越中・美濃・隠岐・丹波・和泉・越後・備中・河内・周防・尾張・能登・筑後・美作・丹後・紀伊・因幡・備後・但馬・駿河・飛騨・備前
〔対名主・百姓〕
出雲・美作・山城・備中・加賀・近江・播磨・越前・丹波・越中・若狭・河内・美濃・能登・筑後・和泉・備前

表5　文亀元年（1501）～永正17年（1520）の奉行人奉書対象の国々

〔対守護(代)〕
和泉・山城・播磨・摂津・丹波・若狭・美作・美濃
〔対名主・百姓〕
和泉・丹波・山城・備中・近江・加賀・伯耆・摂津・越中・播磨・美濃

前ほどにはこれらの文書を求めなかったということである(27)。

それでは、具体的な史料で、一五世紀末と一六世紀初期の状況を比べてみることにしよう。延徳三年（一四九一）五月六日、北野社家は、実に一八通もの幕府奉行人奉書を取得した。その中で諸国守護（代）宛が、因幡・播磨・備後・但馬・駿河・美作・能登・飛騨・越後の九ケ国、名主沙汰人宛が美作・加賀の二ケ国であった。延徳三年段階では、これだけ多くの国々への幕府の命令が実効性をもっていると、北野社は考えていたのである。ところが、永正十五年（一五一八）六月二六日の奉行人奉書は、和泉国大鳥荘・美濃国日野郷・越前国得光保・内野畠等の三ケ国にわたる所領を造営料所として北野社家に返付しているのもかかわらず、守護への奉書は和泉国に対して出されているだけである。社家は他の二国には守護に宛てた奉書を要求しなかったことになる（『北野社家日記』同日条）。永正一八年（一五二一）二月一五日「当社大勧進事、如二先例一諸国江可二申下一之間、被レ成二御下知一候」と、室町殿の下知が諸国になされることを記主は喜んでいるが、「祝着之至也、三百疋折紙遣之」（『北野社家日記』同日条）とあるように、礼銭を出したのもかかわらず、三月七日には室町殿が逐電し、「言語道断也」（『北野社家日記』同日条）と記主は怒っている。即位式も終わった同年四月五日、北野社家は、越前国内野畠安堵の綸旨を得ているが（『北野社家日記』同日条）これは、公武一体権力下の綸旨と異なり、幕府関係文書との対応性は全くない。北野社家が、有効と判断した綸旨のみを求めたことが明らかである。

幕府奉行人奉書による守護への命令は、後期中世国家体制の諸国および百姓への支配権を根拠に発せられるものであった。その命令が室町殿・京兆家と関係の深いわずかの国々を除いて行われなくなったということは、とりもなおさず公武一体権力を頂点とする中央政府の諸国支配、それによって支えられていた権門・本所の荘園支配の体系が、ついに崩壊したことを意味する。一二世紀はじめの、白河院主導による国家体制の転換以来、治承・寿永の内乱と南北朝内乱を乗り切る中での二度にわたる体制改編を経ながら、約四〇〇年にわたって続いてきた中世国家体制は、ついにここで終焉の時を迎えたのであった。

おわりに

以上のように、本章では、義持期に公武一体王権が成立した後の、後期中世国家体制の構造と一六世紀初頭におけるその体制の終焉について論述した。ここで言っているのは、国家の王権、諸国・百姓支配、そしてそれによって支えられていた権門・本所の荘園制支配が貫徹しなくなったことであり、国家が崩壊して無政府状態になった、といっているのではない。最近の研究で明らかになってきている[(28)]ように、将軍家も幕府もそして天皇も苦しい状況の中で必死に生き残りを図っている。しかし、それは新しい視点で見ていかなければならないことであり、中世国家体制が依然として存続したわけでは決してない。この点だけは、明確に指摘して、本章を終えることにしたい。

注

（1）石母田正氏の展望（『中世的世界の形成』伊藤書店、一九四六年）をうけて、守護領国制論を展開したのは永原慶二氏であった（「守護領国制の展開」『社会経済史学』一七ノ二、一九五一年）。

（2）田沼睦「室町幕府・守護・国人」（『岩波講座日本歴史』中世三、一九七六年）。

（3）川岡勉『室町幕府と守護権力』（吉川弘文館、二〇〇二年）。

（4）瀬戸薫氏は、その論文「室町期武家伝奏の補任について」（『日本歴史』五四三、一九九三年）において、南北朝末期から江戸時代初めまでの武家伝奏補任一覧を作成しており、その中には筆者の扱う正長元年から明応九年までのものも含まれている。ただし、この表にはあって筆者が収録していないものがある。一つは万里小路時房と正親町三条実雅である。『看聞日記』嘉吉三年一一月二二日条に、中山定親を含む三人が「武家執奏㆓被㆑定云々」とあることから、彼らは武家執奏に任じられたことがわかる。『建内記』文安四年九月一三日条にも「凡御執奏事、予・中山・三条可㆑為㆓三人㆒之由勅定事」とあり、三人が任じられたのが執奏であって伝奏ではないことが確かめられる。もう一つは、万里小路冬房の例である。『康富記』宝徳三年三月六日条に「万里小路中納言冬房、殿昨日令㆑加㆓伝奏㆒給」とあり、伝奏とされたこと自体は間違いない。しかしながら、冬房が伝奏として実際に活動した痕跡を見出すことができないので、表からは除外した。

(5) 森茂暁『南北朝公武関係史の研究』（文献出版、一九八四年）第四章「北朝と室町幕府」。

(6) 伊藤喜良「応永初期における王朝勢力の動向―伝奏を中心として―」（『日本歴史』三〇七、一九七三年）。

(7) 瀬戸前掲論文。

(8) 富田正弘氏はその論文「室町殿と天皇」（『日本史研究』三一九、一九八九年）において、永正以前の「武家伝奏」の呼称使用に疑問を提示し、「嘉吉の変以後の院宣・綸旨」（小川信編『中世古文書の世界』吉川弘文館、一九九一年）では、永正以前は仮に「公武伝奏」と呼ぶことを提唱している。

(9) それ以外の一五世紀の「武家伝奏」の用例としては、『山科家礼記』文明一三年六月二九日条に「武家伝奏勧修寺殿より御袍・裾下カサネ・大帷・袖単被㆑出候」とあるのが挙げられる。これなどは、若干官職に近い使い方がされていると見ることもできよう。

(10) 富田正弘「室町時代における祈禱と公武統一政権」（日本史研究会史料研究部会編『中世日本の歴史像』創元社、一九七八年）。

(11) 工藤敬一『荘園制社会の基本構造』（校倉書房、二〇〇二年）。

(12) 井原今朝雄「室町期東国本所領荘園の成立過程―室町期再版荘園制論の提起―」（『国立歴史民俗博物館研究報告』第一〇四集、二〇〇三年）。伊藤俊一『室町期荘園制の研究』（塙書房、二〇一〇年）。なお、伊藤氏が所収論文「室町時代丹後国の所領構成と所領支配」で明らかにしているように、長禄三年（一四五九）の「丹後国惣田数帳」を見ると、在京・他国の寺社本所領・武家領等「国外領主」の所領が半分以上を占めていた。守護は、この惣田帳を、段銭等を賦課するための台帳として使用していたのである。一五世紀後半に入ったこの時期において、「国外領主」の年貢徴収が保証される体制（すなわち荘園制）が機能し、守護はそのような状況に対応しなければならなかったという事実を、この史料から、確認することができる。

(13) 川岡勉前掲書。

(14) 小泉義博「室町幕府奉行人奉書の充所」(『日本古文書学論集』中世Ⅳ、吉川弘文館、一九八七年。初出一九七六年)。

(15) 川岡勉氏は、一五世紀後半から、守護在京制の崩壊によって、国成敗権の自立性が高まるとする(前掲書第二部第二章「室町幕府―守護体制の変質と地域勢力」)が、守護宛も含めて幕府奉行人奉書が多く発給されるようになるのは、むしろこれ以後である。川岡氏が、守護在国の進行による体制の変容を証明できているわけでもない。幕府―守護体制はいまだ機能していた、と考えるべきであろう。

(16) すでに、百瀬今朝雄氏はその論文「応仁・文明の乱」(『岩波講座日本歴史』中世三、一九七六年)において、明応の政変をもって政元政権の確立、幕府・将軍権力の崩壊と見ていた。その後、明応政変を画期とする見方は定着する。

(17) 山田康弘『戦国期室町幕府と将軍』(吉川弘文館、二〇〇〇年)第一章「明応の政変直後の幕府内体制」。

(18) 今谷明『室町幕府解体過程の研究』(岩波書店、一九八五年)第二部第一章「京兆専制」。

(19) 山田康弘注(17)論文。

(20) 正長以後が公武伝奏、永正以後が武家伝奏という筆者の伝奏についての使用用語は、富田正弘氏と同一である。しかし、同一の名辞を付しながら、筆者と富田氏の伝奏に対する位置づけは、全く異なっている。富田氏は、「公武伝奏」が、武家が公家の権限を吸収した「公武統一政権」下での、公家や寺社権門支配のための装置と考えたのに対して、筆者は公武伝奏を公武一体権力の中核ととらえた。また、富田氏は、永正以降の「武家伝奏」が、室町殿に主として仕えるものとなったとした(「室町殿と天皇」)。しかし筆者は、伝奏が天皇・室町殿両者の意を受けて相手に伝えるものという本来の形を維持しながらも、天皇側に帰属する性格がより強まっていく、と見る。「武家伝奏」という語は、天皇側から武家に働きかけるという、その主要任務を表すにふさわしい名辞なのである。

(21) 永正一六年(一五一九)一一月九日に、松尾社境内の仁倉林等の旧住民を社領に戻すことを認める綸旨が出されている(「東文書」『大日本史料』第九編ノ一〇)。そして、一二月二三日には、仁倉林の土民に神役に従うことを命じる幕府奉行人奉書も出されている(同「松尾神社文書」)。綸旨と奉行人奉書の対応性が全くなくなったのではない、ということがわかる。幕府や天皇の膝元での例であるから、両者の命令が有効であると、受益者が判断したのであろう。

(22) 『後鑑』明応八年一一月二一日条に、両者の軍事衝突の記事がある。

(23) 『山内首藤家文書』五六二号、明応九年三月一六日幕府奉行人奉書に、「今出川殿周防国山口御下向云々」とあり、このときまでに義材が大内義興の保護下に入っていたことがわかる。

(24) 政元は「内裏ニモ即位大礼御儀無益也」(『大乗院寺社雑事記』文亀二年六月一六日条)と語っており、即位式の挙行に意味を認めていなかった。

(25) 実際の遣明船の派遣は、大内船と細川船に分かれて実施され、両方の船が帰ってきたのは、この六年後の大永三年(一五二三)のことであった。

(26) 義稙は、永正一〇年(一五一三)にも逐電したことがある。このときは、細川高国・大内義興への不満が原因であった(『後法成寺関白記』同年三月一八日条)。

(27) 対守護(代)に比べて、名主百姓に対する奉行人奉書の方が多いのは、文書を取得した領主が、名主百姓に文書を見せることによって、なにがしかの効果が期待できる、と考えていたからであろうと思われる。

(28) 山田康弘注(17)著書。なお、戦国期の天皇については脇田晴子『天皇と中世文化』(吉川弘文館、二〇〇三年)。

終章

まず、第一章から第八章までの梗概を示そう。

第一章　初期中世国家の成立

一〇・一一世紀の国制の基本は、中央政府—国郡が土地・人民を支配し、国家的租税たる官物・臨時雑役を課す仕組みにあった。院宮王臣家・寺社の免田であっても、基本的には検田を受けたうえで免除されていた。それに対して、一二世紀初頭以降は、荘園領主が土地・人民を掌握し、年貢・公事を課す形態であるから、根本的な変化があったのである。王権にも、大きな変化が現れた。『中右記』を見ると、王権を完全に掌握した白河院は、近侍する受領・検非違使等を縦横に駆使しながら、諸権門・諸国を統制している。一一世紀末までは、天皇と関白を中心とする政治体制が健在であったから、このような変化は体制の転換を反映したものであった。新しい国家体制の成立は、新たな国家的租税である一国平均役の成立からも、うかがうことができる。これは従来の臨時雑役とは異なり、土地・人民の支配権（管轄権）を付与された権門を超越する権力によって、はじめて行使されうるものであり、その端緒は一一〇〇年代に求められる。新たな荘園構立のルールや知行国制の生成も、この時期のことであった。このような、中央集権国家から独特の求心性を持つ一種の封建国家への転換、これこそが、日本における中世国家の成立であった。

第二章　平安日本・高麗前期の国制と政治運営

本章の目的は、後期古代国家体制期の日本と、同時期の隣国高麗の国制を分析・比較することである。一〇・一一世紀の政治運営は、基本的には天皇・関白・一上以下の公卿・弁官・外記のルートで遂行されており、たとえ道長であってもこのルートからの通知によってはじめて事態を知るというのが常態であった。一方高麗史研究では、かつての宰相を国政運営の中心と見た説に対して、朴宰佑氏が、諸官司が直接国王に奏上して決裁をうけるのが基本であり、重要な事案は宰相に諮問された上で、国王が決裁していたことを解明した。筆者は唐宋史の検討を行うことにより朴説の有効性を確認した。唐の三省制が実際に機能したのは初期のみであり、やがて中書・門下両省は一体化し、強大な皇帝権のもとで執行・諮問機関化する。高麗はこの形態を受け継いだのであって、その国王権が中国の皇帝権より強力ということではなかったのである。高麗の政治構造は、六部と諸司の統属関係を廃し、諸司が国王に直接つながる体系を作り上げた点に特徴がある。奏官である承宣が官司・官人の上表を奏上する高麗と異なり、後期古代国家体制下の日本では、諸国・諸司・寺社・院宮王臣家等からの申請は、公卿と弁官局によって審査・処理され、重要なものが蔵人・殿上弁によって天皇・関白に内覧・奏聞され決裁をうけていた。日本でも律令制の官司の統属関係がゆるむという高麗に類似した現象が現れたが、両者を比較すれば、高麗は国王権限が強く、日本は公卿以下の権限が大きいという点に、最大の特徴がある。続いて、一〇三〇年前後、後一条天皇・関白頼通・一上実資の時代の政治運営を分析し、その具体相を浮かびあがらせた。

第三章　初期中世国家の構造

旧著で提示した治天・摂関―職事枢軸体制の実態を、まず後白河院政期から見ていく。上申文書は、職事によって受理され、治天が決裁する。職事は、治天が建前上の仰せの主体である天皇に主体転換する上で最も重要な「口宣」

を発布し、これによって国家機構を動かした。又職事は、「奉行職事」として、あらゆる公事・儀式の運営を担っていた。公卿は、一一世紀までのような主体的な働きをすることは少なくなったが、有能な者は治天の指名によって議定に参加したり、在宅諮問の対象になったりした。このような政治構造への転換は、堀河天皇の死後に起こった。蔵人頭藤原為房の時代に、中文の受理と奏聞を太政官と弁官ではなく彼の手で行うようになり、以後それは職事の職掌として定着するのである。「奉行職事制」も、白河治天の時代には成立していたし、公卿議定・在宅諮問についても同様であった。白河治天の時代に、一挙に政治構造が転換したのである。このような、初期中世国家の政治構造は、王権の性格など、表面だけを見れば高麗に類似している部分がある。しかし、高麗と日本の後期古代国家は中央集権国家であるが、日本の初期中世国家はそうではなく、諸権門・諸国の土地・人民進止権を基盤に成り立っているものだから、国制の違いは明白である。初代治天白河・二代目治天鳥羽・三代目治天後白河のもとで起きた権門間の紛争に対する裁定の過程を追っていくと、いずれの場合も治天が全過程を把握して諸方に指令を出し、公卿議定を参考にしながら決裁を下していた。また、治天が国政を動かす場合、職事を介するとともに、院宣を駆使するという方法があった。これは決して私的なものではなく、治天が諸権門・諸国を動かすもう一つの方法であり、両者が相まって初期中世国家の政治が機能していたのであった。

第四章　初期中世国家と諸権門・諸国

初期中世国家体制は、治天・摂関―職事枢軸と院宣という二つのルートを通して機能する。前者は、国家意志を表すものである官符・官宣旨等の発布を、職事の口宣でもってうながすためのしかけであるし、後者は、主として諸権門・諸国に宛てられ、治天の意志を直接伝えるものであった。土地・人民の支配権（管轄権）を持つ諸権門・諸国を統制できるのは、治天ただ一人だったからである。軍事検断権を含む全権を掌握する治天の意志は、検非違使庁下文などでも現わされていた。荘園公領制が確立すると、荘園領主が住人に宛てた文書、住人が荘園領主に年貢勤仕を誓約している文書などが現れ、権門内での所職の補任なども、行われるようになってくる。一方、国衙領でも、対住人の文書、所職の補任形態などは、基本的に荘園と同じであった。権門領と国衙領は互換性を持っており、荘園公領制と呼ばれるにふさわしい状況が、生まれていたのである。この初期中世国家期の体制について、仮説である黒田俊雄氏の権門体制論が実証ぬきで一人歩きしてきたこれまでの状況は、正さなければならない。特に院＝私的権門論は全く成り立たない。治天の統制下にある諸権門も、内部に複数の本家を持つ場合があり、固定的に一つの権門として扱うべきではない。また、日常の政務に参与する機会が大幅に減少した公卿は、大挙して治天の院司に就任した。初代治天白河、その後継者鳥羽、両治天に愛された待賢門院三者の院司は、同一人物がきわめて多かった。これは、もちろん政務運営上の利点があったからであり、白河・鳥羽両治天の政治の連続性も、その点から説明することができる。

第五章　鎌倉前期の国制

鎌倉幕府の成立以後、治天が全権を握り決裁する形態は、大きく変容する。鎌倉殿指揮下の地頭・御家人が関わることであれば、たとえ摂関家の大荘園であっても、鎌倉殿は指示を出すことができたが、その権限はいわゆる「文治勅許」に基づくものであった。鎌倉殿は、治天とともに国家秩序の頂点に立ち、諸権門・諸国を指揮する存在となったのである。しかしながら、治天と鎌倉殿の両者は、決して支配領域・権限を分割していたのではなく、一つの国家内で協力して国政を運用しており、中世国家の国制は維持されていた。この体制を、前期中世国家体制と呼ぶことにしたい。この体制の中核である職事は、きわめて多忙であった。職事の報告を受けて治天とその補佐役である摂関が行う政務処理のあり方が、従来と同一であったことは、三代目治天後白河（幕府成立以後）・四代目治天後鳥羽時代の事例から確認することができる。軍事検断権・諸国守護権などを管掌する鎌倉殿も、国政一般や人事などで発言することがあった。承久の乱後に変わった点は、諸権門が鎌倉・六波羅と直接接触することが多くなった点である。治天の支配権は、鎌倉・六波羅の軍事力によって実効性を持ち、鎌倉発布の文書も治天発布の文書とともに効力を持って共存するという状況が生まれていた。鎌倉の強固な支配権のもとにあるとされた東国も含めて、公事は全国に課され、その割り当ても治天を中心に決められていた。承久の乱後、鎌倉と京都の一体感は、格段に深まり、公家・武家両者は、手を携えて国政を運用していたのであった。以上の前期中世国家の構造解明によって、黒田俊雄氏の権門体制論、及び佐藤進一氏の二つの国家並立論の双方は、存立の基盤を失った、と考える。

第六章　鎌倉後期の国制と高麗

まず、第四章で論じた土地・人民の支配権（管轄権）の鎌倉期における状況をみる。年貢・公事を負担する名主百姓は、荘園領主や地頭に対する訴訟の、当事者として現れることがあった。それは、地頭一円領であっても、本所一円地であっても、領主が混在する所領であっても、同じであった。名主百姓が年貢・公事を弁済していれば、領主からその権利を奪われない、という原則が存在し、それが侵犯された時、名主百姓は訴訟を起こすことができたのである。高麗の「武人政権」を取り上げるのは、日本の「武家政権」論と関連して論議されてきたからである。高麗の「武人政権」期は、三期に分けられるが、特に問題となるのは、崔氏が専権をふるったとされる第二期である。しかし、その第二期においてすら、崔氏三代目・四代目の時代には、国王が主導権を回復していたし、初代・二代の時代も国王が決裁を行った事例を確認でき、完全に崔氏の傀儡であったとまでは言えない。また、崔氏歴代の権力が平穏に継承されたことは一度もなく、二代目以降は、各自が時間をかけて権力基盤を作りあげていかなければならなかった。崔氏執政の権力は、基本的には、一代限りのものだったのである。日本の前期中世国家が「武家政権」でなかったのと同様に、高麗も「武人政権」ではなく、国初からの地方の有力者の子弟を科挙で任用することによって、新しい血を導入しながら、国政を運用し続けていたのであった。第三節は、鎌倉後期の実務官僚の日記によって、彼らの活動と国家運営を見ていく。同一人物が五・六もの職（職事・弁官・院司・家司等）を兼任して、業務を行っていたのであるが、これは国家と各公家権門の間に一体と言ってよいほどの、つながりの深さがあったからである。彼らは、決して、特定の権門に従属する存在ではなかった。また、治天が、院であっても天皇であっても、あらゆる面で違いがないという状況も、この時期には完全に定着していた。

第七章　後期中世国家の成立

一三世紀末頃から、訴訟の激増に伴い、庭中・雑訴・越訴などの訴訟体系が整備されていく。伏見治天の一〇年間に、側近たる伝奏の重要性が増し、彼らは評定においても重要な役割を果たすようになった。治天・摂関―職事枢軸体制を補完するものとして、伝奏が政治構造内にしっかりと位置付けられたのである。この体制は、南北朝期に入るとさらに整備され、各権門担当の伝奏と担当奉行（職事）も置かれた。彼らはそれぞれの業務を遂行するとともに、審議の場にも参会していた。一方、南北朝期には、戦乱による秩序の乱れをおさめるため、守護の権限が強化されていき、従来国衙が行っていた事柄も、守護に任せられるようになっていった。それに伴い、国司・知行国主・料国主が任国の行政権を行使する事例は、見られなくなる。収取権のみとなるこの時期以降の知行国・寺社造営料国を、国衙職と呼ぶことにしたい。そして、貞治年間には、治天・幕府・守護という新しい諸国支配体制が固まったのである。義満の王権掌握は、後円融院の死後である。王権を握った義満は、伝奏を縦横に駆使しながら、人事を含む国政全般を指揮し、諸権門・諸国（守護）を統括していた。しかし、義持の時代に入ると、治天の権限は後小松に戻る。義満の後小松後見人という位置は、その死後においては継承できない性格のものだったからである。以後、後小松治天と義持は、共に伝奏を駆使しながらあらゆる業務を遂行した。両者が分かちがたく結びついて国政を領導していくこの体制を後期中世国家体制、その頂点に立つ王権を、治天・室町殿一体王権と命名することにしたい。

第八章　後期中世国家の構造とその終焉

まず、成立した後期中世国家体制の構造を明らかにする。伝奏には、三種類あったが、①公武を仲介する伝奏と②特定伝奏は、特に重要な役割を果たしていた。人事・公事執行などを掌り国家体制の中核として活動した①を、公武伝奏と呼ぶことにする。②の代表として南都伝奏を取り上げる。文安年間に南都伝奏であった万里小路時房は、治天・管領（このときは室町殿の権限代行者）・幕府奉行人・職事を取りまとめ、綸旨・幕府御教書・幕府奉行人奉書の内容に齟齬をきたさないように気を配り、公武一体国制の維持に努力していた。この時期、荘園公領制も、室町期荘園制と呼ぶべき内容のものに変化していたが、国家はその維持に全力を尽くしていた。文安期の摂関家と春日社の所領相論の際、南都伝奏時房は、一度出された綸旨を回収し、新たな綸旨・幕府御教書・奉行人奉書の内容に整合性をもたせるように尽力した。その過程では、後花園天皇の役割も大きかった。この時期、「公武上裁」が国家意志を表すものとして、政権側・当事者側双方に認識されていたのである。一五世紀後半の史料を見ても、当事者（受益者）側からの要請によって、室町殿の安堵と治天の安堵が共に下される例が散見され、やはり「公武上裁」が国家意志として機能していたことが確認できる。一五〇〇年、後土御門天皇の死と前将軍義材の山口下向頃から、室町殿と細川京兆家の対立、京兆家内の内紛などで、国家体制は機能しなくなっていく。幕府奉行人奉書を分析すると、この年を境に、幕府が命令を発する国（守護・守護代）の数は激減する。当事者が、支配力を失った幕府が守護に対して命令する文書の発布を求めなくなったのである。ここに、二度の体制改編を経ながら四〇〇年にわたって続いてきた中世国家体制は、終焉の時を迎えたのであった。

以上が、第一章から第八章までの概略である。一六世紀初頭に現出した国家の王権、諸国支配、百姓支配、全国にまたがる権門の荘園制支配が貫徹しなくなった状況は、従来全くなかったものであった。しかし、後期中世国家体制が終焉を迎えたということは、決して無政府状態になったことを意味しない。かつての一六世紀の室町幕府・将軍家の無力化についての言説は、山田康弘氏の精密な研究によって覆され、将軍と諸大名との「ゆるやかな連合」と呼ばれる、この時期特有のあり方が、明らかにされた(1)。また、天皇についても、脇田晴子氏によって、戦国時代における天皇権威の浮上が指摘され、官位秩序や寺社の編成、文化などにおける天皇の主導性に光があてられた(2)。注目すべき成果は、戦国期の領主研究からも生み出された。矢田俊文氏は、諸権利の寄せ集めという性格が強かった室町期の国人領主とは異なり、一六世紀には一定の領域を一円的に支配する領主が出現するとして、これを「戦国領主」と名付けた。これらの「戦国領主」は必ずしも戦国大名の家臣とは言えない。たとえば、甲斐国では、小山田氏・穴山氏は、それぞれ一定の支配領域と家臣(家中)を持っており、その点においては戦国大名武田氏と類似した存在であった、と矢田氏は言う(3)。安芸国における毛利氏・小早川氏・吉川氏も、領主としてはそれぞれ類似した性格を持っていた。したがって、戦国大名武田氏や毛利氏は、後期中世国家―守護によって荘園制秩序が維持されていた一五世紀までとは全く違う条件のもとで、新たな領域・人民支配体制を作り上げていったのであり、その点では、戦国大名と同盟を結んだり、その傘下に入ったりすることになる「戦国領主」と同様に、後期中世国家体制崩壊後の空白に乗じて誕生した、新しい存在であった(4)。とここまで述べてきたが、筆者は、一六世紀の室町殿と幕府、戦国大名と戦国領主について、これ以上言及する用意はない。公武一体権力を解消し、独自の動きを始めたこの時期の天皇と朝廷について、若干の考察を行って、本書を締めくくることにしたい。

もちろん、一六世紀に入って、公武の連携が全くみられなくなった、というわけではない。永正三年(一五〇六)

一二月一七日、南都事で「大訴」があり、勅書で武家に連絡がなされた（『実隆公記』同日条）。永正六年（一五〇九）の東大寺講堂造営についても、武家に仰せるようにとの綸旨が、東大寺別当に下されている（同年四月一三日「東大寺蔵書文」）。しかしながら、これらは両方とも、まず公家に申請があった後、武家に連絡されており、公武両者が「公武上裁」を練り上げていた一五世紀の場合とは、異なっている。また、訴状を奉る権門側も、興福寺が「多武峰事一切公武不レ可レ有二御許容一」（『実隆公記』永正六年一一月二九日条）、東福寺が「可レ伺二公武時宜一之由」（同永正七年一一月二四日条）、東大寺が「以二公武命一雖レ致二其沙汰一」（『大日本史料』第九編ノ二、「後慈眼院殿記」永正七年一〇月六日条）とあるように、まだ「公武上裁」を最高の権威とするという姿勢自体は残っていたが、実際には幕府ではなく朝廷側に出訴しており、かつてのような公武一体となっての対応を期待しているようには見えない。八幡田中坊跡の相論では、清徳丸が武家から安堵の奉書を得た後に綸旨を申請して勅許を得ることができ、その綸旨は職事秀房が草案を宣胤に見せた後に発給されている（『宣胤卿記』永正八年四月八日条）。清徳丸は、武家奉書と綸旨の両方を得たのであるが、これは決して「公武上裁」ではなく、彼がより確かな保証を求めて綸旨の取得を企てたことが明らかである。このように、永正年間前半には、たとえ諸権門などが、「公武上裁」を求めたとしても、すでにそれが実効をあげるような状況ではなくなっていた。

　このような変化が起きた原因をたしかめてみよう。永正三年七月二八日、関白九条尚経・前関白近衛尚通・前関白一条冬良の三者が南都の申状を天皇に奏聞した。京兆家被管の大和国での濫妨に関する事柄であった。しかし、天皇の要請を受けた室町殿義澄が「細川京兆雖レ被二仰出一不レ可レ致二承引一間」と答えたように、政元が承諾しなかったため、何の処置もとられなかった（『後法成寺関白記』同日条）。京兆家政元への直接の依頼も（『後法成寺関白記』永正三年七月二七日条）、政元の後を継いだ澄元への公家領成敗の依頼（『宣胤卿記』永正四年九月三日条）も、成果をあげた形跡はない。公武権力が一体となって活動するような基盤は、このころには完全に失われていたのである。

しかし、このような事態の進行と並行する形で、公家権力の独自の動きがこの頃から加速する。その中心となったのは、即位式を二一年間待たされ続けた後柏原天皇その人であった。すでに述べたように、諸権門からの申請は、まず天皇のもとに出されるようになっていたが、そのようなものだけではなく、天皇は、東大寺の大講堂造営のための勧進を勅許し（『実隆公記』永正七年五月九日条）、高野山護摩堂勧進についても、諸国の助縁を得て実現させるようにとの綸旨を与えている（『大日本史料』第九編ノ一、「康親卿記」永正六年四月一一日条）。公武一体権力の諸国支配体制は、すでに崩壊しているのであるから、東大寺・高野山は、天皇のお墨付きを手に入れるだけで、全国での勧進に効果がある、と考えていたことになる。天皇とのつながりを求めたのは、権門ばかりではなかった。脇田晴子氏が明らかにしたように(5)、紫衣・香衣の地方寺院住持などへの勅許、本願寺などの新興有力寺院との関係強化などは、後柏原天皇の時代に急速に進み、次の後奈良天皇の時代にさらに拡大するのである。地方の無名寺院との新しいつながりなどは、苦境に立つ天皇家の礼銭獲得手段ということに引き付けて考えるだけでなく(6)、武家の掣肘から自由になった天皇の、独自の基盤作りという面からも、検討を加える必要があるだろう。大内義隆・毛利元就の寄付による後奈良天皇・正親町天皇の即位式挙行(7)、織田信秀の資金献上による内裏築地修復なども(8)、従来の体制によらない天皇と大名との関係によって、はじめて成し遂げられたことであった(9)。天皇は、幕府も守護も介在させずに、これらの有名・無名の寺院や大名たちと、直接のつながりを持つに至っていたのである。日本歴史上、このようなことはついぞなかった。中世国家体制が終焉を迎えたことによってはじめて、このようなことを可能にする条件が生まれたのであった。

また、後柏原天皇は、公卿たちの経済的基盤が崩壊するという苦しい状況下においても、官人統制を維持することに心血を注いだ。公卿・前公卿が諸国へ下向することを申請した場合、吟味の上で許可を与えたが、在国のままでは官位・官職の昇進は認めないという原則を確立し（『実隆公記』永正元年閏三月一六日条）、つねにその原則の維持に努め、朝廷の空洞化を阻止しようとした（『大日本史料』第九編ノ一二、大永元年三月四日条所引「後柏原天皇宸記」四月一一日条）。文化に対する主導性も、この後柏原天皇において、最も顕著に見られる。特に天皇の践祚翌年の文亀元年（一五〇一）から始まった「和歌御会」は、公家層全体が参会する盛儀となり、これが現在の歌会始の起源となったことは、よく知られている。

「公武上裁」に象徴される後期中世国家体制が崩壊したのち、室町将軍と諸大名との間に「ゆるやかな連合」が形成されたが、一方、天皇と有名・無名の寺院・神社さらには諸大名との間にも「ゆるやかな関係」が成立し、日本国としてのまとまりは、維持されたのである。そして、荘園制・諸国守護体制を止揚して一六世紀に入り登場した戦国領主・戦国大名という、何者も介在させずに百姓と直接向き合う領主の出現とともに、戦国争乱の時代が、後柏原天皇が死去する大永年間頃から本格的に始まるのである。

注

（1）山田康弘『戦国時代の足利将軍』（吉川弘文館、二〇一一年）。
（2）脇田晴子『天皇と中世文化』（吉川弘文館、二〇〇三年）。
（3）矢田俊文『日本中世戦国期権力構造の研究』（塙書房、一九九八年）。
（4）戦国大名尼子氏の研究を行った長谷川博史氏は、尼子氏が出雲国内の有力領主で、将軍と直接つながる奉公衆である塩冶氏の掌握に一六世紀半ば近くまでかかったこと、出雲国以外の国々への侵攻が大永年間から始まることなどを明らかにした（『戦国大名尼子氏の研究』吉川弘文館、二〇〇〇年）。尼子氏が、戦国大名としての実質を備えはじめたのは、大永年間頃からだったことがわかる。
（5）脇田前掲書第三章「天皇による寺社の編成」。
（6）奥野高廣『戦国時代の宮廷生活』（続群書類従完成会、二〇〇四年）。

（7）『後鑑』天文五年二月二六日条所収「高代寺日記」。
（8）『後鑑』永禄三年二月一二日条所収「貞享書上」。
（9）『後鑑』天文一二年二月一四日条所収「多聞院日記」。

あとがき

一九六五年秋、高校生だった私が楽しみにしていることがあった。当時毎月刊行されていた『日本の歴史』（中央公論社）の第八巻『蒙古襲来』・第九巻『南北朝の動乱』が、相次いで出ることになっていたのである。実際に手に取ってみると、両著とも素晴らしいできばえで、私は夢中になって読み終えた。もちろん、黒田俊雄・佐藤進一の両氏があれほどの大家であることは、当時の私には知る由もなかったのであるが、両著は私の歴史への関心を決定づけたと言ってよい。

ところが、私が入学したのは同志社大学英文学科であった。歴史学科ではなく、英文学科に入学したことを後悔し始めたころ、出会ったのが秋山健先生であった。アンソニー・クイーンのファンで、彼の主演映画「その男ゾルバ」を見、さらに現代ギリシア語の原作からの邦訳を訳者名は気にとめずに読んでいた私は、その訳者がほかならぬ秋山先生であって、近いうちにミシガン大学から帰ってこられると聞き、本当にびっくりしてしまった。やがて我々の前に現れた三〇代半ばの颯爽たる秋山助教授の姿をいまでも思い出す。私は、一も二もなく秋山ゼミの一員となった。先生のゼミのテーマは「悲劇の概念」であり、古代ギリシア悲劇・シェイクスピアの悲劇・現代英米劇を読み進めながら、討論を行うものであった。もともと演劇好きでもあった私は、すっかりはまってしまったのであるが、英米小説や英米詩の研究での業績に加えて英米劇・ギリシア古典及び現代ギリシア文学にも造詣の深い先生の知識の幅の広さ、豊富な話題、卓越した語学力には圧倒されっぱなしであった。

四年生も終わりに近づいたころ、私は進路のことで悩んでいた。やはり歴史の勉強をしたい、という気持ちが、徐々に強くなってきていたからであった。私は、自分の気持ちをほぼ固め秋山先生に相談した。それは、歴史の本格的な勉強をしていないので、留年して歴史の科目を履修し、九月の大学院の試験をうける、というものであった。先生は、私の考えに賛意を示され「私の親しい笠井先生に紹介しよう」と言ってくださった。幸い九月の大学院の試験に合格し、その後の大学院入学までの半年間は、笠井昌昭先生の一学年下のゼミに参加させてもらい、論文作成に努めた。「神皇正統記」についての論文を提出して文化史学専攻の大学院に入学した私は、引き続き笠井先生の指導をうけた。しかし、研究対象の時代こそ従来通り鎌倉末・南北朝であったが、興味の対象は次第に思想史・文化史から離れ、政治・経済・社会の方にさらには国の仕組み（国制）の方に向いていった。ところが笠井先生は、そのような私を叱責されることもなく、温かく私の変化を見守ってくださったのであった。そのことは、私の専攻する時代が平安時代に移っても変わりはなく、後に学位論文審査を請求した時も、主査を務めていただいた。これはもちろん先生のお人柄によるのであるが、先生が体現されていた「同志社文化史学」の気風によるところも大きかったのではなかろうか。人を枠にはめず、その研究を面白がるというこの気風が、私が自由に研究を進めることを許容いただいたことの根底にあったのではないかと思う。また、修士課程修了時の秋山先生のお心づかいも忘れられない。あるとき先生から突然電話をいただいた。私立高校の英語講師の仕事の紹介であった。そのとき先生は、「歴史関係ではなかなか就職が難しいだろうから」ともらされたが、それほどまでに私のことを考えていただいていたのか、と感激した。結局この配慮のおかげで、私は就職することができたのであった。今は亡き秋山健先生と笠井昌昭先生、このお二人の御恩に対する思いは、年を経るにつれて一層深まっていくのを感じる。

一九七八年から、私は花園高等学校に英語科教諭として勤務することになった。以後は、学校にいるときの教科指導・学務と帰宅後の歴史の勉強を並立させ続けた。このころから、私の研究対象とする時代は平安時代になっていった。従来の日本古代から中世への転換についての通説的な理解に私は全く納得できず、自力で古代―中世像を作り出すしかないと考えたからであった。この研究の過程で明らかになってきたのは、律令国家の後の一〇世紀から一一世紀までの国家の独自の形態であった。私はそれを王朝国家（後期古代国家）と名づけた。これが第一論文集『日本王朝国家論』（名著出版、一九九四年）であり、その後中世国家への転換を視野に入れた第二論文集『平安時代国制史研究』（校倉書房、二〇〇一年）、大化前代から律令国家そして後期古代国家への転換を追求した第三論文集『日本古代国制史論』（吉川弘文館、二〇一一年）を刊行した。第三論文集の終章で日本中世国家の概要も示したので、自分としては日本の古代中世の国家史研究に一区切りつけたつもりでいた。ところが二〇一二年、拙著を『歴史学研究』誌上で書評してくださった関根淳氏の評を読むに至り、私は、中世国家を正面から分析の対象としないことには、自分の研究が完結しないことを悟ったのであった。私の今回の著書の原稿は、関根氏の書評以後、二〇一四年から二〇一七年までの間になったものであり、すべて新稿である。きっかけを作っていただいた関根氏に深く感謝申し上げる次第である。

この第四論文集で、主な批判の対象としたのは、中世の国家史研究に約半世紀にわたってそびえたってきた黒田俊雄・佐藤進一という両巨頭の業績であった。偉大な両巨頭のお仕事は、国家史の分野に関する限り、実証を伴わない仮説にすぎず、それが独り歩きしてきたために学界の進歩が妨げられた面もあったのではないか、と私は思っている。私の問題提起がそのことを再考するためのたたき台になれば望外の喜びである。

私も、今年で六九歳になった。若い時から励まし合って研究を進めてきた家近良樹氏（幕末維新史）・石坂尚武氏

（イタリア中近世心性史）は、共にライフワークを発刊された。私も両碩学の驥尾に付して研究生活の区切りとなる著書を完成することができたのではないか、と思う。お二人の長年にわたるご厚情に深く感謝する次第である。

私事ながら、最後に妻三枝子への言葉を付け加えることをお許しいただきたい。高校教員時代の三三年間にわたった昼と夜との二重生活はずいぶん妻を煩わせた。退職後も第四論文集作成に没頭した。このようなことができたのは、妻の理解があったからこそであった。深く感謝したい。そして、今後は妻とともに新しい生き方を模索していきたい、と思う。

二〇一八年二月二五日

佐々木宗雄

索　　引

I 事　　項

あ 行

か 行

さ　行

た　行

な　行

は　行

ま　行

や　行

ら　行

Ⅱ　研究者名

あ　行

か　行

さ　行

た　行

な　行

は　行

ま　行

や　行

ら・わ行

著者略歴

一九四八年　島根県に生まれる
一九七二年　同志社大学文学部英文学科卒業
一九七七年　同志社大学大学院文学研究科文化史学専攻博士課程単位取得
現在　同志社大学文学部嘱託講師　博士（文化史学）

〔主要著書・論文〕
『日本王朝国家論』（名著出版、一九九四年）
『平安時代国制史研究』（校倉書房、二〇〇一年）
『日本古代国制史論』（吉川弘文館、二〇一一年）
「十～十一世紀の受領と中央政府」（『史学雑誌』九六ノ九、一九八七年）
「摂政制・関白制の成立」（『日本歴史』六一〇、一九九九年）
「律令国家体制の転換」（『史学雑誌』一一六ノ四、二〇〇七年）

日本中世国制史論

二〇一八年（平成三十）五月二十日　第一刷発行

著者　佐《さ》々《さ》木《き》宗《むね》雄《お》

発行者　吉川道郎

発行所　株式会社 吉川弘文館
郵便番号一一三―〇〇三三
東京都文京区本郷七丁目二番八号
電話〇三―三八一三―九一五一〈代〉
振替口座〇〇一〇〇―五―二四四番
http://www.yoshikawa-k.co.jp/

印刷＝株式会社 三秀舎
製本＝誠製本株式会社
装幀＝山崎　登

ISBN978-4-642-02946-9